Die Europäisierung des Strafrechts
auf dem Gebiet der Geldwäsche

Europäische Hochschulschriften Recht

European University Studies in Law

Publications Universitaires Européennes de Droit

Band/Volume 6774

Maike Reuter

Die Europäisierung des Strafrechts auf dem Gebiet der Geldwäsche

Eine Analyse der Entwicklung geldwäschetauglicher Vortaten

PETER LANG

Berlin - Bruxelles - Chennai - Lausanne - New York - Oxford

Bibliografische Information der Deutschen Nationalbibliothek
Die Deutsche Nationalbibliothek verzeichnet diese Publikation in der Deutschen Nationalbibliografie; detaillierte bibliografische Daten sind im Internet über http://dnb.d-nb.de abrufbar.

Zugl.: Bonn, Univ., Diss., 2024

D 5
ISSN 0531-7312
ISBN 978-3-631-91923-1 (Print)
E-ISBN 978-3-631-91925-5 (E-PDF)
E-ISBN 978-3-631-91926-2 (EPUB)
DOI 10.3726/b21849

Verlegt durch:
Peter Lang GmbH, Berlin, Deutschland

info@peterlang.com http://www.peterlang.com/

Meinen Eltern

Vorwort

Die vorliegende Arbeit wurde im Wintersemester 2023/2024 von der Rechtswissenschaftlichen Fakultät der Rheinischen Friedrichs-Wilhelms-Universität Bonn als Dissertation angenommen. Literatur und Rechtsprechung wurden bis zur Abgabe im Februar 2023 berücksichtigt.

Zunächst möchte ich mich bei meinem Doktorvater Professor Dr. Martin Böse für die Betreuung und die zuverlässigen Rückmeldungen sowie die stets hilfreiche Kritik während des Entstehungsprozesses bedanken.

Weiterhin danke ich Professor Dr. Kay Schumann für das zügig erstellte Zweitgutachten.

Mein Dank gilt zudem Victor Corsten, der immer ein offenes Ohr für die sich im Zusammenhang mit der Arbeit ergebenden Probleme hatte. Auch spontan konnte ich immer mit ihm über sich auftuende rechtliche Problematiken diskutieren. Durch den fachlichen Austausch habe ich nicht nur einmal neue Denkansätze bekommen, die mir sehr weitergeholfen haben.

Weiterhin danke ich Jonas Grünewald, der mich während der gesamten Promotionszeit und allen damit einhergegangenen Höhen und Tiefen unterstützt und ermutigt hat. Durch seinen Optimismus hat er fortwährend dazu beigetragen, dass ich weiter an den Erfolg dieses Projekts geglaubt habe. Zudem gilt ihm mein Dank für das mehrfache gewissenhafte Korrekturlesen meiner Arbeit, was einiges an Zeit in Anspruch genommen hat.

Mein größter Dank gilt meinen Eltern Ursula und Wolfgang Reuter, die mich während meiner gesamten Schulzeit und des Studiums immer bedingungslos unterstützt und gefördert haben, ohne dabei Erfolgsdruck auf mich auszuüben. So konnte ich meine Ziele im Leben selbst festlegen und hatte immer den Rückhalt, den es brauchte, um diese Ziele zu erreichen. Ohne sie wäre ich sicherlich nicht so weit gekommen. Daher möchte ich ihnen diese Arbeit widmen.

Köln, im Februar 2024

Maike Reuter

Inhaltsverzeichnis

Abkürzungsverzeichnis

BDK	Bund Deutscher Kriminalbeamter
BNotK	Bundesnotarkammer
BT-Drs.	Drucksache des Deutschen Bundestages
DRB	Deutscher Richterbund
FATF	Financial Action Task Force
FIU	Financial Intelligence Unit
GdP	Gewerkschaft der Polizei
GRCh	Charta der Grundrechte der Europäischen Union
OrgKG	Gesetz zur Bekämpfung des Rauschgifthandels und anderer Erscheinungsformen der Organisierten Kriminalität
öStGB	Strafgesetzbuch Österreich
RiL	Richtlinie
WisteV	Wirtschaftsstrafrechtliche Vereinigung e.V.

Im Übrigen wird verwiesen auf *Kirchner*, Hildebert: Abkürzungsverzeichnis der Rechtssprache, 10. Auflage, Berlin 2021.

Kapitel 1: Einleitung

A. Problemdarstellung

Der Geldwäschetatbestand ist in § 261 StGB geregelt. Er wurde eingeführt mit dem Ziel, die organisierte Kriminalität zu bekämpfen.[1] Im Laufe der Jahre wurde er stark durch europarechtliche Einflüsse und Vorgaben geprägt und seit seiner Einführung im Jahr 1992 regelmäßig erweitert. Von diesen Erweiterungen war insbesondere der Vortatenkatalog des Geldwäschetatbestandes betroffen. In seiner Ursprungsfassung umfasste dieser drei Deliktsgruppen: Verbrechen, die Herstellung von und den Handel mit Betäubungsmitteln sowie Vergehen, die von einem Mitglied einer kriminellen Vereinigung begangen wurden.[2] Bis 2020 wuchs der Vortatenkatalog des § 261 StGB stetig und beinhaltete nicht mehr ausschließlich typische Delikte der organisierten Kriminalität. Mit der Zeit hatte sich der Tatbestand von dieser ursprünglichen Zielrichtung immer weiter entfernt.[3]

Diese Arbeit analysiert die Entwicklung der geldwäschetauglichen Vortaten. Von den stetigen Erweiterungen des Vortatenkataloges über fast drei Jahrzehnte hinweg bis zur Einführung des All-Crimes-Ansatzes im März 2021. Nach dem All-Crimes-Ansatz sind alle Straftaten taugliche Vortaten der Geldwäsche, ohne Einschränkungen wie beim Listenansatz. Der Geldwäschetatbestand selektiert demnach nicht mehr nach tauglichen Vortaten. Nun können alle Delikte des Kern- und Nebenstrafrechts Vortaten des § 261 StGB sein. Die Untersuchung der Änderungen durch diese grundlegende Reformierung im Hinblick auf deren Vereinbarkeit mit höherrangigem Recht sowie die kriminalpolitische Bewertung der Reform bilden den Schwerpunkt der Arbeit. In diesem Rahmen wird zunächst untersucht, ob der Geldwäschetatbestand nach dem Listenansatz tatsächlich so ungeeignet für die Geldwäschebekämpfung war, dass eine grundlegende Reform erforderlich wurde. Daran schließt sich die Frage an, welche Vor- und Nachteile der All-Crimes-Ansatz im Vergleich zum Listenansatz mit sich bringt, insbesondere inwieweit die Einführung des All-Crimes-Ansatzes für

---

1 BT-Drs. 12/989, S. 1.

2 Art. 1 Nr. 19 des Gesetzes zur Bekämpfung des illegalen Rauschgifthandels und anderer Erscheinungsformen der Organisierten Kriminalität vom 17. Juli 1992 BGBl. I 1992, 1302 (1304).

3 Vgl. BT-Drs. 12/989, S. 26; *Kargl*, NJ 2001, 57 (58).

eine effektive Geldwäschebekämpfung förderlich sein kann (kriminalpolitische Bewertung). In diesem Rahmen wird am Maßstab der kriminalpolitischen Ziele der Geldwäschebekämpfung und des effektiven Schutzes der durch die Geldwäsche verletzten Rechtsgüter bewertet, inwiefern einzelne Deliktskategorien überhaupt geeignete Vortaten der Geldwäsche sein können, welche Folgen die Erweiterung für die praktische Anwendung des Tatbestandes haben wird, wie sich der neue Geldwäschetatbestand in die Systematik der Anschlussdelikte einfügt und insbesondere inwiefern der neue Tatbestand geeignet ist, die grundlegende Beweisproblematik des Geldwäschetatbestandes zu lösen. Weiterhin ist es essentiell zu klären, ob der Geldwäschetatbestand trotz der Ausweitung des Tatbestandes noch verfassungskonform ist.

Es braucht einen funktionsfähigen, praxistauglichen und verfassungskonformen Straftatbestand, um eine effektive Geldwäschebekämpfung gewährleisten zu können.

Die Reform hat auch im Bereich der im Ausland begangenen Vortaten eine signifikante Änderung mit sich gebracht. Es ist nun nicht mehr für alle Auslandsvortaten zwingend erforderlich, dass diese auch am Begehungsort strafbar sind. Maßgeblich ist vielmehr, ob die Handlung strafbar gewesen wäre, wenn sie in Deutschland begangen worden wäre. Der teilweise Verzicht auf das doppelte Strafbarkeitserfordernis war zur Umsetzung der Richtlinie (EU) 2018/1673 erforderlich. Die Arbeit wird untersuchen, ob diese Neuregelung mit dem Völkerrecht und nationalen Rechtsgrundsätzen vereinbar ist.

Sofern sich herausstellt, dass nicht alle durch die jüngste Reform vorgenommenen Änderungen kriminalpolitisch zielführend und verfassungskonform sind, sollen im Anschluss an die Bewertung der Reform Lösungsansätze entwickelt werden, um dies zu gewährleisten. Zuletzt wären anstelle der Einführung des All-Crimes-Ansatzes auch andere Modelle zur strafrechtlichen Bekämpfung der Geldwäsche denkbar gewesen. Es stellt sich die Frage, ob der Gesetzgeber mit dem Festhalten am Herkunftsprinzip und der Entscheidung für den All-Crimes-Ansatz die richtige Wahl getroffen hat, oder ob eine der in der Literatur diskutierten Alternativen eine bessere Geldwäschebekämpfung ermöglichen würde.

B. Gang der Untersuchung

Um die aufgeworfenen Fragen zu beantworten wird wie folgt vorgegangen: In den einleitenden Kapiteln wird zunächst grundlegend die Entwicklung der Geldwäschestrafbarkeit in der Europäischen Union und Deutschland dargestellt. Auch einige völkerrechtliche Übereinkommen haben auf die Entstehung und Entwicklung des Geldwäschetatbestandes in Deutschland Einfluss genommen.

Am Ende des zweiten Kapitels werden die konkreten Auslöser für die Reform näher untersucht sowie das Gesetzgebungsverfahren zur umfangreichen Reformierung des Geldwäschetatbestandes im Jahr 2021 dargestellt.

Das dritte Kapitel befasst sich mit der Vorstellung des Geldwäschetatbestandes im Einzelnen. Um die Zweckmäßigkeit der einzelnen Reformmaßnahmen bewerten zu können, muss zunächst herausgearbeitet werden, welche Ziele mit dem Geldwäschetatbestand verfolgt werden und welche Rechtsgüter es zu schützen gilt. Weiterhin wird die Deliktsstruktur des neuen Geldwäschetatbestandes kurz dargestellt.

Das vierte Kapitel wird sich in seinem ersten Teil ausführlich mit der Reformierung des § 261 Abs. 1, 2 StGB auseinandersetzen. Zunächst wird herausgearbeitet, wo die Probleme des Katalogtatenprinzips lagen und aus welchen Gründen eine Reformierung erforderlich war. Anschließend wird der neue Tatbestand nach dem All-Crimes-Ansatz in der Tiefe auf die Strafwürdigkeit der sanktionierten Verhaltensweisen hin analysiert. Hierbei wird zu untersuchen sein, welche Konsequenzen dieser Ansatz für die Geldwäschestrafverfolgung aber auch für die Systematik des Einundzwanzigsten Abschnitts des Strafgesetzbuches bedeutet. Weiterhin wird der neue Tatbestand hinsichtlich mehrerer Aspekte auf seine Vereinbarkeit mit dem Grundgesetz untersucht. Diese Analysen werden zeigen, ob alle strafbewährten Handlungen des neuen Tatbestandes strafwürdig sind, konkret ob der Tatbestand nach dem All-Crimes-Ansatz aus kriminalpolitischer Sicht zielführend und verfassungskonform ist.

Der dritte Teil des vierten Kapitels befasst sich mit den Auslandsvortaten des neuen § 261 Abs. 9 Nr. 2 StGB. Dort wird zunächst auf die Gründe für die teilweise Abkehr vom doppelten Strafbarkeitserfordernis eingegangen. Anschließend wird die Vereinbarkeit der neuen Regelung mit höherrangigem Recht vertieft behandelt und auch die Form der Umsetzung kritisch betrachtet.

Am Ende des vierten Kapitels wird die Reform auf Grundlage der Untersuchungsergebnisse zusammenfassend bewertet.

Im ersten Teil des fünften Kapitels werden Lösungsmöglichkeiten für etwaige Problematiken des All-Crimes-Ansatzes erarbeitet, die im Verlauf der Arbeit aufgedeckt wurden. Im zweiten Teil werden in der Literatur diskutierte alternative Reformierungsmöglichkeiten dargestellt und hinsichtlich einer etwaigen Vorzugswürdigkeit im Vergleich zum neuen Status quo untersucht. So soll ermittelt werden, ob der Gesetzgeber mit der Entscheidung für eine Reformierung durch Einführung des All-Crimes-Ansatzes die bestmögliche Wahl getroffen hat.

In einem abschließenden Kapitel werden alle Untersuchungsergebnisse noch einmal zusammengefasst und ein Blick auf die Weiterentwicklung der Geldwäschebekämpfung durch künftige europäische Vorgaben geworfen.

Kapitel 2: Die Europäisierung des Geldwäschetatbestandes

A. Der Geldwäschebegriff

Der Begriff „Geldwäsche“ hat seinen Ursprung in den USA, wo in den 1920er und 1930er Jahren Waschsalons (engl. *Landromats*, daher der englische Begriff „*money laundering*“) benutzt wurden, um die Herkunft von illegal erlangten Geldern zu verschleiern.[4] Waschsalons eigneten sich gut für diesen Zweck, da sie hohe Bargeldumsätze erwirtschafteten – oftmals ohne Belege oder ein nachweisbares Endprodukt.[5] Geldwäsche wurde ab den 1970er und 1980er Jahren durch die Ausbreitung krimineller Organisationen in den Industrieländern zu einem immer größeren und durch die Globalisierung staatenübergreifenden Problem.[6] Aufgrund des rasanten Wachstums krimineller Organisationen wurde es für diese notwendig, weitere Wege zu finden, um illegal erlangte Gelder und Vermögenswerte nutzbar zu machen, sie zu „waschen“.[7] Denn die Gewinne sollten für weitere illegale und auch legale Geschäfte verwendbar gemacht werden.[8] Auf diese Entwicklungen reagierten betroffene Nationen mit der Einführung der Sanktionierung von Geldwäschehandlungen.

Dieser Abschnitt soll Aufschluss darüber geben, was unter dem Begriff der „Geldwäsche“ zu verstehen ist. Hierzu wird zunächst dargestellt, wie der Begriff in der Kriminologie definiert wird. Für die weitere Untersuchung ist zudem von besonderer Bedeutung, was der deutsche Gesetzgeber unter Geldwäsche versteht, wie also der Begriff in § 261 StGB definiert wird. Dies hat auch Auswirkungen auf andere Gesetze, beispielsweise ist Geldwäsche im Sinne des Geldwäschegesetzes gemäß § 1 Abs. 1 GwG eine Straftat nach § 261 StGB.

---

4 *Gallarotti*, NZZ 2007, abrufbar unter https://www.nzz.ch/articleER4PQ-1.84135; *Herzog/Achtelik*, in: Herzog, GwG, Einleitung Rn. 2; *Diekmann u. a.*, GewArch 2012, 431 (431).

5 *Gallarotti*, NZZ 2007, abrufbar unter https://www.nzz.ch/articleER4PQ-1.84135; *Herzog/Achtelik*, in: Herzog, GwG, Einleitung Rn. 2; *Schneider u. a.*, Geldwäsche – Formen, Akteure, Größenordnung, S. 15.

6 *Schneider u. a.*, Geldwäsche – Formen, Akteure, Größenordnung, S. 15 f.

7 *Schneider u. a.*, Geldwäsche – Formen, Akteure, Größenordnung, S. 16.

8 *Schneider u. a.*, Geldwäsche – Formen, Akteure, Größenordnung, S. 16.

I. Kriminologisch

Die US-amerikanische Original President's Commission on Organized Crime von 1985 definierte Geldwäsche wie folgt: „Als Geldwäscherei bezeichnet man die Mittel, mit denen man die Existenz, die illegale Quelle oder die illegale Verwendung von Einkommen verbirgt und dann dieses Einkommen so bemäntelt, dass es aus einer legalen Quelle zu stammen scheint".[9] Diese phänomenologische Definition ist eine der ersten,[10] wenn nicht die erste normative Definition von Geldwäsche. Zu beachten ist, dass hier noch kein direkter Bezug zur organisierten Kriminalität herstellt wird.[11] Auch im deutschen Schrifttum wird Geldwäsche als ein Vorgang beschrieben, der darauf abzielt illegal erlangte geldwerte Mittel zu verbergen und unbemerkt in den legalen Finanz- und Wirtschaftskreislauf einzuschleusen, um legale Investitionen und Transaktionen mit diesen Mitteln tätigen zu können.[12] Es geht dem Straftäter also darum, die Erlöse seiner kriminellen Machenschaften als legal erlangte Mittel erscheinen zu lassen, um sie gefahrlos verwerten zu können (Beutesicherungsproblematik).[13] Konstituierend für das kriminologische Verständnis des Geldwäschebegriffs ist demnach die Verschleierung von aus Straftaten stammenden Vermögenswerten.[14]

II. Im Strafgesetzbuch

Die Geldwäschedefinition im Strafgesetzbuch erfasst heute vier Tathandlungen der Geldwäsche: Das Verbergen (Nr. 1); das Umtauschen, Übertragen oder Verbringen in der Absicht, das Auffinden, die Einziehung oder die Ermittlung der Herkunft zu vereiteln (Nr. 2); das sich oder einem Dritten Verschaffen (Nr. 3); sowie das Verwahren oder für Sich oder einen Dritten Verwenden eines

---

9 Original President's Commission on Organized Crime, The Cash Connection: Organized Crime, Financial Institutions and Money Laundering, Washington D.C. 1985, p. VII; Übersetzung übernommen aus *Arzt*, NStZ 1990, 1 (1).

10 So auch *Aschke*, Der Straftatbestand der Geldwäsche, S. 10.

11 *Aschke*, Der Straftatbestand der Geldwäsche, S. 10.

12 *Suendorf*, Geldwäsche, S. 44; *Ennuschat*, ZfWG 2016, 85 (86); *Herzog/Achtelik*, in: Herzog GwG, Einleitung Rn. 3; *Hecker*, in: Schönke/Schröder, § 261 Rn. 1; *Vogt*, in: Herzog/Mülhausen GwHdb, § 1 Rn. 3.

13 *Aschke*, Der Straftatbestand der Geldwäsche, S. 4; *Ennuschat*, ZfWG 2016, 85 (86); *El-Ghazi*, in: Herzog GwG, § 261 Rn. 1; *Hecker*, in: Schönke/Schröder, § 261 Rn. 1.

14 *Vogt*, in: Herzog/Mülhausen GwHdb, § 1 Rn. 2; *Gentzik*, Europäisierung des deut. und eng. Geldwäschestrafrechts, S. 29 f.

Gegenstandes, der aus einer rechtswidrigen Tat herrührt, wenn der Täter die Herkunft zu dem Zeitpunkt gekannt hat, zu dem er ihn erlangt hat (Nr. 4).

Die Gesetzesentwürfe von 1990 und 1991, welche der Einführung des § 261 ins Strafgesetzbuch vorangingen, definierten Geldwäsche als „die Einschleusung von Vermögensgegenständen aus organisierter Kriminalität in den legalen Wirtschafts- und Finanzkreislauf zum Zweck der Tarnung".[15] Der Verschleierungstatbestand erfasste dabei die Verschleierung der Herkunft, der Bestimmung oder der bloßen Existenz des illegal erlangten Vermögenswertes.[16] Daneben sollte auch der Besitz und das „sich oder einem anderen Verschaffen" von inkriminierten Gegenständen (Besitz- und Erwerbstatbestand oder auch Isolierungstatbestand) unter Strafe gestellt werden.[17] Zudem werden nach dem ursprünglichen Geldwäscheverständnis lediglich Vermögensgegenstände aus schweren Straftaten erfasst.[18]

Der kriminologische Geldwäschebegriff und der des deutschen Gesetzgebers unterscheiden sich vor allem durch die Bezugnahme auf die organisierte Kriminalität, sind sich aber ansonsten sehr ähnlich. Dies ist wohl auch dem Umstand geschuldet, dass der deutsche Gesetzgeber bei der Einführung des Tatbestandes die damals bereits bestehenden Geldwäschetatbestände anderer Länder, beispielsweise der USA, und auch die Definition des Wiener Suchtstoffübereinkommens im Blick hatte und sich von diesen inspirieren ließ.[19]

B. Die Entwicklung der Geldwäschestrafbarkeit

I. Erste internationale und europäische Regelungen

1. Wiener Suchtstoffübereinkommen, 1988

Das Übereinkommen der Vereinten Nationen gegen den unerlaubten Verkehr mit psychotropen Stoffen (auch Wiener Drogenkonvention) wurde am 20. Dezember 1988 beschlossen. Am 30. Juli 1993 wurde es durch ein Gesetz von der Bundesrepublik Deutschland ratifiziert.[20]

---

15 BT-Drs. 11/7663, S. 24; BT-Drs. 12/989, S. 26.

16 *Figura*, in: Herzog GwG, § 1 Rn. 91.

17 BT-Drs. 12/989, S. 7; *Suendorf*, Geldwäsche, S. 44.

18 BT-Drs. 12/989, S. 27; hierauf wird im Verlauf der Arbeit noch vertieft eingegangen werden.

19 Vgl. BT-Drs. 12/989, S. 26.

20 Vgl. Gesetz zu dem Übereinkommen der Vereinten Nationen vom 20.12.1988, BGBl. II 1993, 1136.

Das Wiener Suchtstoffübereinkommen hat sich zum Ziel gesetzt, die Gewinnung von Suchtstoffen und die steigende Nachfrage nach Drogen und anderen psychotropen Stoffen sowie die Inverkehrbringung dieser Substanzen zu bekämpfen.[21] Eine unerwünschte Folge des gewerblichen Verkehrs mit Suchtmitteln sind die hohen finanziellen Gewinne, die auch für andere Formen der organisierten Kriminalität verwendet werden.[22] Durch Einspeisung der Gelder in den legalen Wirtschafts- und Finanzkreislauf wird dieser auf unterschiedlichen Ebenen geschädigt.[23] Zur Verhinderung dieser Folgen will das Wiener Suchtstoffübereinkommen eine Angleichung der Straftatbestände auf internationaler Ebene bewirken, da es sich um eine über die Grenzen einzelner Staaten hinausgehende Problematik handelt.[24]

Hierzu wurde in dem Übereinkommen ein objektiver Tatbestand für eine Geldwäschestrafbarkeit umschrieben.[25] In Art. 3 des Wiener Übereinkommens werden verschiedene, von den Vertragsstaaten unter Strafe zu stellende Verhaltensweisen genannt. So soll gemäß Art. 3 Abs. 1 lit. b i) des Übereinkommens das Umwandeln oder Übertragen von Vermögensgegenständen zum Zweck des Verschleierns oder Verbergens der Herkunft aus einer der in Art. 1 Abs. 1 lit. a genannten Straftaten eine verbotene Handlung darstellen. Weiterhin soll das Verbergen oder Verschleiern der Herkunft, der Bewegung, der Verfügung oder des Eigentums an solchen Vermögensgegenständen verboten werden.[26] Auch ist nach Art. 3 Abs. 1 lit. c i) des Übereinkommens der Erwerb, der Besitz und die Verwendung dieser Vermögensgegenstände in den nationalen Rechtsordnungen unter Strafe zu stellen. Somit sind im Wiener Übereinkommen insgesamt drei verschiedene Varianten der Geldwäsche aufgeführt.[27] Diese Varianten bilden in ihren Grundsätzen noch heute die Tathandlungen des deutschen Geldwäschetatbestandes. So sind das Verbergen und Verschleiern der Herkunft des Gegenstandes heute in § 261 Abs. 1 S. 1 Nr. 1 und Abs. 2 StGB geregelt. Auch das Übertragen des Gegenstandes mit dem Ziel die Ermittlung der Herkunft zu verhindern, wird

---

21 Präambel des Wiener Suchtstoffübereinkommens, abgedruckt in BGBl. II 1993, 1136 (1137).

22 BGBl. II 1993, 1136 (1137).

23 BGBl. II 1993, 1136 (1137).

24 Vgl. auch *Ambos*, ZStW 2002, 236 (236).

25 *Ambos*, ZStW 2002, 236 (237).

26 Art. 3 Abs. 1 lit. b ii) des Wiener Suchtstoffübereinkommens, BGBl. II 1993, 1136 (1142).

27 *Neuheuser*, in: MüKoStGB, § 261 Rn. 28; *Vogel*, ZStW 1997, 335 (337); *Ambos*, ZStW 2002, 236 (237).

heute im § 261 Abs. 1 S. 1 Nr. 2 StGB unter Strafe gestellt, es bedarf allerdings seit der Abschaffung des Vortatenkataloges einer Vereitelungsabsicht. Das Verwahren und sich Verschaffen als Formen des Besitzes sowie die Verwendung von inkriminierten Gegenständen ist derweil in § 261 Abs. 1 S. 1 Nr. 3 und 4 StGB geregelt.[28]

2. *Gründung der Financial Action Task Force (FATF), 1989*

Die Financial Action Task Force (FATF) ist die wichtigste internationale Institution für Geldwäschebekämpfung. Gegründet wurde sie 1989 im Rahmen des G-7 Gipfels in Paris.[29] Aus ursprünglich 16 Mitgliedern, darunter die Europäische Kommission, sind mittlerweile 39 geworden.[30] Zu den Aufgaben der FATF gehört die Untersuchung von Geldwäschetechniken und Risikoanalysen.[31] Weiterhin legt die unabhängige Organisation die internationalen Standards der Geldwäschebekämpfung fest und überwacht deren Umsetzung durch die teilnehmenden Nationen.[32] Ihre Empfehlungen haben für ihre Mitglieder aber keine unmittelbare rechtliche Bindungswirkung.[33] Dennoch hat sie über die Jahre sehr viel Bedeutung und Einfluss gewonnen.[34]

Bereits 1990 brachte die FATF erstmalig 40 Empfehlungen zur Geldwäschebekämpfung heraus.[35] Diese orientierten sich auch am Wiener Suchtstoffübereinkommen.[36] So sollte nach der ersten Empfehlung jedes Land Schritte zur vollständigen Umsetzung des Wiener Suchtstoffübereinkommens unternehmen.[37] Die vierte Empfehlung schlug vor, dass jedes Land die Maßnahmen

---

28 Zu den heutigen Tathandlungen im Einzelnen und insbesondere zu den in der aktuellen Fassung gesteigerten subjektiven Anforderungen siehe unten, Kapitel 3 B. II. 1, 2.

29 Nachzulesen unter: https://www.fatf-gafi.org/en/the-fatf/history-of-the-fatf.html, letzter Zugriff 24.02.2023.

30 https://www.fatf-gafi.org/en/the-fatf/history-of-the-fatf.html.

31 https://www.fatf-gafi.org/en/the-fatf/history-of-the-fatf.html.

32 https://www.fatf-gafi.org/en/the-fatf/history-of-the-fatf.html; *Stricker*, JBL 2012, 639 (639).

33 *Weißer*, ZStW 2017, 961 (970); *Groth*, Globales Finanzmarktrecht, S. 42 f.; *Sieber/Vogel*, Terrorismusfinanzierung, S. 39.

34 Diese Entwicklung ist kritisch zu betrachten. Näher dazu in Kapitel 2 C. I. 2.

35 https://www.fatf-gafi.org/en/the-fatf/history-of-the-fatf.html.

36 Vgl. Empfehlung 1 und 3 der FATF Recommendations 1990, abrufbar unter https://www.fatf-gafi.org/media/fatf/documents/recommendations/pdfs/FATF%20Recommendations%201990.pdf.

37 FATF Recommendations 1990, abrufbar unter https://www.fatf-gafi.org/media/fatf/documents/recommendations/pdfs/FATF%20Recommendations%201990.pdf.

ergreifen solle, die notwendig sind, um eine Kriminalisierung von Geldwäsche nach dem Vorbild des Wieder Suchtstoffübereinkommens zu ermöglichen.[38] Zudem wurde bereits in der fünften Empfehlung der ursprünglichen Fassung vorgeschlagen, Geldwäsche über Drogendelikte hinaus auf alle schweren Straftaten oder zumindest auf solche, aus denen erhebliche Gewinne gezogen werden, auszudehnen.[39] Die FATF-Empfehlungen von 1990 erkannten auch bereits die internationale Bedeutung von Geldwäsche und das Erfordernis einer staatenübergreifenden Zusammenarbeit und Koordinierung: in den Empfehlungen 30 bis 40 wurde auf das Erfordernis eines staatenübergreifenden Informationsaustauschs und die Zusammenarbeit eingegangen, vor allem in den – zusammenhängenden – Bereichen der verdächtigen Transaktionen (32. Empfehlung), der Rechtshilfe (33.–35., 37. und 40. Empfehlung) und der Einziehung (35., 38., sowie 39. Empfehlung).[40]

Die Empfehlungen von 1990 wurden 2003 sowie 2012 grundlegend überarbeitet und werden fortlaufend aktualisiert, um auf Veränderungen reagieren zu können – beispielsweise Geldwäsche mittels neuer Technologien. Seit 2001 befasst sich die FATF neben der Geldwäsche mit der Bekämpfung der Terrorismusfinanzierung, da diese beiden Bereiche eng zusammenhängen. Die aktuellen Empfehlungen zur Geldwäschebekämpfung werden weiter unten in diesem Kapitel dargestellt.[41]

3. *Straßburger Geldwäscheübereinkommen, 1990*

Das Übereinkommen über Geldwäsche sowie Ermittlung, Beschlagnahme und Einziehung von Erträgen aus Straftaten, auch Europaratskonvention Nr. 141 genannt, wurde am 8. November 1990 in Straßburg unterzeichnet.[42] Die deutsche Ratifizierung durch Gesetz erfolgte am 8. April 1998.[43]

Das Straßburger Übereinkommen sollte eine gemeinsame Strafrechtspolitik der unterzeichneten Staaten zum Schutz der Gesellschaft vorantreiben. Hierzu

38 FATF Recommendations 1990, abrufbar unter https://www.fatf-gafi.org/media/fatf/documents/recommendations/pdfs/FATF%20Recommendations%201990.pdf.

39 FATF Recommendations 1990, abrufbar unter https://www.fatf-gafi.org/media/fatf/documents/recommendations/pdfs/FATF%20Recommendations%201990.pdf.

40 FATF Recommendations 1990, abrufbar unter https://www.fatf-gafi.org/media/fatf/documents/recommendations/pdfs/FATF%20Recommendations%201990.pdf.

41 Siehe unten unter Kapitel 2 B. II. 8.

42 Das Übereinkommen ist abgedruckt in BGBl. II 1998, 519.

43 Siehe BGBl. II 1998, 519 (519).

soll nach der Präambel des Übereinkommens auf internationaler Ebene darauf hingewirkt werden, Straftätern die Erträge aus ihren illegalen Handlungen zu entziehen. Das Straßburger Übereinkommen beschreibt in Art. 6 einen Geldwäschetatbestand, der im Wesentlichen wortgleich mit dem des Wiener Suchtstoffübereinkommens ist.[44] Ein großer Unterschied zu diesem Übereinkommen besteht jedoch in der Definition der relevanten Vortat beziehungsweise Haupttat der Geldwäsche. Während in Art. 3 Abs. 1 lit. a des Wiener Übereinkommens einzelne, mit der Herstellung und dem Vertrieb von Suchtstoffen verbundene Straftaten aufgezählt sind, deren Erträge taugliches Tatobjekt der einzelnen Geldwäschevarianten sein können, definiert Art. 1 lit. e des Straßburger Geldwäscheübereinkommens die Haupttat als „jede Straftat, durch die Erträge erlangt wurden, die Gegenstand einer Straftat im Sinne des Artikels 6 werden können."[45] Mithin setzt dieses Übereinkommen für die Vortat der Geldwäsche keinen Bezug zu Drogendelikten oder anderen Formen der organisierten Kriminalität voraus. Dies ist beachtlich, wird in der Präambel doch ausdrücklich die Bekämpfung von „Schwerkriminalität" als Ziel genannt. Diese weite Definition führt dazu, dass die dem Übereinkommen beigetretenen Staaten die Vortaten der Geldwäsche frei festlegen können.[46] Das wird auch durch Art. 6 Abs. 4 des Übereinkommens bestätigt, der ausdrücklich besagt, dass die Vertragsstaaten frei darin sind die Haupttaten auf bestimmte Taten oder Kategorien von Taten zu beschränken. Hier findet also im Vergleich zum Wiener Suchtstoffübereinkommen bereits eine starke Ausweitung der möglichen geldwäschetauglichen Vortaten statt. Weiterhin legt Art. 6 Abs. 2 lit. a des Übereinkommens fest, dass es unbeachtlich sein soll, wenn die Haupttat nicht der Gerichtsbarkeit des Staates unterfällt, in dem der Geldwäschetatbestand verwirklicht wird. Dies hatte Deutschland später durch § 261 Abs. 8 StGB (a.F.)[47] umgesetzt.

4. *Die Erste EG-Geldwäscherichtlinie, 1991*

Ziel der Richtlinie des Rates vom 10. Juni 1991 zur Verhinderung der Nutzung des Finanzsystems zum Zwecke der Geldwäsche (RiL 91/308/EWG) ist die Schaffung einheitlicher Geldwäscheregelungen für die Europäische Gemeinschaft, damit die Freiheit des Kapitalverkehrs nicht zur erleichterten Durchführung krimineller Aktivitäten missbraucht werden kann. Weiterhin soll das Ansehen des

44 Hierzu siehe oben Kapitel 2 B. I. 1.
45 BGBl. II 1998, 519 (521).
46 *Carl/Klos*, NStZ 1995, 167 (168).
47 Heute § 261 Abs. 9 Nr. 1 StGB.

Finanzsystems gewahrt und verhindert werden, dass die Mitgliedstaaten unabhängige Straftatbestände erlassen, die mit der Schaffung eines einheitlichen Binnenmarktes unvereinbar sind.[48] Insgesamt stellt die Richtlinie die internationale Zusammenarbeit zur Bekämpfung der Geldwäsche, die Schaffung von Pflichten für Finanz- und Kreditinstitute zur Identifizierung ihrer Kunden sowie die Meldung von Verdachtsfällen in den Vordergrund.[49] Sie orientiert sich hinsichtlich der Voraussetzungen für die Geldwäsche am Wiener Suchtstoffübereinkommen und dem Straßburger Geldwäscheübereinkommen.[50] So soll nach der Präambel der Richtlinie 91/308/EWG die Definition der Geldwäsche dem Wiener Übereinkommen entnommen werden. Auch die drei beschriebenen Tatbestände der Geldwäsche sind inhaltsgleich mit denen des Wiener Übereinkommens. Über die Vorgaben des Übereinkommens von 1988 hinaus sollen neben Drogendelikten auch Erlöse aus Terrorismus und Straftaten krimineller Vereinigungen taugliche Vermögensgegenstände für die Geldwäsche darstellen.[51] In Art. 1 Spiegelstrich 5 der Richtlinie werden „kriminelle Tätigkeiten" im Sinne einer tauglichen geldwäscherechtlichen Vortat dahingehend definiert, dass einerseits Straftaten des Art. 3 Abs. 1 lit. a des Wiener Übereinkommens erfasst werden sollen, andererseits aber auch alle anderen von den Mitgliedstaaten der EG in ihrem nationalen Recht festgelegten Tätigkeiten. Demnach grenzt die Richtlinie, wie auch Art. 1 lit. e des Straßburger Übereinkommens, die in Frage kommenden Vortaten für die Geldwäsche nicht verbindlich ein. Weiterhin sollte es sich auch um Geldwäsche handeln, wenn die Vortat in einem anderen Mitgliedstaat der Europäischen Gemeinschaft oder einem Drittstaat verübt wurde.[52]

II. Weitere Entwicklungen ab Einführung des Geldwäschetatbestandes

1. Einführung des Geldwäschetatbestandes in das Strafgesetzbuch, 1992

Der Geldwäschetatbestand wurde im Rahmen des Gesetzes zur Bekämpfung des illegalen Rauschgifthandels und anderer Erscheinungsformen der organisierten Kriminalität (OrgKG) vom 15. Juli 1992 in das deutsche Strafgesetzbuch

48 Vgl. Erwägungsgründe der RiL 91/308/EWG.
49 Siehe Art. 3 bis Art. 13 der RiL 91/308/EWG.
50 Vgl. auch *Ambos*, ZStW 2002, 236 (236 f); *Vogel*, ZStW 1997, 335 (337).
51 Vgl. Präambel der RiL 91/308/EWG.
52 Art. 1 Spiegelstrich 3 der RiL 91/308/EWG.

aufgenommen.[53] Damit erfüllte der deutsche Gesetzgeber die mit der Unterzeichnung des Wiener Suchtstoffübereinkommens und des Straßburger Übereinkommens entstandenen Verpflichtungen und setzte zugleich die Inhalte der Geldwäscherichtlinie zur wirksamen Sanktionierung von Geldwäsche um.[54] Das Hauptziel dieses Gesetzes ist, wie der Name schon sagt, eine effektivere Bekämpfung der organisierten Kriminalität, insbesondere durch Entziehung finanzieller Ressourcen, um der Begehung von Straftaten des organisierten Verbrechens den wesentlichen Anreiz zu nehmen.[55] Hierzu wurden neben dem § 261 StGB auch die Tatbestände des schweren Bandendiebstahls (§ 244a StGB) und die gewerbsmäßige Bandenhehlerei (§ 260a StGB) eingeführt.[56] Die Tathandlungen, die damals wie heute unter Geldwäsche zu verstehen sind, können weder von dem Tatbestand der Hehlerei, noch von Strafvereitelung oder Begünstigung erfasst werden.[57] Daher war es erforderlich einen neuen Tatbestand einzuführen, der alle Vermögenswerte, die mittelbar aus der Vortat eines anderen stammen (Surrogate), abdeckt.[58] Zudem sind die anderen drei Tatbestände des Einundzwanzigsten Abschnitts des Strafgesetzbuchs personenbezogen ausgerichtet.[59] Das bedeutet die Tathandlungen zielen auf die Unterstützung des Vortäters ab, um ihm seine Tatvorteile zu sichern und/oder davon selbst profitieren zu können oder ihm Straffreiheit zu ermöglichen.[60] Die Straftatbestände wollen die Unterstützung der Vortäter nach deren Tat sanktionieren. Die Geldwäsche sollte hingegen primär unter Strafe gestellt werden, um eine Infiltrierung des Wirtschafts- und Finanzkreislaufs mit inkriminierten Vermögenswerten zu verhindern und dem

53 BGBl. I 1992, 1302.

54 *Neuheuser*, in: MüKoStGB, § 261 Rn. 27; *Hecker*, in: Schönke/Schröder, § 261 Rn. 1.

55 Nachzulesen in dem Gesetzesentwurf des Bundestages zum OrgKG, BT-Drs. 12/989, S. 23 f.; so auch *Möhrenschlager*, wistra 1992, 281 (282).

56 Siehe BGBl. I 1992, 1302 (1303 f.).

57 Der Tatbestand der Hehlerei umfasst damals wie heute nur körperliche Gegenstände, also beispielsweise kein Buchgeld, siehe *Maier*, in: MüKoStGB, § 259 Rn. 15. Strafvereitelung legt hingegen den Schwerpunkt auf die Personenbegünstigung, was nicht zu den Vorgängen der Geldwäsche passt. Da die Vermögensgegenstände auch oftmals nicht unmittelbar aus der Vortat stammen, liegt kein Vorsatz vor in Form der Absicht, die Vorteile aus der Vortat zu sichern, ausführlich dazu: *Krey/Dierlamm*, JR 1992, 353 (354 f.); allgemein auch *Möhrenschlager*, wistra 1992, 281 (286).

58 *Krey/Dierlamm*, JR 1992, 353 (354 f.); *Möhrenschlager*, wistra 1992, 281 (286).

59 *Lampe*, JZ 1994, 123 (126); *Aschke*, Der Straftatbestand der Geldwäsche, S. 98; kritisch *Schnittenhelm*, in: FS für Lenckner, S. 522 f.

60 *Lampe*, JZ 1994, 123 (126); *Aschke*, Der Straftatbestand der Geldwäsche, S. 98.

Täter die Ressourcen für weitere Straftaten zu entziehen.[61] Darunter fallende Tathandlungen sind also mehr sachbezogen und konnten daher nicht unter die genannten Tatbestände subsumiert werden.[62] Die Ausdehnung der Strafbarkeit über die bereits bestehenden Anschlussdelikte hinaus und die im Laufe der Zeit immer größer gewordenen Überschneidungen der Anschlussdelikte werden von der Literatur kritisch betrachtet.[63] Diese Problematik wird im Verlauf der Arbeit noch vertieft behandelt werden.[64]

a) Das Organisationsprinzip

Der § 261 Abs. 1, 2 StGB hätte nach dem Organisationsprinzip aufgebaut werden können.[65] Das Prinzip stellt den Bezug zur organisierten Kriminalität in den Vordergrund.[66] Dies wäre mittels verschiedener Ansatzpunkte umsetzbar gewesen:

Ein präventiver Ansatz argumentiert, es könne zu einer effektiven Bekämpfung der organisierten Kriminalität nicht primär darauf ankommen, ob der Vermögensgegenstand deliktischer Herkunft ist, sondern ob er sich im Zeitpunkt der Geldwäschehandlung in der Verfügungsgewalt krimineller Organisationen befindet.[67] So könnte kriminellen Organisationen ohne Beweisschwierigkeiten hinsichtlich der Herkunft der Gegenstände effektiv das Kapital entzogen werden.[68] Es soll also irrelevant sein, ob der Vermögenswert legaler oder illegaler Herkunft ist, da es das Hauptziel sein sollte kriminellen Organisationen das Kapital zu entziehen.[69]

Die naheliegendste Möglichkeit, einen klaren Bezug der Geldwäsche zur organisierten Kriminalität herzustellen, wäre sicher gewesen die „organisierte Begehungsweise" als Tatbestandsmerkmal in den § 261 Abs. 1 StGB aufzunehmen. Diese Überlegung wurde vom Gesetzgeber verworfen, da es sich um einen eher unbestimmten Begriff handele, der keine ausreichende Abgrenzung zu anderen

---

61 *Krause*, in: LK-StGB, § 261 Rn. 2; *Lampe*, JZ 1994, 123 (126).

62 *Krey/Dierlamm*, JR 1992, 353 (354); *Lampe*, JZ 1994, 123 (126).

63 Zu dieser Problematik bspw. *Schnittenhelm*, in: FS für Lenckner, S. 520 ff.

64 Siehe Kapitel 4 B. I. 4.

65 Dafür *Stratenwerth*, BT Rechtsausschuss Sitzung 11/75, S. 21.

66 *Altenhain*, in: NK-StGB, § 261 Rn. 24.

67 *Stratenwerth*, BT Rechtsausschuss Sitzung 11/75, S. 21; *Forthauser*, Geldwäscherei de lege lata et ferenda, S. 112, 144.

68 *Forthauser*, Geldwäscherei de lege lata et ferenda, S. 144; *Stratenwerth*, in: Pieth: Bekämpfung der Geldwäscherei, S. 119.

69 *Forthauser*, Geldwäscherei de lege lata et ferenda, S. 144.

Kriminalitätsformen ermögliche.[70] Die Festlegung von klaren Kriterien, um eine solche Abgrenzung zu ermöglichen, wurde offenbar nicht in Erwägung gezogen. Jedoch ist die Ausgestaltung des Geldwäschetatbestandes nach dem Organisationsprinzip problematisch, da zwar nicht die Herkunft des Gegenstandes, aber das Bestehen von organisierten kriminellen Strukturen nachgewiesen werden muss.[71]

Der Gesetzgeber entschied sich daher den Tatbestand nicht ausschließlich nach dem Organisationsprinzip aufzubauen.[72]

Einer der Gesetzesentwürfe zum OrgKG schlug vor, nur milieutypische Straftaten im Vortatenkatalog aufzulisten.[73] Dieser Ansatz ist eine Mischung aus Herkunfts- und Organisationsprinzip.[74] Zu diesem Zweck sollten vor allem Delikte mit banden- und/oder gewerbsmäßiger Begehung erfasst werden.[75] Zu Beginn mag der Gesetzgeber diesem Gedanken im weiteren Sinne auch noch gefolgt sein, jedoch rückte er mit jeder Erweiterung des Vortatenkataloges zunehmend von einem Bezug zur organisierten Kriminalität ab.

b) Das Herkunftsprinzip

Der Gesetzgeber von 1992 hat den Tatbestand der Geldwäsche nach dem sogenannten Herkunftsprinzip als Anschlussdelikt ausgestaltet.[76] Nach dem Herkunftsprinzip ist der Tatbestand erfüllt, wenn die Tathandlungen an Tatobjekten vorgenommen werden, die aus bestimmten rechtswidrigen Vortaten stammen.[77] Diese Vortaten wurden in § 261 Abs. 1 S. 1 StGB a.F. gelistet. Dabei musste ein Gegenstand im Sinne des Abs. 1 S. 1 nicht unmittelbar aus einer der Vortaten stammen.[78] Es wurde als ausreichend erachtet, wenn zwischen der Vortat und der Geldwäschehandlung eine Kette an Verwertungshandlungen liegt, solange

---

70 BT-Drs. 11/7663, S. 23.

71 *Forthauser*, Geldwäscherei de lege lata et ferenda, S. 145.

72 So auch *Körner*, NJW 1993, 233 (235); *Neuheuser*, in: MüKoStGB, § 261 Rn. 38.

73 BT-Drs. 11/7663, S. 23.

74 BT-Drs. 11/7663, S. 23.

75 BT-Drs. 11/7663, S. 23.

76 *Leip*, Der Straftatbestand der Geldwäsche, S. 39; *Kreß*, wistra 1998, 121 (124); *Neuheuser*, NStZ 2009, 326 (327); *Altenhain*, in: NK-StGB, § 261 Rn. 36; *Allgayer*, in: BankR-HdB, § 11 Rn. 55, 62.

77 *Stratenwerth*, BT Rechtsausschuss Sitzung 11/75, S. 19; *Altenhain*, in: NK-StGB, § 261 Rn. 24.

78 BT-Drs. 12/989, S. 27; *Möhrenschlager*, wistra 1992, 281 (287); *Lampe*, JZ 1994, 123 (127); *Kargl*, NJ 2001, 57 (58).

der Wert des ursprünglichen Gegenstandes erhalten bleibt.[79] Die Erfassung von Gegenständen, die nur mittelbar aus der Vortat stammen hat den Vorteil, dass auch komplexere Geldwäschevorgänge erfasst werden können.[80] Andererseits muss aber auch jede einzelne Verwertungshandlung nachgewiesen werden.[81] Dies bringt erhebliche Beweisschwierigkeiten mit sich, vor allem wenn ein Auslandsbezug besteht.[82] Durch die Begrenzung des Tatbestandes auf einen Katalog ausgewählter Vortaten wollte der Gesetzgeber den Tatbestand auf besonders strafwürdige Verhaltensweisen eingrenzen.[83] Ein Gesetzesentwurf der SPD-Fraktion zum ersten Geldwäschetatbestand sah vor, die Herkunft des Gegenstandes aus jeglicher rechtswidriger Tat ausreichen zu lassen (All-Crimes-Ansatz).[84] Diese weite Fassung wurde aber nicht in das Gesetz übernommen, da sie als unverhältnismäßig angesehen wurde.[85] Doch der § 261 Abs. 1 StGB wich schon in seiner ersten Fassung von der Zielsetzung der Bekämpfung der organisierten Kriminalität insoweit ab, als dass alle Verbrechen taugliche Vortaten sein konnten, ungeachtet eines Bezugs zu einer kriminellen Organisation. Natürlich muss auch nicht jedes Vergehen gemäß § 29 Abs. 1 S. 1 Nr. 1 BtMG[86] im Zusammenhang mit dem organisierten Verbrechen stehen, jedoch war hier die Intention des Gesetzgebers mit Blick auf das Wiener Suchtstoffübereinkommen und die zunehmende Problematik organisierter Drogenkriminalität klar.[87]

c) Der ursprüngliche Tatbestand des § 261 StGB

Die Ursprungsfassung des Geldwäschetatbestandes von 1992 umfasste zehn Absätze.[88] Im Laufe der langen Änderungshistorie wurde der Tatbestand auf neun Absätze gekürzt, ist durch die Geldwäschereform 2021 aber wieder auf zehn Absätze gewachsen.

---

79 *Möhrenschlager*, wistra 1992, 281 (287); *Lampe*, JZ 1994, 123 (127); *Kargl*, NJ 2001, 57 (58).

80 *Lampe*, JZ 1994, 123 (127).

81 *Lampe*, JZ 1994, 123 (127); *Altenhain*, in: NK-StGB, § 261 Rn. 36.

82 *Lampe*, JZ 1994, 123 (127); *Altenhain*, in: NK-StGB, § 261 Rn. 36.

83 *Neuheuser*, NStZ 2009, 326 (327).

84 § 257a StGB EStrÄG der SPD-Fraktion, BT-Drs. 12/731, S. 3.

85 Siehe BT-Drs. 12/2720, S. 3; Stellungnahme des Parlamentarischen Staatssekretärs beim Bundesminister für Inneres in BT-Drs. 11/5529, S. 2.

86 Herstellung von Drogen und Drogenhandel.

87 BT-Drs. 12/989, S. 20.

88 Siehe BGBl. I 1992, 1302 (1304).

Der ursprüngliche § 261 Abs. 1 StGB zählte als taugliche Vortaten der Geldwäsche eine Liste von drei Deliktstypen auf (Enumerationsprinzip): Verbrechen eines anderen (Nr. 1), Vergehen eines anderen nach § 29 Abs. 1 Nr. 1 BtMG (Nr. 2) und Vergehen, die von einem Mitglied einer kriminellen Vereinigung verübt wurden (Nr. 3). Der Vortatenkatalog wurde im Laufe der Jahre, wie im Folgenden noch gezeigt werden wird, um Vortaten im Zusammenhang mit Bestechungsdelikten und Steuerdelikten, Vergehen aus dem Bereich des Kernstrafrechts, des Ausländerrechts, des Nebenstrafrechts, des gewerblichen Rechtsschutzes und der Marktmanipulation sowie Vergehen im Zusammenhang mit terroristischen Vereinigungen erweitert. Nach der Gesetzesbegründung sollte eine zu weite Ausdehnung des Tatbestandes verhindert werden, indem die Anzahl an geldwäschetauglichen Vortatbeständen der Geldwäsche eingegrenzt wurden.[89] Auch wegen des Verzichts auf subjektive Tatbestandsmerkmale wurde es als erforderlich angesehen, den Katalog auf Vortaten aus dem Bereich der schwerwiegenden Kriminalität zu beschränken.[90] Die Versuchsstrafbarkeit, der besonders schwere Fall sowie die leichtfertige Geldwäsche wurden bereits vom Ursprungstatbestand erfasst.

2. Verbrechensbekämpfungsgesetz, 1994

Nachdem im Jahr 1993 das erste Geldwäschegesetz (GwG) in Kraft getreten war, wurde der Tatbestand der Geldwäsche Ende 1994, also gerade einmal zwei Jahre nach seiner Einführung ins Strafgesetzbuch, durch das Verbrechensbekämpfungsgesetz erstmals erweitert.[91] Das Gesetz basiert auf einem Gesetzesentwurf der damaligen Regierungskoalition CDU/CSU/FDP.[92] Ein erster Entwurf der SPD-Fraktion war verworfen worden.[93] Die Änderungen betrafen ausschließlich den Vortatenkatalog des § 261 StGB. So wurde § 261 Abs. 1 S. 2 Nr. 2 StGB um § 29 Abs. 1 Nr. 11 BtMG (Verschaffung einer Gelegenheit zum Drogenkonsum) ergänzt.[94] Weiterhin wurde ein neuer Abs. 1 Nr. 3 in den Tatbestand eingefügt.[95] Demnach sollten künftig „Vergehen nach den §§ 246, 263, 264, 266,

89 BT-Drs. 12/989, S. 27.
90 BT-Drs. 12/989, S. 27.
91 Siehe BGBl. I 1994, 3186.
92 BT-Drs. 12/8653.
93 BT-Drs. 12/6784; dieser Entwurf erschöpfte sich darin, die Geldwäsche auch bei fahrlässigem Handeln unter Strafe zu stellen, siehe S. 7 des Entwurfs.
94 BGBl. I 1994, 3186 (3188).
95 Der vorige Abs. 1 Nr. 3 wurde folglich zu Nr. 4.

267, 332 Abs. 1, auch in Verbindung mit Abs. 3 oder § 334, die von einem Mitglied einer Bande, die sich zur fortgesetzten Begehung solcher Taten verbunden hat, gewerbsmäßig begangen worden sind" geldwäschetaugliche Vortaten darstellen.[96] Dies stellte im Vergleich zur ersten Fassung, die nur ein Vergehen des Betäubungsmittelgesetzes und von Mitgliedern krimineller Vereinigungen im Sinne des § 129 StGB umfasste, eine erhebliche Ausweitung des Vortatenkataloges dar. Zu beachten ist, dass die Tatbestandsmerkmale „Gewerbsmäßigkeit" und Begehung als „Bandenmitglied" kumulativ erfüllt sein mussten.[97]

Als Begründung für diese Ausweitung wurde angeführt, Beobachtungen in der Praxis hätten gezeigt, dass die Aufnahme zusätzlicher Normen in den Vortatenkatalog zur Bekämpfung der organisierten Kriminalität unabdingbar sei.[98] Zwar sei die Begrenzung der tauglichen Vortaten durch einen Vortatenkatalog durchaus notwendig, um eine uferlose Ausdehnung des weit gefassten objektiven Tatbestandes zu verhindern.[99] Dennoch habe sich der bestehende Katalog vor allem im Hinblick auf die Erforderlichkeit der Begehung von Vergehen durch ein Mitglied krimineller Vereinigungen (§ 129 StGB) als zu restriktiv herausgestellt.[100] Um dies zu korrigieren wurde der Vortatenkatalog um die genannten Vergehen unter der Bedingung erweitert, dass sie gewerbs- und bandenmäßig begangen wurden.[101] Denn der Begriff der Bande knüpfe nicht an so hohe Voraussetzungen an wie der Begriff der kriminellen Vereinigung.[102] Zudem wurde die Überschrift des Tatbestandes um den Zusatz „Verschleierung unrechtmäßiger Vermögenswerte" ergänzt. Dadurch sollte klargestellt werden,

96 BT-Drs. 12/8653, S. 7.

97 Bereits im Rahmen der nachfolgenden Reform 1998 wurde das Erfordernis der Kumulation gestrichen, vgl. unten Kapitel 2, B. II. 3.

98 BT-Drs. 12/8653, S. 18, 20.

99 BT-Drs. 12/8653, S. 27.

100 BT-Drs. 12/8653, S. 27.

101 BT-Drs. 12/8653, S. 27 f.

102 BT-Drs. 12/8653, S. 28. Tatsächlich wurde früher von der herrschenden Meinung für die Erfüllung des Bandenmerkmals ein Zusammenschluss von zwei Personen als ausreichend erachtet. Dies änderte sich erst, als der große Senat für Strafsachen des Bundesgerichtshofs im Jahr 2001 entschied, dass erst ab drei Personen von einer Bande gesprochen werden kann (BGH NJW 2001, 2266). Dennoch sind auch nach den heute bestehenden Kriterien die Anforderungen für eine Bande niedriger als die für eine kriminelle Vereinigung, da sich die Mitglieder in letzterem Falle als „einheitlicher Verband" fühlen müssen (BGH NJW 1978, 43; *Schäfer/Anstötz*, in: MüKoStGB § 129 Rn. 2).

dass ein Gegenstand im Sinne der Norm nicht nur Geld, sondern jegliche Vermögenswerte sein können.[103]

Die Änderungen sahen sich Kritik ausgesetzt: Sie seien nach zu kurzer Beratungszeit und in geringem zeitlichem Abstand zur Einführung des Tatbestandes ins Strafgesetzbuch beschlossen worden.[104] Ständige Änderungen des materiellen Strafrechts würden zu Unübersichtlichkeit und Rechtsunsicherheit führen.[105] Die Aussage, der Tatbestand habe sich in der bestehenden Form nach gerade einmal einem Jahr Praxiserfahrung als zu eng herausgestellt, stieß zudem auf Unverständnis in der Literatur.[106] Weiterhin wurde bemängelt, die Erweiterung des Vortatenkataloges sei von dem Ziel der Bekämpfung organisierter Kriminalität nicht gedeckt.[107] Vor allem Urkundenfälschung und Unterschlagung seien keine „branchentypischen“ Delikte der organisierten Kriminalität.[108]

Folglich sah sich bereits die erste Ausweitung des Vortatenkataloges wegen einer Abweichung vom Normzweck in der Kritik.

3. *Drittes Gesetz zur Bekämpfung organisierter Kriminalität, 1998*

Im Mai 1998 trat das Gesetz zur Verbesserung der Bekämpfung der organisierten Kriminalität in Kraft.[109] Dem Gesetzgeber zufolge hatten die Erfahrungen in der Praxis gezeigt, dass der Vortatenkatalog für eine effektive Bekämpfung der organisierten Kriminalität mittels Einziehung ihrer Ressourcen zu eng gefasst sei.[110] Diese Erkenntnis führte zu einer erneuten Ausweitung und Abänderung des Geldwäschetatbestandes, insbesondere der geldwäschetauglichen Vortaten. Zunächst wurde für die Bestechungstatbestände gemäß § 332 Abs. 1, 3 StGB und § 334 StGB die Voraussetzung der gewerbs- und bandenmäßigen Begehung gestrichen. Dies geschah zur Umsetzung des Art. 1 lit. e des Zweiten Protokolls zum Übereinkommen über den Schutz der finanziellen Interessen der Europäischen Gemeinschaft. Nach diesem Protokoll soll die Bestrafung von

---

103 BT-Drs. 12/8653, S. 19.

104 *Bandisch*, StV 1994, 153 (156); *Dahs*, NJW 1995, 553 (554).

105 *Bandisch*, StV 1994, 153 (156); *Dahs*, NJW 1995, 553 (554); für eine erneute Erweiterung hingegen *Oswald*, Die Implementation gesetzlicher Maßnahmen zur Bekämpfung der Geldwäsche, S. 290.

106 Vgl. nur *Neumann*, StV 1994, 273 (275).

107 *Dahs*, NJW 1995, 553 (554).

108 *Dahs*, NJW 1995, 553 (555).

109 BGBl. I 1998, 845.

110 BT-Drs. 13/8651, S. 9.

Bestechungsdelikten nicht an die Bedingungen gewerbs- oder bandenmäßigen Handelns geknüpft werden.[111] Des Weiteren wurde die Verschaffung der Gelegenheit zum Drogenkonsum gemäß § 29 Abs. 1 Nr. 11 BtMG wieder gestrichen und stattdessen § 29 Abs. 1 Nr. 1 des Grundstoffüberwachungsgesetzes[112] in Abs. 1 S. 2 Nr. 2 lit. b aufgenommen. In dem neuen Abs. 1 S. 2 Nr. 3 wurden die Vergehen des gewerbsmäßigen oder bandenmäßigen Schmuggels gemäß § 373 AO und die Steuerhehlerei gemäß § 374 AO unter der Bedingung des gewerbsmäßigen Handelns als neue taugliche Vortaten gelistet. Beide Vergehen sollten jeweils auch in Verbindung mit § 12 Abs. 1 des Marktorganisationsgesetzes Vortaten darstellen. Auch dieser Zusatz wurde zur Umsetzung des *Zweiten Protokolls* in das Gesetz aufgenommen.[113] Der bereits bestehenden Liste von Vergehen in § 261 Abs. 1 S. 2 Nr. 4 lit. a StGB (vormals Nr. 3) wurden die §§ 180b, 181a, 242, 253, 259, 263a, 269, 284, 326 Abs. 1, 2, 4 und § 328 Abs. 1, 2, 4 StGB hinzugefügt und durch die neue lit. b wurden auch das Einschleusen von Ausländern gemäß § 92a AuslG[114] und die Verleitung zur missbräuchlichen Asylantragstellung gemäß § 84 AsylVerfG[115] in den Vortatenkatalog aufgenommen.

Durch die Ergänzung um § 242 StGB wollte der Gesetzgeber die organisierte Kriminalität in den Bereichen des organisierten Wohnungseinbruchsdiebstahls und der Diebstähle hochwertiger Kraftfahrzeuge bekämpfen.[116] Weiterhin waren durch die fortschreitende Entwicklung der Computertechnik Strafbarkeitslücken entstanden, die durch die Ergänzung des Computerbetruges (§ 263a StGB) und der Fälschung beweiserheblicher Daten (§ 269 StGB) geschlossen werden sollten.[117] Eine weitere beachtliche Änderung stellte der Entfall des Erfordernisses der kumulativen gewerbs- und bandenmäßigen Begehung für die Vergehen des § 261 Abs. 1 S. 2 Nr. 4 StGB dar. Diese Bedingungen sollten künftig nur noch im Alternativverhältnis zueinanderstehen, um den Tatnachweis zu

111 ABl. EG Nr. C 211/11 vom 19.07.1997; siehe auch BT-Drs. 13/8651, S. 11.

112 Heute sind die Strafvorschriften in § 19 GÜG geregelt.

113 Siehe Art. 2 in Verbindung mit Art. 1 des Zweiten Protokolls zum Übereinkommen über den Schutz der finanziellen Interessen der Europäischen Gemeinschaft, ABl. EG Nr. C 211/11.

114 Das Ausländergesetz wurde zum Jahr 2005 aufgehoben. Seitdem gibt es das Aufenthaltsgesetz. § 92a AuslG ist heute § 96 AufenthG.

115 Heute § 84 AsylG.

116 BT-Drs. 13/8651, S. 12.

117 BT-Drs. 13/8651, S. 12.

erleichtern.[118] Weiterhin sollte sichergestellt werden, dass auch Schmuggelgut durch Geldwäschehandlungen erfasst werden kann. Zu diesem Zweck wurde dem § 261 Abs. 1 StGB ein neuer Satz 3 hinzugefügt. Dieser sollte Fälle des Verstoßes gegen die in § 261 Abs. 1 S. 1 StGB genannten Delikte der Abgabenordnung erfassen, in denen für Gegenstände Abgaben hinterzogen wurden.[119] Der Wortlaut des Absatzes 8 wurde geändert, um klarzustellen, dass auch für im Ausland begangene Vortaten die Voraussetzungen des § 261 Abs. 1 StGB gelten.[120] Daneben wurde die Strafbarkeit des Vortäters der Geldwäsche[121] eingeführt und die Möglichkeit eine Geldstrafe zu verhängen gestrichen.

Nachdem die Novellierung von 1994 harscher Kritik seitens der Literatur ausgesetzt gewesen war,[122] hatte sich der Gesetzgeber dieses Mal etwas mehr Zeit für die Umstrukturierung des Tatbestandes genommen. Nunmehr stützte er die Behauptung der Reformbedürftigkeit des Geldwäschetatbestandes auf Erhebungen bei den zuständigen Stellen von Bund und Ländern sowie auf Anhörungen von Sachverständigen.[123] In der Literatur wurde die Ausweitung des Vortatenkataloges trotz der fortschreitenden Entfernung von dem Ziel der Bekämpfung organisierter Kriminalität diesmal teilweise positiver aufgefasst.[124] Die Bundestagsfraktion der Partei *Bündnis 90/Die Grünen* kritisierte die geplante Erweiterung jedoch als eine Abkehr vom notwendigen Bezug zur Schwerkriminalität.[125] Weiterhin sei mit Blick auf den weit gefassten objektiven Tatbestand

118 BT-Drs. 13/8651, S. 12; dies forderten auch *Gradowski/Ziegler*, Geldwäsche, Gewinnabschöpfung, S. 24.

119 Siehe BT-Drs. 13/8651, S. 12.

120 Dies war notwendig, da dies vorher nicht klar aus dem Wortlaut hervorging und von Gerichten anders entschieden worden war, siehe AG Essen, ZIP 1994, 699 und LG Stuttgart, NJW 1995, 670.

121 Relativierung erfuhr die Streichung der Wörter „eines anderen" aus § 261 Abs. 1 S. 1 StGB aber durch die gleichzeitige Einführung des Abs. 9 S. 2, nach dem derjenige nicht bestraft wird, der bereits wegen Beteiligung an der Vortat strafbar ist.

122 Im Einzelnen siehe Kapitel 2 B. II. 2.

123 BT-Drs. 13/8651, S. 9; Auswertungen erster Praxiserfahrungen der LKAs in *Gradowski/Ziegler*, Geldwäsche, Gewinnabschöpfung, mit einem Katalog von Änderungsvorschlägen auf S. 45.

124 So *Meyer/Hetzer*, NJW 1998, 1017 (1020); *Kreß*, wistra 1998, 121 (123).

125 BT-Drs. 13/8590, S. 8; kritisch auch *Oswald*, Die Implementation gesetzlicher Maßnahmen zur Bekämpfung der Geldwäsche, S. 300, vor allem wegen der neu eingeführten alternativen Verwirklichungsmöglichkeit der gewerbs- und bandenmäßigen Begehung.

der Geldwäsche eine umso restriktivere Ausgestaltung des Vortatenkataloges geboten.[126] Daher seien ausufernde Erweiterungen desselben zu vermeiden.[127] Zudem wurde kritisiert, der Gesetzgeber habe an den falschen Stellen Erweiterungen durchgeführt.[128] Vielmehr hätte der Tatbestand der Steuerhinterziehung in der Vortatenkatalog aufgenommen werden sollen.[129] Die gewerbsmäßige oder bandenmäßige Steuerhinterziehung gemäß § 370a AO (a.F.)[130] wurde schließlich drei Jahre später, im Rahmen des Steuerverkürzungsbekämpfungsgesetzes (StVBG) vom 19. Dezember 2001, in den Vortatenkatalog aufgenommen.[131] Im Zuge dessen wurde auch geregelt, dass unrechtmäßig erlangte Steuervergütungen taugliche Tatobjekte sein können.[132] Kurze Zeit später wurden ersparte Aufwendungen sowie unrechtmäßig erlangte Steuererstattungen ergänzt.[133]

Festzuhalten bleibt, dass der Vortatenkatalog ursprünglich neben Verbrechen und von Mitgliedern krimineller Vereinigungen begangener Vergehen ein einziges weiteres Vergehen unter Strafe stellte: Drogenherstellung und -handel. Nur sechs Jahre nach seiner Einführung ins Strafgesetzbuch war der Vortatenkatalog bereits auf 23 Vergehen erweitert worden.

4. *Die Zweite EG-Geldwäscherichtlinie, 2001*

Die Richtlinie 2001/97/EG des Europäischen Parlaments und des Rates vom 4. Dezember 2001 legte eine Reihe von Pflichten für rechtsberatende Berufe sowie Dokumentationspflichten fest.[134] Daraus ergaben sich im Rahmen der Umsetzung der Richtlinie einige Neuerungen im Geldwäschegesetz.[135] Die Richtlinie erweiterte die Definition der Geldwäsche und gab nunmehr einen ganzen Katalog von „schweren Straftaten“ vor, welche als taugliche Vortaten der

126 BT-Drs. 13/8590, S. 8.

127 BT-Drs. 13/8590, S. 8.

128 *Hetzer*, NJW 1993, 3298 (3299).

129 Dafür *Hetzer*, NJW 1993, 3298 (3299); Ders., Kriminalistik 1999, 218 (218); *Meyer/Hetzer*, NJW 1998, 1017 (1020); so auch die Bundestagsfraktion Bündnis 90/Die Grünen in BT-Drs. 13/8590, S. 8.

130 Heute ist der Tatbestand in § 370 Abs. 3 AO geregelt.

131 Siehe BGBl. I 2001, 3922.

132 Art. 4 StVBG, BGBl. I 2001, 3922, (3924).

133 Siehe Art. 8 des fünften Gesetzes zur Änderung des Steuerbeamten-Ausbildungsgesetzes und zur Änderung von Steuergesetzen vom 23. Juli 2002, BGBl. I 2002, 2715.

134 Siehe Art. 1 der RiL 2001/97/EG.

135 Siehe Geldwäschebekämpfungsgesetz vom 8. August 2002, BGBl. I 2002, 3105.

Geldwäsche gelten sollten.[136] Ziel dieser Erweiterung sollte die Bekämpfung des organisierten Verbrechens sein.[137] Der Katalog nennt, zusätzlich zur Straftat im Sinne von Art. 3 Abs. 1 lit. a des Wiener Übereinkommens, Handlungen krimineller Vereinigungen gemäß der gemeinsamen Maßnahme 98/377/JI,[138] Betrug (zumindest in schweren Fällen), Bestechung und Straftaten, die beträchtliche Erträge hervorbringen können und die nach dem Strafrecht des Mitgliedstaates mit einer langen Freiheitsstrafe geahndet werden können. Bestechung war schon seit dem dritten OrgKG in dieser Form Teil des Vortatenkataloges und auch schwere Fälle (in Form der gewerbs- oder bandenmäßigen Begehung) des Betruges wurden bereits erfasst. Die Ansprüche der gemeinsamen Maßnahme an Handlungen krimineller Vereinigungen wurden durch § 129 StGB sowie die §§ 129a und 129b StGB[139] erfüllt.[140] Insgesamt stellte die Richtlinie, zumindest aus deutscher Sicht, eher eine Gleichziehung mit den bereits fortgeschritteneren Geldwäscheregelungen der Mitgliedstaaten dar.[141]

Folglich fand die Zweite Geldwäscherichtlinie hinsichtlich der Änderungen für den Tatbestand der Geldwäsche in der Literatur wenig Beachtung. *Wägenbaur* äußerte jedoch sein Unverständnis über die Tatsache, dass Betrug im Gegensatz zu Bestechung nur für schwere Fälle gelistet wurde, da dies nicht ausreichend sei, um dem Ziel des Schutzes finanzieller Interessen der Gemeinschaft gerecht zu werden.[142]

5. *Die Palermo-Konvention gegen grenzüberschreitende organisierte Kriminalität*

Am 1. September 2005 wurde das Übereinkommen der Vereinten Nationen vom 15. November 2000 gegen die grenzüberschreitende organisierte Kriminalität und zu den Zusatzprotokollen gegen den Menschenhandel und gegen die

---

136 Siehe Art. 1 der RiL 2001/97/EG; so auch *Wägenbaur*, EuZW 2002, 293 (294).

137 RiL 2001/97/EG.

138 Art. 1 der gemeinsamen Maßnahme v. 21.12.1998 – 98/733/JI, ABlEG Nr. L 351 v. 29.12.1998, S. 1. Vereinigungen in diesem Sinne sind solche, die sich verbunden haben, um Straftaten zu begehen, die mit Freiheitsstrafe von mindestens einem Jahr bedroht sind.

139 Um diese Tatbestände war der Geldwäschetatbestand im Rahmen des Vierunddreißigsten Strafrechtsänderungsgesetzes erweitert worden.

140 BGBl. I 2002, 3390.

141 Dies wird auch in Erwägungsgrund 7 der RiL 2001/97/EG angedeutet.

142 *Wägenbaur*, EuZW 2002, 293 (294).

Schleusung von Migranten in Deutschland ratifiziert.[143] Da die organisierte Kriminalität zunehmend als globale Gefahr erkannt wurde, unter anderem für die Demokratie von Nationen, wollte man ein internationales Übereinkommen zur Bekämpfung der organisierten Kriminalität treffen.[144] Nachdem bereits 1994 auf der Weltministerkonferenz ein Aktionsplan zu diesem Zweck entworfen worden war, wurde 1997 eine Arbeitsgruppe für den Entwurf einer internationalen Konvention eingerichtet.[145]

a) *Wesentliche Inhalte*

Die Palermo-Konvention hat sich zum Ziel gesetzt, grenzüberschreitende Kriminalität organisierter Form besser und effizienter zu bekämpfen.[146] Hinsichtlich der Bekämpfung von Geldwäsche wurde in Art. 6 Abs. 2 lit. a festgelegt, dass die betreffenden Normen der Vertragsstaaten über einen möglichst breit gefächerten Katalog von Haupttaten verfügen sollen. Nach dem Abkommen sollten die Länder in ihren Vorschriften entweder eine Liste mit spezifischen Vortaten anlegen (Listenansatz), oder alternativ zumindest alle „schweren Straftaten" im Sinne des Absatzes 2 erfassen, also solche, die mit einer Höchstfreiheitsstrafe von mindestens vier Jahren geahndet werden (quantitativer Schwellenansatz).[147] Die Konvention legt zudem in Art. 6 Abs. 2 lit. c fest, dass auch solche Delikte Vortaten im Sinne des Geldwäschetatbestandes sein sollen, die nicht der Gerichtsbarkeit des betreffenden Staates unterfallen, sofern die Tat nach dem innerstaatlichen Recht eine Vortat im Sinne der Geldwäschevorschrift ist und auch im Begehungsland eine Straftat darstellt. Die Konvention wurde von 147 Staaten unterzeichnet.[148] Da die deutsche Geldwäschestrafbarkeit bereits alle Voraussetzungen der Palermo-Konvention erfüllte, sah der deutsche Gesetzgeber keinen Umsetzungsbedarf.[149]

---

143 United Nations Convention against Transnational Organized Crime, abgedruckt in BGBl. II 2005, 954.

144 *Pintaske*, Das Palermo-Übereinkommen, S. 50 f.

145 Siehe Omplementation of General Assembly resolution 49/150 on the Neaples Political Declaration and Global Action Plan against Organized Transnational Crime, UN Document A/50/433, S. 5 ff.

146 Art. 1 der Konvention.

147 Siehe Art. 6 Abs. 2 lit. a, b der Konvention.

148 *Gazeas*, in: Leipold/Tsambikakis/Zöller, § 129 Rn. 7.

149 *Gazeas*, in: Leipold/Tsambikakis/Zöller, § 129 Rn. 7.

b) Ansätze zur Einordnung geldwäschetauglicher Vortaten

Der Listenansatz und der quantitative Schwellenansatz sind zwei unterschiedliche Ansätze, durch die geldwäschetaugliche Vortaten abgegrenzt werden können. Bei einer Vorgehensweise nach dem Listenansatz enthält der Tatbestand einen Katalog, in dem alle nach völkerrechtlichen, unionsrechtlichen und auch nationalen Vorgaben festgelegten Vortaten aufgelistet werden. Bis zur Reform im Jahr 2020 war auch der deutsche Geldwäschetatbestand nach diesem Muster aufgebaut.[150] Hierzu hatte sich der Gesetzgeber aus Gründen der Verhältnismäßigkeit entschieden.[151] *Hund* kritisierte diesen Ansatz, da es für die Geldwäschebekämpfung allein auf die illegale Herkunft des Vermögensgegenstandes ankommen müsse und nicht darauf, aus welchem konkreten Delikt das Tatobjekt herrührt.[152] Er plädierte für den „All-Crimes-Ansatz", also die illegale Herkunft des Vermögensgegenstandes – gleich aus welchem konkreten Delikt – genügen zu lassen.[153] Der quantitative Schwellenansatz hingegen nimmt eine Eingrenzung anhand der in den Delikten festgelegten Höchststrafe oder der Mindeststrafe vor.[154] Nachteilig an dieser Vorgehensweise ist, dass sich völkerrechtliche und EU-rechtliche Vorgaben oftmals auf bestimmte Straftatbestände beziehen. Wenn diese im nationalen Recht die Mindesthöchststrafe nicht erfüllen, muss der Tatbestand geändert oder die entsprechende Messlatte im nationalen Geldwäschetatbestand immer tiefer gelegt werden, sodass automatisch auch andere Delikte in den Kreis der Vortaten einbezogen werden.[155]

6. Die Warschauer Geldwäschekonvention

Das Übereinkommen des Europarats über Geldwäsche sowie Ermittlung, Beschlagnahme und Einziehung von Erträgen aus Straftaten und über die Finanzierung von Terrorismus wurde am 16. Mai 2006 in Warschau zur

---

150 Siehe BT-Drs. 15/5150, S. 77; *Böse*, ZJS 2019, 85 (89).

151 *Bundestag*, BT-Drs. 12/2720, S. 3; vgl. auch *Jahn*, in: SSW-StGB, § 261 Rn. 22; *Jahn/Ebner*, JuS 2009, 597 (599); *Allgayer*, in: BankR-HdB, § 11 Rn. 72; ebenso *Geurts*, ZRP 1997, 250 (250), der die Abschaffung des Vortatenkataloges für nicht mit dem Grundgesetz vereinbar hält.

152 *Hund*, ZRP 1996, 163 (165).

153 *Hund*, ZRP 1996, 163 (165).

154 Zu diesem Konzept auch Art. 1 lit. b Rahmenbeschluss 2001/500/JI v. 26.06.2001; *El-Ghazi/Laustetter*, NZWiSt 2021, 209 (210 f.); *El-Ghazi*, in: Herzog GwG, § 261 StGB Rn. 2c.

155 Ausführlicher zu dieser Problematik Kapitel 5 B. I.

Unterzeichnung ausgelegt. Es trat am 1. Mai 2008 in Kraft. Deutschland unterzeichnete die Konvention jedoch erst im Jahr 2016. Im Anschluss wurde es durch Gesetz vom 19. Dezember 2016 ratifiziert.[156] Ziel des Übereinkommens ist nach der Präambel die Bekämpfung der staatenübergreifenden Schwerkriminalität durch Entziehung der Erträge aus strafbaren Handlungen und der Tatwerkzeuge.[157] Artikel 9 der Warschauer Konvention befasst sich mit den Vortaten der Geldwäsche und verweist auf den Anhang des Übereinkommens, in dem Straftaten aufgelistet sind, die die Vertragsstaaten verpflichtend als geldwäschetaugliche Vortaten in ihre nationalen Vorschriften aufnehmen müssen. Hierbei wird den Vertragsstaaten die Wahl gelassen, ob sie die Haupttaten nach dem Höchst- oder Mindestmaß der Freiheitsstrafen abgrenzen, also nach dem quantitativen Schwellenansatz, dem Listenansatz folgen oder die Vortaten auf eine Kategorie „schwerer Straftaten" nach dem nationalen Recht beschränken wollen (Art. 9 Abs. 4 der Warschauer Konvention). Dies stellte eine wichtige Neuerung im Vergleich zum ersten Europaratsübereinkommen von 1990 dar.[158] Dort wurden die möglichen Vortaten zwar über Drogendelikte hinaus ausgedehnt, es wurden jedoch keine konkreten Vortaten genannt. Dieses zweite Europaratsübereinkommen zählt 21 konkrete Delikte, beziehungsweise Deliktskategorien auf, die in allen Vertragsstaaten taugliche Vortaten der Geldwäsche sein sollen. Die Liste war den Empfehlungen der FATF entnommen worden.[159] Da der Vortatenkatalog des § 261 StGB zum Zeitpunkt der Ratifizierung bereits alle im Anhang genannten Straftaten enthielt, entstand für Deutschland durch die Unterzeichnung kein Umsetzungsaufwand.[160] Weiterhin legte Art. 9 Abs. 5 der Konvention fest, dass eine Verurteilung wegen der Haupttat keine Voraussetzung für die Verurteilung wegen Geldwäsche sein darf. Nach der Konvention bedarf es nur eines Beweises dahingehend, ob der inkriminierte Gegenstand aus einer Vortat stammt, ohne dass die genaue Vortat bewiesen werden muss (Art. 9 Abs. 6). Auch legt das Übereinkommen, wie schon die Palermo-Konvention fest, dass auch außerhalb der Gerichtsbarkeit eines Staates begangene Taten taugliche Vortaten sind (Art. 9 Abs. 7 der Konvention).

156 BGBl. II 2012, 1108.
157 Das Übereinkommen (SEV Nr. 198) ist abgedruckt in BGBl. II 2012, 1108.
158 Hierzu siehe Kapitel 2 B. I. 3.
159 BT-Drs. 18/9235, S. 53.
160 BT-Drs. 18/9235, S. 6, 53.

7. *Die Dritte EG-Geldwäscherichtlinie, 2005*

Ziel der Dritten Geldwäscherichtlinie[161] ist es den Missbrauch der Finanzsysteme der Mitgliedstaaten zu den Zwecken der Geldwäsche und Terrorismusfinanzierung zu verhindern.[162] Weiterhin wollte die Richtlinie die Angaben der Ersten Geldwäscherichtlinie von 1991 aktualisieren und mit den neuen Empfehlungen der FATF in Einklang bringen.[163] Art. 3 Nr. 5 der Richtlinie enthält eine Erweiterung der Delikte, welche die Mitgliedstaaten als Vortaten der Geldwäsche in ihr nationales Recht aufnehmen sollten. Ein Großteil dieser Delikte ließ sich bereits im deutschen Vortatenkatalog finden, weshalb aufgrund der Dritten Geldwäscherichtlinie keine großen Änderungen an § 261 StGB vorgenommen wurden.[164] Die Richtlinie wurde im August 2008 durch das Geldwäschebekämpfungsgesetz umgesetzt.[165] Hierdurch wurde der Vortatenkatalog um zwei Tatbestände erweitert: die mittelbare Falschbeurkundung (§ 271 StGB) und die Falschbeurkundung im Amt (§ 348 StGB).[166] Der Rahmenbeschluss 2002/475/JI hatte zuvor bestimmt, dass die Ausstellung gefälschter Verwaltungsdokumente als Straftaten im Zusammenhang mit terroristischen Aktivitäten eingestuft werden sollen.[167] Aufgrund dieses Bezuges zur organisierten Kriminalität war die Aufnahme dieser Delikte in die Liste geldwäschetauglicher Vortaten geboten.

Auch an der Umsetzung dieser Richtlinie wurde die weitere Ausdehnung des Vortatenkataloges bemängelt, wodurch Rechtsunsicherheit entstehe.[168] *Sotiriadis* und *Heimerdinger* stellten diesbezüglich Überlegungen an, die kontinuierliche schrittweise Ausdehnung durch die Erweiterung des Vortatenkreises auf sämtliche Straftaten zu beenden.[169]

Im April 2012 legte die Europäische Kommission dem Europäischen Parlament und dem Rat den Bericht zur Überprüfung der Dritten Geldwäscherichtlinie

161 Richtlinie 2005/60/EG des Europäischen Parlaments und des Rates v. 26.10.2005 zur Verhinderung der Nutzung des Finanzsystems zum Zwecke der Geldwäsche und der Terrorismusfinanzierung, Nr. L 309/15.

162 RiL 2005/60/EG.

163 RiL 2005/60/EG.

164 So auch *Sotiriadis/Heimerdinger*, BKR 2009, 234 (235).

165 Gesetz zur Ergänzung der Bekämpfung der Geldwäsche und der Terrorismusfinanzierung v. 13.08.2008, BGBl. I 2008, 1690.

166 Siehe BGBl. I 2008, 1690.

167 Art. 3 lit. c des Rahmenbeschluss 2002/475/JI.

168 *Höche*, WM 2005, 8 (14); *Sotiriadis/Heimerdinger*, BKR 2009, 234 (235).

169 *Sotiriadis/Heimerdinger*, BKR 2009, 234 (235).

vor.[170] Darin kam die Kommission zu dem Schluss, dass einige Änderungen notwendig seien und kündigte an, noch im selben Jahr Legislativvorschläge für eine vierte Geldwäscherichtlinie vorzulegen.[171] Diese sollte dann unter anderem weitere Regulierungen des Glücksspielsektors und eine Erweiterung der geldwäschetauglichen Vortaten um Steuervergehen enthalten.[172]

8. *Die aktualisierten Empfehlungen der FATF*

Die Empfehlungen der FATF haben sich mittlerweile zu einer festen internationalen Bezugsgröße im Kampf gegen Geldwäsche und Terrorismusfinanzierung entwickelt.[173] Die Empfehlungen sind zuletzt 2012 grundlegend überarbeitet worden und werden ständig aktualisiert, zuletzt im Oktober 2020.[174] Sie befassen sich mit Geldwäsche, Terrorismusfinanzierung und im Zusammenhang mit diesen beiden Delikten mit der Feststellung wirtschaftlich Berechtigter, behördlichen Kompetenzen und der internationalen Zusammenarbeit. Die dritte Empfehlung gibt den Mitgliedstaaten Leitlinien für die Ausgestaltung einer Geldwäschestrafbarkeit an die Hand. Dabei sollen die Mitgliedstaaten bestrebt sein, möglichst viele Straftaten in den Kreis der Geldwäschevortaten aufzunehmen.[175] Für den Aufbau eines Tatbestandes zeigt die FATF drei Möglichkeiten auf. Zunächst können alle Straftaten in den Kreis der Vortaten aufgenommen werden.[176] Weiterhin können die Länder den quantitativen Schwellenansatz verfolgen.[177] Die dritte Möglichkeit ist die Erstellung einer Liste von geldwäschetauglichen Vortaten.[178] Auch eine Kombination dieser Ansätze soll möglich sein. Des Weiteren sollen die Vortaten auch Taten erfassen, die zwar nicht der nationalen Gerichtsbarkeit

---

170 Bericht der Kommission an das Europäische Parlament und den Rat über die Anwendung der Richtlinie 2005/60/EG zur Verhinderung der Nutzung des Finanzsystems zum Zwecke der Geldwäsche und der Terrorismusfinanzierung, COM/2012/0168 final.

171 4. Fazit, COM/2012/0168 final.

172 2.3.1 und 2.3.2, COM/2012/0168 final.

173 Beispielsweise hatte, wie bereits in Kapitel 2 B. II. 7. erwähnt, die Dritte Geldwäscherichtlinie unter anderem das Ziel, die europäischen Standards an die Empfehlungen der FATF anzupassen.

174 Die aktuellen Empfehlungen sind abrufbar unter https://www.fatf-gafi.org/publications/fatfrecommendations/documents/fatf-recommendations.html.

175 The FATF Recommendations, S. 12.

176 The FATF Recommendations, S. 38.

177 The FATF Recommendations, S. 38.

178 The FATF Recommendations, S. 38.

des Mitgliedstaates unterfallen, aber nach dessen Regeln geldwäschetaugliche Vortaten darstellen.[179] Zusätzlich können die Länder festlegen, dass die Handlung auch am Begehungsort strafbar sein muss.[180]

Die FATF führt zudem Evaluierungen ihrer Mitgliedstaaten durch, in denen die Umsetzung der Empfehlungen überprüft wird. Deutschland wurde zuletzt 2022 evaluiert.[181] Hinsichtlich der Umsetzung der Anforderungen zur Geldwäschestrafbarkeit wurde nichts beanstandet. Die Umsetzung der dritten Empfehlung „Kriminalisierung von Geldwäsche" wurde in der neuesten Evaluation als „compliant" eingestuft.[182] Alle Kriterien wurden erfüllt. Anders war dies noch in der Evaluation von 2010 gewesen.[183] Damals hatte die FATF unter anderem bemängelt, dass Insiderhandel, Produktpiraterie und Marktmanipulation nicht zum deutschen Vortatenkatalog gehören, obwohl die Aufnahme dieser Delikte in den Kreis der Vortaten von der FATF empfohlen wird. Daraufhin fanden diese Tatbestände im Jahr 2011 ihren Weg in den Vortatenkatalog des § 261 StGB, woraufhin bereits die Evaluation 2014 in diesem Punkt positiver ausfiel.[184] Im Übrigen stellt die aktuelle Evaluation jedoch noch einigen Verbesserungsbedarf in Deutschland fest.[185] Die Effektivität der Maßnahmen gegen Geldwäsche und Terrorismusfinanzierung wurde überwiegend mit „moderate" bewertet.[186] Insgesamt wird vor allem das geringe Verständnis der Risiken, vor allem im Bereich komplexer Geldwäschevorgänge, Mängel im Bereich der Geldwäscheverdachtsmeldungen sowie die hohe Fluktuation von Bargeld in Deutschland bemängelt.[187]

9. *Die Vierte Geldwäscherichtlinie, 2015*

Die Vierte Geldwäscherichtlinie,[188] welche die Dritte Geldwäscherichtlinie aufhob, setzte einen neuen Mindeststandard für die Sanktionierung von

---

179 The FATF Recommendations, S. 38.

180 The FATF Recommendations, S. 38.

181 Mutual Evaluation of Germany, August 2022, abrufbar unter https://www.fatf-gafi.org/media/fatf/documents/reports/mer4/Mutual-Evaluation-Report-Germany-2022.pdf.

182 FATF Mutual Evaluation of Germany 2022, S. 237. Es gibt vier Effektivitätsstufen: „High", „Substantial", „Moderate" und „Low".

183 Mutual Evaluation Report of Germany, 19 February 2010.

184 Art. 1 des Schwarzarbeiterbekämpfungsgesetzes v. 28.04.2011, BGBl. I 2011, 676; vgl. Mutual Evaluation of Germany, June 2014.

185 Dazu auch *Wende*, CB 2022, Editorial Umschlagteil I.

186 FATF Mutual Evaluation of Germany 2022, S. 16.

187 FATF Mutual Evaluation of Germany 2022, S. 3, 5, 7.

188 RiL (EU) 2015/849.

Geldwäschehandlungen in der Europäischen Union.[189] Die Richtlinie legte unter anderem einige neue Pflichten für Unternehmen fest und setzte neue Standards zur Regulierung des Glücksspielsektors. Weiterhin sollte die Geldwäscherichtlinie eine Anpassung der EU-Standards an die neu überarbeiteten Empfehlungen der FATF darstellen.[190] Im Rahmen der Umsetzung der Richtlinie im Juni 2017 kam es zu umfangreichen Änderungen des Geldwäschegesetzes.[191] Im Strafgesetzbuch wurde hingegen nichts geändert, folglich auch nicht der Geldwäschetatbestand. Hinsichtlich der Vortaten der Geldwäsche unterscheidet sich die Vierte Geldwäscherichtlinie von ihrer Vorgängerin nur durch die ausdrückliche Nennung von Steuerstraftaten in Art. 3 Nr. 4 lit. f der Richtlinie. Da der deutsche Vortatenkatalog des § 261 StGB jedoch bereits seit 1998 den gewerblichen oder bandenmäßigen Schmuggel (§ 373 AO) und die Steuerhehlerei (§ 374 Abs. 2 AO), sowie seit 2001 die Steuerhinterziehung (§ 370 AO) erfasste, bestand an dieser Stelle kein Handlungsbedarf für den deutschen Gesetzgeber.[192]

10. Die Fünfte Geldwäscherichtlinie, 2018

Die Fünfte Geldwäscherichtlinie vom 30. Mai 2018[193] diente der Änderung der Vierten Geldwäscherichtlinie und führte in Deutschland zu einer Erweiterung des Geldwäschegesetzes hinsichtlich des geldwäscherechtlichen Pflichtenkreises und einem Ausbau der Transparenz.[194] Es waren jedoch keine Änderungen des Strafgesetzbuches erforderlich. Zwar wurden die „schweren Straftaten" des Art. 3 Nr. 4 der Vierten Geldwäscherichtlinie bezüglich der Straftaten im Zusammenhang mit Terrorismus aktualisiert sowie die „kriminellen Vereinigungen" neu definiert.[195] Dies führte aber nicht zu einem Umsetzungsbedarf für Deutschland.

Auch diese Richtlinie zeigt, dass Deutschland früh die notwendigen Voraussetzungen für einen breit aufgestellten Geldwäschetatbestand geschaffen hatte,

---

189 *Hecker*, ZIS 2016, 1057 (1079).

190 siehe Präambel, Erwägungsgrund 4 der RiL (EU) 2015/849.

191 Gesetz zur Umsetzung der Vierten EU-Geldwäscherichtlinie, zur Ausführung der EU-Geldtransferverordnung und zur Neuorganisation der Zentralstelle für Finanztransaktionsuntersuchungen v. 23. Juni 2017, BGBl. I 2017, 1822.

192 Zur Aufnahme von Steuerstraftaten in den Vortatenkatalog siehe oben unter B. II. 3.

193 Richtlinie (EU) 2018/843 des Europäischen Parlaments und des Rates vom 30. Mai 2018 zur Änderung der Richtlinie (EU) 2015/849 zur Verhinderung der Nutzung des Finanzsystems zum Zwecke der Geldwäsche und der Terrorismusfinanzierung und zur Änderung der Richtlinien 2009/138/EC und 2013/36/EU, RiL (EU) 2018/843.

194 Siehe BGBl. I 2019, 2602.

195 Siehe Art. 1 Nr. 2 lit. a i der RiL (EU) 2018/843.

sodass eine Dekade lang keine größeren Anpassungen des Vortatenkataloges an Vorgaben der Europäischen Union zur wirkungsvollen Sanktionierung von Geldwäsche notwendig waren.

C. Die grundlegende Reformierung des deutschen Geldwäschetatbestandes

Im Jahr 2021 wurde der Geldwäschetatbestand grundlegend reformiert. Nachfolgend sollen die Auslöser für die Reform genauer betrachtet und bewertet werden. Anschließend werden die umfassenden Änderungen dargestellt.

I. Auslöser der Reform

1. *Die Richtlinie (EU) 2018/1673*

Am 2. Dezember 2018 trat die Richtlinie über die strafrechtliche Bekämpfung der Geldwäsche in Kraft.[196] In der Literatur wird sie oftmals als (Erste) Geldwäschestrafrechtsrichtlinie bezeichnet.[197] Die Richtlinie war bis zum 3. Dezember 2020 im nationalen Recht umzusetzen.[198]

a) Ziele

Die Richtlinie (EU) 2018/1673 will eine effizientere strafrechtliche Geldwäschebekämpfung und dadurch mittelbar die Bekämpfung von organisierter Kriminalität und Terrorismusfinanzierung vorantreiben.[199] Dadurch soll auch die Integrität und Stabilität des Finanzsektors sowie die innere Sicherheit der Europäischen Union geschützt werden.[200] Da Geldwäsche ein internationales Problem ist, hat sich die Richtlinie außerdem zum Ziel gesetzt, eine bessere Verfolgbarkeit von Auslandstaten zu ermöglichen.[201]

Mit ihren Neuerungen will die Richtlinie über die strafrechtliche Bekämpfung der Geldwäsche die Vierte Geldwäscherichtlinie ergänzen.[202] Um die

---

196 Richtlinie des Europäischen Parlaments und des Rates vom 23. Oktober 2018 über die strafrechtliche Bekämpfung der Geldwäsche RiL (EU) 2018/1673.

197 So *El-Ghazi u. a.*, NZWiSt 2021, 297 (299); *Schröder u. a.*, Lösungsvorschläge für das Geldwäschestrafrecht, S. 1; *Schröder/Blaue*, NZWiSt 2019, 161 (161).

198 Art. 13 Abs. 1 der RiL (EU) 2018/1673.

199 Erwägungsgrund (1) der RiL (EU) 2018/1673.

200 Erwägungsgrund (1) der RiL (EU) 2018/1673.

201 Erwägungsgrund (12) der RiL (EU) 2018/1673.

202 Erwägungsgrund (1) der RiL (EU) 2018/1673.

Geldwäschebekämpfung effizienter zu machen wird festgelegt, dass weder eine Verurteilung wegen der Vortat noch die Bestimmung einer konkreten Vortat erforderlich sein soll.[203]

Um das Ziel der besseren Verfolgung von Auslandstaten innerhalb der Europäischen Union zu erreichen, will die Richtlinie die Harmonisierung der Geldwäschevorschriften der einzelnen Mitgliedstaaten fördern.[204] Hierzu wird eine einheitliche Definition der „kriminellen Tätigkeit" statuiert sowie verbindliche Vorgaben zum Strafmaß der Geldwäsche gemacht.[205] Zudem werden weitere Kategorien von Straftaten vorgestellt, welche die Mitgliedstaaten als geldwäschetaugliche Vortaten in die nationalen Strafvorschriften integrieren müssen.[206] Durch die Vereinheitlichung der Tatbestände soll die grenzüberschreitende Zusammenarbeit der Strafverfolgungsbehörden vereinfacht werden, da dieselben Tätigkeiten überall geldwäscherelevant sind.[207]

Damit die Geldwäschebekämpfung nicht durch in Drittstaaten verübte kriminelle Tätigkeiten ausgebremst wird, soll weiterhin die Strafbarkeit einer Handlung am Tatort im Falle einiger bestimmter Vortaten nicht mehr erforderlich sein.[208] Durch welche konkreten Vorschriften diese Ziele erreicht werden sollen, wird im Folgenden erörtert:

b) Inhalt

aa) Die neuen Deliktskategorien

Art. 2 der Richtlinie statuiert eine stark an den Empfehlungen der FATF und der Warschauer Konvention orientierte Liste von Deliktskategorien, die jeder Mitgliedstaat als Vortaten der Geldwäsche behandeln muss.[209] Im Einzelnen: Beteiligung an einer kriminellen Vereinigung und Erpressung, Terrorismus, Menschenhandel und Schleusung von Migranten, sexuelle Ausbeutung, illegaler Drogen- und Waffenhandel, illegaler Handel mit gestohlenen und sonstigen Waren, Korruption/Bestechung, Betrug, Geldfälschung, Produktfälschung und

---

203 Erwägungsgrund (12) der RiL (EU) 2018/1673.

204 Siehe dazu die Erwägungsgründe (9), (12), (14) der RiL (EU) 2018/1673.

205 Vgl. Erwägungsgründe (5), (14) der RiL (EU) 2018/1673.

206 Vgl. auch *Schröder/Blaue*, NZWiSt 2019, 161 (162).

207 Erwägungsgründe (5), (9) der RiL (EU) 2018/1673.

208 Vgl. Erwägungsgrund (12) i.V.m Art. 3 Abs. 4 der RiL (EU) 2018/1673.

209 COM(2016) 826 v. 21.12.2016, S. 14 f., wobei einzig die Kategorie der Cyberkriminalität weder in der Warschauer Konvention noch in den Empfehlungen der FATF genannt wird.

Produktpiraterie, Umweltkriminalität, vorsätzliche Tötung und schwere Körperverletzung, Entführung sowie Freiheitsberaubung und Geiselnahme, Raub oder Diebstahl, Schmuggel, Steuerstraftaten im Zusammenhang mit direkten und indirekten Steuern gemäß dem nationalen Recht, Erpressung, Fälschung, Piraterie, Insidergeschäfte und Marktmanipulation sowie Straftaten der Cyberkriminalität. Beachtlich ist, dass die bezeichneten Delikte nicht mehr als „schwere Straftaten", sondern nunmehr nur noch als „kriminelle Tätigkeiten" bezeichnet werden.[210] Diese Liste ist bei Weitem umfangreicher als der Vortatenkatalog des § 261 StGB im Jahr 2020. Die Delikte der Steuerhinterziehung, Hehlerei, Erpressung, Produktfälschung und Produktpiraterie, Insiderhandel und Marktmanipulation sowie der Betrug, der Diebstahl und einige Umweltstraftaten waren zwar bereits im deutschen Vortatenkatalog vorhanden, allerdings nur unter der Bedingung der gewerbs- oder bandenmäßigen Begehung. Eine solche Einschränkung der Strafbarkeit sieht die Richtlinie nicht vor. Weitere Delikte und Deliktsgruppen waren bis dahin gar kein Bestandteil des deutschen Geldwäschetatbestandes. Namentlich die Freiheitsberaubung, Straftaten der Cyberkriminalität (hierunter fallen das Abfangen von Daten gemäß § 202b StGB sowie die Datenveränderung gemäß § 303a StGB), sexuelle Ausbeutung durch Kinder- und Jugendpornographie, der sexuelle Missbrauch von Kindern[211] (in die Richtlinie einbezogen über die Richtlinie 2011/93/EU), sowie Teile des illegalen Waffenhandels und der Piraterie. Der Vortatenkatalog des § 261 Abs. 1 StGB war bereits vorher als zu umfangreich und unübersichtlich kritisiert worden, nun sollten noch weitere Delikte hinzukommen.[212]

bb) Vorgaben zu Auslandsvortaten

Weiterhin bereitete der Europäischen Kommission Sorgen, dass viele Vortaten der Geldwäsche im Ausland begangen werden, Tendenz steigend.[213] Um gegen diese Entwicklung vorzugehen, wurde in Art. 3 Abs. 3 lit. c der Richtlinie folgende Regelung getroffen: eine Handlung, die außerhalb der Gerichtsbarkeit

---

210 Art. 2 Nr. 1 der RiL (EU) 2018/1673; anders noch Art. 3 Nr. 4 RiL (EU) 2015/849 sowie Art. 3 Nr. 5 der RiL 2005/60/EG; vgl. auch *Schröder u. a.*, Lösungsvorschläge für das Geldwäschestrafrecht, S. 16 f.

211 Mit Ausnahme des Kindesmissbrauchs in einem besonders schweren Fall gemäß § 176 Abs. 3 StGB und des schweren sexuellen Missbrauchs von Kindern gemäß § 176a StGB, die bereits als Verbrechen über § 261 Abs. 1 Nr. 1 StGB a.F. in den Vortatenkatalog einbezogen waren.

212 Vgl. dazu Kapitel 4 A. I. 2. a).

213 COM(2016) 826 v. 21.12.2016, S. 9.

eines Mitgliedstaates begangen wurde, stellt eine geldwäschetaugliche Vortat dar, sofern sie nach nationalem Recht des Mitgliedstaates die Voraussetzungen einer Vortat erfüllt. Folglich darf es nicht mehr darauf ankommen, ob die Handlung auch in dem Land, in welchem sie begangen wurde, eine Straftat ist. Relativiert wird diese Regelung durch die Öffnungsklausel in Art. 3 Abs. 4 der Richtlinie. Hiernach dürfen die Mitgliedstaaten die Bedingung festlegen, dass die Handlung am Tatort strafbar sein muss. Allerdings nur für die Deliktskategorien des Art. 2 Nr. 1 lit. f, g und i–v. Folglich war der Entfall des doppelten Strafbarkeitserfordernisses für die übrigen Deliktskategorien (lit. a–e und h) zwingend umzusetzen. Nachdem die Dritte und Vierte Geldwäscherichtlinie kaum Auswirkungen auf den deutschen Geldwäschetatbestand gehabt hatten, stand selbiger aufgrund der Richtlinie (EU) 2018/1673 vor einer umfangreichen Erweiterung.

c) Legitimität der Vorgaben

Die Vorgaben der Richtlinie (EU) 2018/1673 müssten mit dem Primärrecht der Europäischen Union vereinbar und zudem geeignet sein, die Harmonisierungsbestrebungen zur effektiveren grenzüberschreitenden Geldwäschebekämpfung zu fördern. Die Kompetenz zur Statuierung von Mindestvorschriften auf dem Gebiet der Geldwäsche ergibt sich aus Art. 83 Abs. 1 AEUV.

aa) Primärrechtskonformität

Die Richtlinie über die strafrechtliche Bekämpfung der Geldwäsche darf nicht gegen EU-Primärrecht, wozu auch der Subsidiaritätsgrundsatz und der Grundsatz der Verhältnismäßigkeit gehören, verstoßen.

Nach dem Subsidiaritätsgrundsatz des Art. 5 Abs. 1, 3 EUV darf die Europäische Union nur gesetzgeberisch tätig werden, wenn das verfolgte transnationale Ziel von den Mitgliedstaaten allein nicht erreicht werden kann und Maßnahmen auf EU-Ebene erfolgversprechender sind.[214]

Geldwäsche ist ein staatenübergreifendes Problem.[215] Damit die Integrität des Finanzsektors im Binnenmarkt geschützt und die organisierte Kriminalität effizient bekämpft werden kann, ist eine staatenübergreifende behördliche Zusammenarbeit unerlässlich. Auch vergleichbare Straftatbestände fördern die

---

214 Art. 5 Subsidiaritätsprotokoll – C-310/207; *Kadelbach*, in: Groeben, von der/Schwarze EUV, Art. 5 Rn. 35, 40; *Calliess*, in: Calliess/Ruffert EUV, Art. 5 Rn. 34, 40; *Bast*, in: Grabitz/Hilf/Nettesheim EUV, Art. 5 Rn. 54, 57.

215 So bspw. *Hecker*, in: FS für Heinz, S. 714, 717; *Höreth*, Die Bekämpfung der Geldwäsche, S. 203.

Erreichung dieser Ziele.[216] Weiterhin ist die Amtshilfe zwischen den Staaten oftmals beschwerlich oder funktioniert nur unzureichend.[217] Die Koordinierung einer einheitlichen Gesetzgebung zwischen den Mitgliedstaaten würde einen immensen Aufwand erfordern und ist ohne eine einheitliche Anleitung wohl nicht zu organisieren. Die Europäische Union kann als von allen Mitgliedstaaten legitimierte Institution an dieser Stelle die notwendigen Regelungen treffen, um Mindestvorgaben für eine einheitlichere Geldwäschestrafbarkeit zu schaffen und die transnationale behördliche Zusammenarbeit zu verbessern. Dadurch kann vor allem die Verfolgung schwerer, organisierter Geldwäschevorgänge erleichtert und ein großer Mehrwert für die Geldwäschebekämpfung geschaffen werden. Dies wird in der Richtlinie umgesetzt, weshalb ein Konflikt mit dem Subsidiaritätsgrundsatz nicht festgestellt werden kann.

Die Richtlinie darf weiterhin nicht unverhältnismäßig sein. Art. 5 Abs. 1, 4 EUV legt insoweit unter anderem fest, dass die Europäische Union ihre Gesetzgebungskompetenz in einer verhältnismäßigen Art und Weise ausüben muss.[218]

Artikel 2 der Richtlinie (EU) 2018/1673 vereinheitlicht die Definition der „kriminellen Tätigkeit" für die geldwäschetauglichen Vortaten und erweitert den Katalog der von den Mitgliedsstaaten aufzunehmenden Geldwäschevortaten um einige Deliktskategorien, unter anderem aus dem Bereich der leichteren Kriminalität. Hierdurch wird der Handlungsspielraum der Mitgliedstaaten, welche Straftaten sie als taugliche Geldwäschevortaten anerkennen wollen, nicht unerheblich eingeschränkt. Die Maßnahmen dienen der Vereinheitlichung der nationalen Straftatbestände, damit Lücken in einzelnen Ländern nicht von Kriminellen ausgenutzt werden können.[219] Zudem soll die staatenübergreifende behördliche Zusammenarbeit durch die Schaffung solcher Mindestvoraussetzungen verbessert werden.[220] Zunächst ist an letzterem Beweggrund die Tatsache problematisch, dass das Strafrecht in seinem Kernbestand nicht von der Europäischen Union als Instrument zur Verbesserung der internationalen

---

216 Ausführlicher COM(2016) 826 v. 21.12.2016, S. 2 f.

217 *Bottermann*, Untersuchung zu den grundlegenden Problematiken des Geldwäschetatbestandes, S. 51; *Bussmann/Veljovic*, NZWiSt 2020, 417 (419); *Schnabl*, in: Wabnitz/Janovsky, Hdb. Wirtschafts- u. SteuerstrafR, Kapitel 6, G. III. Rn. 64a.

218 Vgl. dazu *Calliess*, in: Calliess/Ruffert EUV, Art. 5 Rn. 44; *Streinz*, in: Streinz EUV, Art. 5 Rn. 44.

219 COM(2016) 826 v. 21.12.2016, S. 2 f.

220 Erwägungsgrund 4 der RiL (EU) 2018/1673.

Zusammenarbeit benutzt werden darf.[221] Strafe muss eigenständig begründet werden.[222] Mit der Förderung der staatenübergreifenden Zusammenarbeit kann die Europäische Union diese einschneidenden Maßnahmen nicht legitimieren.[223] Im Gesetzgebungsverfahren macht die Kommission aber deutlich, dass die bessere internationale Zusammenarbeit kein Selbstzweck ist, sondern die Geldwäschebekämpfung und die Bekämpfung von organisierter Kriminalität und Terrorismusfinanzierung durch die Schließung von Strafbarkeitslücken vorantreiben soll.[224]

Künftig soll dem Begriff der kriminellen Tätigkeit bereits jede Straftat unterfallen, die im Höchstmaß mit einer Freiheitsstrafe von mehr als einem Jahr oder je nach nationaler Handhabung des Strafmaßes mit einer Mindestfreiheitsstrafe von sechs Monaten bedroht ist.[225] Hierdurch werden die Mitgliedstaaten verpflichtet, ein großes Spektrum an Straftaten in den Kreis der geldwäschetauglichen Vortaten aufzunehmen.

Insbesondere durch den erweiterten Katalog an zwingenden geldwäschetauglichen Vortaten greift der Unionsgesetzgeber in die Strafrechte der Mitgliedstaaten ein. Durch die Bestimmung beispielsweise des Art. 2 Nr. 1 lit. i der Richtlinie (EU) 2018/1673 muss künftig der einfache Betrug als Vortat der Geldwäsche klassifiziert werden.[226] Trotz der Maßgabe des Unionsgesetzgebers, die aufzunehmenden Handlungen auf das „notwendige und verhältnismäßige“ zu beschränken,[227] wird der Kreis der Vortaten durch die Regelungen des Art. 2 der Richtlinie weit ausgedehnt und lässt den Mitgliedstaaten kaum Handlungsspielraum für Alternativen. Jedoch ist Geldwäsche wie bereits dargelegt ein staatenübergreifendes Problem. Dem kann nur beigekommen werden durch die Schließung von Strafbarkeitslücken, also eine weitgehende Harmonisierung des Geldwäschestrafrechts, damit Geldwäschern die Ausweichmöglichkeiten genommen werden. Daher stellt die Ausweitung der geldwäschetauglichen Vortaten eine erforderliche Maßnahme dar. Auch stellen Straftaten wie der einfache Betrug oder Diebstahl typische Vortaten der Geldwäsche dar, sodass deren

221 Vgl. das Bundesverfassungsgericht im Urteil zum Vertrag von Lissabon, BVerfGE 123, 267 (410).

222 *Böse/Jansen*, JZ 2019, 591 (593).

223 *Böse/Jansen*, JZ 2019, 591 (593); ähnlich *Schröder/Blaue*, NZWiSt 2019, 161 (162).

224 COM(2016) 826 v. 21.12.2016, S. 2 ff.

225 Siehe Art. 2 Nr. 1 der RiL (EU) 2018/1673.

226 Kritisch zur Ausweitung auf Delikte der leichteren Kriminalität auch *Schröder/Blaue*, NZWiSt 2019, 161 (163).

227 Vgl. COM(2016) 826 v. 21.12.2016, S. 10.

Einbeziehung in den Bereich der zu harmonisierenden Vortaten erforderlich sein dürfte, um Strafbarkeitslücken zu schließen und eine effektive Geldwäschebekämpfung zu ermöglichen. Ob in möglichen zukünftigen Richtlinien dann Straftaten einbezogen werden, bei denen dies nicht mehr der Fall ist, bleibt abzuwarten.

Auch in der Kategorie Auslandstaten hat der Richtliniengesetzgeber eine sehr einschneidende Maßnahme ergriffen. Künftig soll das doppelte Strafbarkeitserfordernis nicht mehr der Regelfall sein.[228] Art. 3 Abs. 4 der Richtlinie gibt den Mitgliedstaaten zwar die Möglichkeit in den nationalen Strafvorschriften auch eine Tatortstrafbarkeit zu fordern. Dies gilt jedoch nicht für die Deliktskategorien des Art. 2 Abs. 1 lit. a–e und h der Richtlinie (EU) 2018/1673. Hier bleibt den Mitgliedstaaten kein Handlungsspielraum. Der Unionsgesetzgeber wollte durch die Richtlinie das Notwendige tun, um den Unionsstandard zu den Regelungen der Warschauer Konvention und den Empfehlungen der FATF zur Geldwäschebekämpfung aufzuschließen.[229] Doch durch die Neuregelung der Behandlung von Auslandstaten geht er über beide Dokumente hinaus.[230] Sowohl die Warschauer Konvention als auch die Empfehlungen der FATF bieten Staaten lediglich die Möglichkeit, bei Geldwäschevortaten auf eine Strafbarkeit der Vortat am Tatort zu verzichten.[231] Die doppelte Strafbarkeit wird dort als Regelfall angesehen und keinesfalls für bestimmte Deliktskategorien vollständig ausgeschlossen. Die Richtlinie statuiert in dieser Hinsicht also strengere Vorschriften. Dadurch können internationale Geldwäschevorgänge wohl besser verfolgt werden. Allerdings bedeutet es einen tiefen Einschnitt in nationales Recht, die Mitgliedstaaten zu verpflichten, Vortaten aufzunehmen, die im Ausland begangen wurden, nicht notwendig innerstaatlicher Strafverfolgung unterliegen und zusätzlich am Begehungsort nicht strafbar sind, was bedeutet, dass der Gegenstand der Geldwäsche dort legal erworben wurde. Die Erforderlichkeit dieser Vorschrift ist in Abwägung zu den tiefen Einschnitten ins nationale Recht und den Problematiken, vor die dies die Mitgliedstaaten hinsichtlich einer etwaigen Zusammenarbeit mit dem Tatortstaat stellt, kritisch zu betrachten. Daher ist bereits die verhältnismäßige Kompetenzausübung der Europäischen Union in dieser Hinsicht mehr als fraglich.

---

228 Art. 3 Abs. 4 der RiL (EU) 2018/1673.

229 COM(2016) 826 v. 21.12.2016, S. 10; Erwägungsgrund 3 der RiL (EU) 2018/1673.

230 So auch *Böse/Jansen*, JZ 2019, 591 (595).

231 Siehe Art. 9 Abs. 7 S. 2 der Warschauer Konvention; sowie The FATF Recommendations, S. 38.

Schon während des Gesetzgebungsverfahrens äußerten einige Staaten – unter anderem die Bundesrepublik Deutschland – zudem Bedenken bezüglich der Verhältnismäßigkeit der Regelung, genauer der Vereinbarkeit mit Art. 49 GRCh.[232]

Auch Art. 49 GRCh enthält einen Verhältnismäßigkeitsgrundsatz. Gemäß Art. 49 Abs. 3 GRCh darf das Strafmaß zur Straftat nicht unverhältnismäßig sein. In Art. 5 Abs. 2 der Richtlinie (EU) 2018/1673 wird für die Geldwäsche eine Mindesthöchststrafe von vier Jahren festgelegt. Problematisch an dieser Regelung ist, dass aufgrund der Einbeziehung leichterer Delikte in den Kreis der kriminellen Tätigkeiten das Strafmaß der Geldwäsche das der Vortaten teilweise erheblich übersteigen kann, obwohl die Geldwäsche und das Vortatunrecht in enger Verbindung zueinanderstehen.[233] Eine effektive und lückenlose Geldwäschebekämpfung macht es aber vor allem bei schwereren Vortaten erforderlich, auch hohe Strafen verhängen zu können. Da der Unionsgesetzgeber keine Vorschriften für eine Mindeststrafe macht, ist es den Mitgliedstaaten so weiterhin möglich verhältnismäßige Strafrahmen zu schaffen.[234]

Mit der Richtlinie hat der Unionsgesetzgeber strenge Vorgaben geschaffen, die aber zum Großteil als mit dem Primärrecht vereinbar zu bewerten sind. Nur hinsichtlich des Entfalls des doppelten Strafbarkeitserfordernisses bei Auslandsvortaten (Art. 3 Abs. 4 der RiL (EU) 2018/1673) ist die Vereinbarkeit mit Art. 5 Abs. 1, 4 EUV anzuzweifeln. Um diese Zweifel hinsichtlich der Vereinbarkeit mit dem Primärrecht auszuräumen bliebe nur, dass ein nationales Gericht dem EuGH den Art. 3 Abs. 4 der Richtlinie (EU) 2018/1673 im Rahmen eines Vorabentscheidungsverfahrens gemäß Art. 267 Abs. 1 lit. b) AEUV vorlegt.[235] Dieser würde die Vorschrift im Falle eines Verstoßes gegen das Primärrecht für ungültig erklären.

bb) Förderung der Harmonisierungsbestrebungen

Die Richtlinie (EU) 2018/1673 legt fest, welchen neuen Mindeststandard die Geldwäschevorschriften in allen Mitgliedstaaten der Europäischen Union

---

232 Erklärung v. 05.10.2018 zum Verfahren 2016/0414 (COD), S. 2.

233 *Böse/Jansen*, JZ 2019, 591 (593).

234 Zu dieser Option auch *Böse/Jansen*, JZ 2019, 591 (594).

235 Vgl. zu dieser Möglichkeit *Wegener*, in: Calliess/Ruffert AEUV, Art. 267 Rn. 14 f.; vgl. zur Vorgehensweise auch die Entscheidung des EuGH zur teilweisen Ungültigkeit der Änderungsrichtlinie zur vierten Geldwäscherichtlinie, EuGH, Urt. v. 22.11.2022 – C-37/20, ESG 2022, 306. Die Erhebung einer Nichtigkeitsklage gemäß Art. 263 AEUV wäre nicht mehr möglich, da jedenfalls die Klagefrist bereits abgelaufen ist.

erfüllen müssen. Der bisherige gemeinsame Rechtsrahmen sei nicht umfangreich und stringent genug, um eine wirksame Geldwäschebekämpfung herbeizuführen.[236] Bestehende Lücken sollen vor allem durch die neuen Mindeststandards in der Kategorie „taugliche Geldwäschevortaten" geschlossen werden. Während die Warschauer Konvention und die FATF den Mitgliedstaaten noch den Spielraum geben selbst zu entscheiden, welche nationalen Straftatbestände sie zu den vorgegebenen Kategorien zählen, werden in der neuesten Richtlinie nun konkrete Rahmenbeschlüsse und Richtlinien genannt, was die Freiheit der Mitgliedstaaten in dieser Hinsicht erheblich einschränkt.[237] Der Unionsgesetzgeber ist jedoch auch nicht verpflichtet, möglichst unbestimmte Kategorien von Straftaten auszuformulieren, um den Mitgliedstaaten große Freiheiten bei der Umsetzung zu ermöglichen.[238] Dieser höhere Standard an Mindestharmonisierung ist geeignet, die Erreichung der verfolgten Ziele voranzutreiben. *Schröder* und *Blaue* kritisieren die Harmonisierung hingegen als untauglich, weil durch den erweiterten Kreis geldwäschetauglicher Vortaten auch Bagatelldelikte erfasst werden.[239] Da zu erwarten sei, dass diese in den Mitgliedstaaten wenn überhaupt selten tatsächlich verfolgt werden würden, sei klar, dass die Richtlinie nicht vollständig zur Anwendung kommen wird.[240] Daher sei sie zumindest teilweise überflüssig und verstoße gegen den Ultima-ratio-Grundsatz.[241] Die Einbeziehung von Bagatelltaten in den deutschen Geldwäschetatbestand wird später in dieser Arbeit noch ausführlich behandelt werden.[242] Dem Argument der Nichtanwendung kann unterdessen nicht zugestimmt werden. Aufgrund des Legalitätsprinzips werden zumindest deutsche Strafverfolgungsbehörden verpflichtet sein, auch im Falle von Bagatellvortaten Ermittlungen aufzunehmen.[243] Durch die Inhalte der Richtlinie, insbesondere die Vereinheitlichung des

236 COM(2016) 826 v. 21.12.2016, S. 2.

237 *Böse/Jansen*, JZ 2019, 591 (592 f.); vgl. im Detail Anhang zum Warschauer Übereinkommen sowie The FATF Recommendations, S. 38, 119 f.

238 *Vogel/Eisele*, in: Grabitz/Hilf/Nettesheim AEUV, Art. 83 Rn. 33; *Meyer*, in: Groeben, von der/Schwarze AEUV, Art. 83 Rn. 20.

239 *Schröder/Blaue*, NZWiSt 2019, 161 (163).

240 *Schröder/Blaue*, NZWiSt 2019, 161 (163).

241 *Schröder/Blaue*, NZWiSt 2019, 161 (163).

242 Siehe Kapitel 4 B. II. 3.

243 Vgl. dazu *Hund*, ZRP 1996, 163 (166); *Remmers*, Die Entwicklung der Gesetzgebung zur Geldwäsche, S. 67; *El-Ghazi/Laustetter*, NZWiSt 2021, 209 (216). Auf die Problematiken, die dies mit sich bringt, wird im Verlauf der Arbeit noch vertieft eingegangen.

Vortatenkataloges, werden die innereuropäischen Standards angeglichen und Strafverfolgungshindernisse reduziert. Ob dies der Geldwäschebekämpfung den entscheidenden Aufschwung gibt, bleibt abzuwarten. Dennoch geht aufgrund der staatenübergreifenden Problematik der Geldwäsche die fortschreitende Harmonisierung in diesem Bereich in die richtige Richtung.

Durch den erweiterten Katalog an zwingenden geldwäschetauglichen Vortaten und die zwingende Abschaffung des doppelten Strafbarkeitserfordernisses für Auslandsvortaten in einigen Fällen greift der Unionsgesetzgeber tief in die Gesetzgebung der Mitgliedstaaten ein. Er räumt den Mitgliedstaaten in Art. 3 Abs. 4 der Richtlinie (EU) 2018/1673 für Art. 2 Abs. 1 lit. a–e, h der Richtlinie keinen Umsetzungsspielraum ein. Dieser tiefe Eingriff im Bereich der Auslandsvortaten kann mit der Erforderlichkeit einer Harmonisierung wohl nicht mehr gerechtfertigt werden.

2. *Einfluss der FATF*

Bei der Weiterentwicklung der Geldwäschestrafbarkeit auf europäischer und nationaler Ebene wird immer wieder auch auf die Empfehlungen der FATF Bezug genommen.[244] Wieso die „Empfehlungen" der FATF für die Bundesrepublik einen relevanten Maßstab für die Weiterentwicklung des Geldwäschetatbestandes dargestellt haben könnten und ob dies Anlass zu Bedenken gibt, soll im Folgenden erörtert werden.

a) Internationale Aufstellung der FATF

Die FATF ist nicht formal völkerrechtlich legitimiert.[245] Es handelt es sich um eine informelle, international agierende Organisation, deren Empfehlungen keine unmittelbare rechtliche Bindungswirkung entfalten.[246] Da sie lange Zeit in regelmäßigen Abständen von ihren Mitgliedern mit der Bekämpfung von Geldwäsche und Terrorismusfinanzierung neu mandatiert werden musste, handelte es sich auch nicht um eine Organisation mit unbegrenzter Lebensdauer.[247]

---

244 Vgl. beispielsweise Erwägungsgrund 3 und 8 der RiL (EU) 2018/1673.

245 *Groth*, Globales Finanzmarktrecht, S. 32.

246 *Weißer*, ZStW 2017, 961 (970); *Groth*, Globales Finanzmarktrecht, S. 42 f.; *Krämer*, Die Bekämpfung von Geldwäsche, S. 51; Ders. in: Albers/Groth, Globales Recht und Terrorismusfinanzierungsbekämpfung, S. 215; *Sieber/Vogel*, Terrorismusfinanzierung, S. 39.

247 *Krämer*, in: Albers/Groth, Globales Recht und Terrorismusfinanzierungsbekämpfung, S. 205.

2019 wurde dann beschlossen, das Mandat der FATF mit offenem Ende zu verlängern.[248]

Die Stellung der FATF in der internationalen Gemeinschaft darf nicht unterschätzt werden. Seit nunmehr über 30 Jahren leistet die FATF einen wichtigen Beitrag zur Entwicklung effektiver Methoden gegen Geldwäschebekämpfung.[249] Im FATF Plenary werden unter Mitwirkung aller Mitgliedstaaten, sowie Ländern und Organisationen mit Beobachterstatus wichtige Entscheidungen für den Fortgang der Geldwäschebekämpfung getroffen.[250] Zu den Beobachtern gehören einige wichtige internationale Organisationen aus dem Finanz- und Bankensektor wie der Internationale Währungsfonds (IWF), die Europäische Zentralbank, Unterorganisationen der Vereinten Nationen und Interpol.[251]

Die FATF setzt mittlerweile im internationalen Bereich die Standards zur Bekämpfung von Geldwäsche und Terrorismusfinanzierung.[252] Die Empfehlungen der Task Force haben großen Einfluss auf die nationale Rechtssetzung. Die Europäische Union hat auch in der Richtlinie über die strafrechtliche Bekämpfung von Geldwäsche auf die Orientierung an den Empfehlungen der FATF hingewiesen.[253] Schon die Dritte und Vierte Geldwäscherichtlinie nahmen auf die Regelungen der FATF in ihren Erwägungsgründen Bezug.[254] Zudem wurde bereits in einem Gerichtsprozess vor dem EuGH mit den Richtlinien der FATF argumentiert, welche zur Auslegung entsprechender EU-Richtlinien

248 FATF Mandate vom 12.04.2019, Declaration No. 16, abrufbar unter https://www.fatf-gafi.org/media/fatf/content/images/FATF-Ministerial-Declaration-Mandate.pdf, zuletzt abgerufen am 24.02.2023.

249 Vgl. Zur Gründung der FATF Kapitel 2 B. I. 2. und zu dem aktuellen Stand der Empfehlungen Kapitel 2 B. II. 8.

250 Vgl. Financial Action Task Force – 30 Years, S. 25, abrufbar unter https://www.fatf-gafi.org/media/fatf/documents/brochuresannualreports/FATF30-(1989-2019).pdf.

251 Die vollständige Liste von Ländern und Organisationen mit Beobachterstatus kann auf der Homepage der FATF eingesehen werden.

252 *Rößler*, WM 2015, 1406 (1407); *Krämer*, in: Albers/Groth, Globales Recht und Terrorismusfinanzierungsbekämpfung, S. 205; *Weißer*, ZStW 2017, 961 (967); *Herzog/Achtelik*, in: Herzog GwG, Einleitung Rn. 63; *Schröder u. a.*, Lösungsvorschläge für das Geldwäschestrafrecht, S. 29.

253 RiL (EU) 2018/1673, S. 22.

254 Vgl. Erwägungsgründe 4 und 11 der RiL (EU) 2015/849; Erwägungsgrund 5 der RiL 2005/60/EG.

heranzuziehen seien.[255] Dies belegt den enormen Einfluss, den die FATF mittlerweile in der Rechtsetzung und Rechtsanwendung erlangt hat.

b) Durchsetzung des FATF-Regelwerks

Auch wenn die Empfehlungen der FATF zur Geldwäschebekämpfung theoretisch unverbindlich sind führen einige Umstände dazu, dass in der Praxis ein gewisser Druck auf den Nationen lastet, die Empfehlungen in nationales Recht umzusetzen.[256] Zunächst haben sich die G20 Staaten auf ihrem Gipfel in Hamburg 2017 dazu verpflichtet, die Empfehlungen wirksam im nationalen Recht umzusetzen und die Führungsstruktur der FATF zu stärken.[257] Die FATF verfügt zudem selbst über Mittel, die Umsetzung ihrer Standards in den Mitglied- und Beobachterstaaten durchzusetzen: zum einen finden regelmäßig Evaluationen statt, in denen sich die Mitgliedstaaten gegenseitig hinsichtlich der Umsetzung und Einhaltung der Empfehlungen bewerten.[258] Durch die Veröffentlichung dieser Ergebnisse werden Umsetzungsdefizite einzelner Nationen für alle sichtbar gemacht (Prinzip des „naming and shaming“).[259] Zum anderen führt die FATF eine Liste mit Nationen, deren Geldwäschegesetzgebung nicht den Standards der FATF entspricht (high-risk jurisdictions).[260] Bei hartnäckigen Weigerungen, die Standards in nationales Recht umzusetzen, kann die FATF als ultima ratio den Ausschluss eines Mitgliedstaates beschließen.[261]

Die öffentliche Bekanntmachung von Umsetzungsdefiziten oder gar die Aufnahme auf die schwarze Liste bedeutet für die betroffenen Nationen eine Blamage und eine Schädigung der internationalen Reputation.[262] Es ist

---

255 Schlussanträge der Generalanwältin vom 29.04.2010 in der Rs. C-550/07 P (Akzo Nobel Chemicals Ltd. u. a. / Europäische Kommission), Rn. 112.

256 *Weißer*, ZStW 2017, 961 (980); *Krämer*, in: Albers/Groth, Globales Recht und Terrorismusfinanzierungsbekämpfung, S. 215, 224; *Krämer*, Die Bekämpfung von Geldwäsche, S. 51; *Pieth*, in: Pieth: Bekämpfung der Geldwäscherei, S. 18.

257 Siehe G20 Leaders' Statement Hamburg 2017 Punkt 10, 12.

258 Vgl. https://www.fatf-gafi.org/en/publications.html, zuletzt aufgerufen am 24.02.2023.

259 *Sieber*, Rechtstheorie 2010, 151 (161); *Krämer*, in: Albers/Groth, Globales Recht und Terrorismusfinanzierungsbekämpfung, 218; *Sieber/Vogel*, Terrorismusfinanzierung, S. 40.

260 Die Liste wird dreimal im Jahr auf der Homepage der FATF veröffentlicht.

261 Beispielsweise wurde im Jahr 2000 Österreich der Ausschluss aus der FATF angedroht, vgl. FATF Annual Report 1999–2000, S. 4, 21.

262 *Krämer*, in: Albers/Groth, Globales Recht und Terrorismusfinanzierungsbekämpfung, S. 216. am Beispiel Österreich.

zudem schädigend für die Wirtschaft, als „Geldwäschernation" bekannt zu sein.[263]

Im Weiteren bekommen die Regelungen auch durch die Mitgliedschaft der Europäischen Kommission und den Beobachterstatus einiger UN-Unterorganisationen eine beachtliche Reichweite. Denn so werden die Regelungen Teil von EU-Richtlinien und können in UN-Resolutionen eingegliedert werden, wodurch mittelbar eine Umsetzungspflicht für eine größere Anzahl von Staaten entsteht.[264]

Natürlich haben auch die einzelnen Mitgliedstaaten durch die Teilnahme an Plenarsitzungen und die regelmäßig wechselnde Präsidentschaft der FATF die Möglichkeit Einfluss auf die Entwicklung der Empfehlungen zu nehmen. Der Einfluss der FATF durch die Möglichkeit Umsetzungsdruck auf die Länder auszuüben ist jedoch ungleich größer.[265]

c) *Kritik an dem Einfluss der FATF*

Der Einfluss, den die Empfehlungen der FATF auf die deutsche Geldwäschegesetzgebung haben, ist kritisch zu betrachten. Einerseits kann die Arbeit der FATF einen wichtigen Beitrag zur Weiterentwicklung von Methoden zur Geldwäschebekämpfung leisten.[266] Vor allem ist im Gegensatz zu nationalen Ministerien und Gesetzgebern die Bekämpfung von Geldwäsche und Terrorismusfinanzierung ihre einzige Aufgabe, der sie mit geballtem internationalem Expertenwissen nachgehen kann. Andererseits wird auch nicht die grundsätzliche Expertise der FATF kritisiert. Vielmehr ist es problematisch, dass sich die FATF im Kampf gegen Geldwäsche sehr einseitig von Effektivitätsüberlegungen leiten lässt.[267] Hingegen muss der nationale (deutsche) Gesetzgeber neben der Effektivität der gesetzlichen Regelungen auch dafür Sorge tragen, dass diese mit höherrangigem Recht, beispielsweise dem Recht auf informationelle Selbstbestimmung und dem Verhältnismäßigkeitsgrundsatz vereinbar sind.[268] Deshalb können die Standards nicht unbesehen Eins zu Eins in nationales Recht übertragen werden.[269] Und je

---

263 *Krämer*, in: Albers/Groth, Globales Recht und Terrorismusfinanzierungsbekämpfung, S. 216 ff.

264 Vgl. auch *Weißer*, ZStW 2017, 961 (980).

265 *Groth*, Globales Finanzmarktrecht, S. 201, 204.

266 *Bülte*, NZWiSt 2017, 276 (276); *Herzog/Achtelik*, in: Herzog GwG, Einleitung Rn. 74.

267 *Weißer*, ZStW 2017, 961 (983); *Bülte*, NZWiSt 2017, 276 (276. 286); *Groth*, Globales Finanzmarktrecht, S. 45.

268 Zum Beispiel Datenschutz vgl. *Groth*, Globales Finanzmarktrecht, S. 203, 426. Zur Vereinbarkeit der aktuellen Reform mit dem Grundgesetz vgl. Kapitel 4 B. II.

269 Vgl. *Groth*, Globales Finanzmarktrecht, S. 426; *Weißer*, ZStW 2017, 961 (994).

mehr Gewicht der nationale Gesetzgeber dem Regelwerk aufgrund des international aufgebauten Drucks beimisst, desto eher besteht die Gefahr, dass andere wichtige Rechtsgüter auf der Strecke bleiben.[270] Ein großes Problem ist auch die Tatsache, dass die FATF nicht völkerrechtlich oder in sonst einer Weise dergestalt legitimiert wurde, dass die Empfehlungen rechtsverbindlich umgesetzt werden müssen. Das bedeutet, wenn der Gesetzgeber Gesetzesänderungen und -neuerungen einseitig mit der Befolgung von FATF-Empfehlungen begründet, wird damit das Demokratieprinzip und der Gewaltenteilungsgrundsatz tangiert.[271] Deutschland entsendet lediglich eine kleine Expertengruppe zur FATF. Alle Entscheidungen, die durch die FATF getroffen werden und über deren Standards unbesehen in deutsches Recht übernommen werden, gehen am Parlament und den gewählten Vertretern für die Gesetzgebung vorbei.[272] Die Einhaltung der Legitimationskette ist somit gefährdet.[273] Zudem gehören die Delegierten, die von Deutschland zur FATF entsendet werden, zum Bundesministerium für Finanzen und der BaFin, die dem Finanzministerium untergeordnet ist.[274] Hierbei handelt es sich um Behörden, also Teile der Exekutive. An den Entscheidungen der FATF zur Weiterentwicklung der Standards ist die gesetzgebende Gewalt mithin nicht beteiligt. Dies muss aber nicht zwangsläufig zur Verletzung deutscher Staatsprinzipien führen. Zunächst kann nicht als verwerflich angesehen werden, die Vorschläge einer internationalen Expertengruppe bei der Bekämpfung des transnationalen Problems der Geldwäsche zu berücksichtigen.[275] Es ist jedoch unerlässlich, dass der Bundestag und der Rechtsausschuss bei der Ausarbeitung von Gesetzesentwürfen nicht blind einem vermeintlichen Umsetzungszwang folgen, der durch Druckausübung der FATF und Angst vor dem Verlust internationalen Ansehens entstanden ist.[276] Die Empfehlungen dürfen nur insoweit in die Weiterentwicklung deutschen Rechts einfließen, als dass sie mit den Grundrechten und den tragenden Prinzipien deutscher Rechtssetzung vereinbar

---

270 Gemeint sind vor allem das Demokratie- und das Rechtsstaatsprinzip, vgl. *Bülte*, NZWiSt 2017, 276 (276, 286); *Weißer*, ZStW 2017, 961 (961, 994); *Groth*, Globales Finanzmarktrecht, S. 45.

271 *Weißer*, ZStW 2017, 961 (961, 994); *Sieber*, Rechtstheorie 2010, 151 (178); *Groth*, Globales Finanzmarktrecht, S. 58 ff.

272 *Weißer*, ZStW 2017, 961 (994).

273 *Sieber*, Rechtstheorie 2010, 151 (178 f.); *Weißer*, ZStW 2017, 961 (961).

274 Vgl. https://www.bafin.de/DE/Internationales/GlobaleZusammenarbeit/FATF/fatf_node.html, zuletzt aufgerufen am 24.02.2023; vgl. auch *Stricker*, JBL 2012, 639 (639).

275 Dies im Grundsatz anerkennend *Weißer*, ZStW 2017, 961 (982).

276 Vgl. zur Machtposition der FATF: Kapitel 2 C. I. 2. b).

sind. Am Ende muss immer gewährleistet bleiben, dass die Gesetze von der Legislative selbst stammen und nicht mittelbar von der FATF gemacht werden.

Im Referentenentwurf zur umfassenden Reformierung des § 261 StGB wurde auf die Regelungen der FATF verwiesen.[277] Jedoch wurden diese nicht als Begründung für die Reform insgesamt oder einzelne Änderungen angebracht, sondern lediglich im Zusammenhang mit der Abschaffung ersparter Steueraufwendungen die Vereinbarkeit mit den Empfehlungen festgestellt.[278] Selbiges gilt für den späteren Regierungsentwurf.[279] Wie sehr die Besorgnis vor einer erneuten Kritik in der bevorstehenden Evaluation der FATF Einfluss auf die Entscheidung für den All-Crimes-Ansatz hatte, ist schwer zu beurteilen.[280] Die Gesetzesbegründungen stützen ihre Legitimation zumindest nicht auf die Umsetzung von FATF-Standards und scheinen diesen nicht unangemessen hohe Bedeutung zuzuschreiben. Dennoch ist es auffällig, dass die grundlegende Reformierung des Geldwäschetatbestandes genau zu dem Zeitpunkt erfolgte, in dem auch die erneute Evaluierung Deutschlands durch die derzeit unter deutscher Präsidentschaft stehenden FATF bevorstand.

II. Reformierung des Geldwäschetatbestands, 2021

Im August 2020 wurde der Referentenentwurf eines Gesetzes zur Verbesserung der strafrechtlichen Bekämpfung der Geldwäsche veröffentlicht.[281] Mit diesem vollzog das Justizministerium einen einigermaßen überraschenden Kurswechsel. Nach einer fast dreißigjährigen Praxis der kontinuierlichen Erweiterung des Vortatenkatalogs sollte der Geldwäschetatbestand neu strukturiert werden. Der Referentenentwurf sah nun keinen Vortatenkatalog mehr vor, sondern es sollten Vermögensgegenstände aus jeder Straftat taugliche Tatobjekte des § 261 StGB sein.[282] Der Listenansatz musste also zugunsten des All-Crimes-Ansatzes

---

277 *BMJV*, RefE Verbesserung strafrechtl. Bekämpfung d. Geldwäsche 2020, S. 15, 18.

278 Siehe *BMJV*, RefE Verbesserung strafrechtl. Bekämpfung d. Geldwäsche 2020, S. 18. Zu beachten ist auch, dass auf Empfehlung 3 der FATF verwiesen wird, die ihrerseits auf das Wiener Suchtstoffübereinkommen verweist, welches von Deutschland unterzeichnet und ratifiziert wurde.

279 Vgl. BT-Drs. 19/24180, S. 15, 17.

280 Ein „kriminalpolitisches Window-Dressing“ aufgrund der laufenden FATF-Evaluation wurde dem Gesetzgeber allerdings von der Opposition vorgeworfen, BT-Drs. 19/26606, S. 3.

281 Referentenentwurf des Bundesministeriums der Justiz und für Verbraucherschutz zur Verbesserung der strafrechtlichen Bekämpfung der Geldwäsche vom 11. August 2020.

282 *BMJV*, RefE Verbesserung strafrechtl. Bekämpfung d. Geldwäsche 2020, S. 5 f.

weichen. Für die Auslandsvortaten, die nach der Richtlinie (EU) 2018/1673 von der Öffnungsklausel ausgeschlossen waren, wurde ein eigener Vortatenkatalog geschaffen, in dem die entsprechenden Deliktskategorien aufgelistet sind, bei deren Verwirklichung nach dem Recht der Europäischen Union keine Tatortstrafbarkeit erforderlich ist.[283] Weiterhin wurde in dem neuen § 261 Abs. 4 StGB die verschärfte Strafandrohung für den Fall eingeführt, dass der Täter ein Verpflichteter gemäß § 2 GwG ist.[284] Der Referentenentwurf wurde in großen Teilen von der Bundesregierung übernommen und im November 2020 als Gesetzesentwurf in den Bundestag eingebracht.[285] Im Laufe des Gesetzgebungsverfahrens ergaben sich folgende Änderungen: Der Referentenentwurf sah aus Gründen der Verhältnismäßigkeit die Entfernung der Strafbarkeit leichtfertiger Begehung vor, was aber nicht in den Gesetzesentwurf der Bundesregierung übernommen wurde.[286] Referenten- und Regierungsentwurf sahen weiterhin die Streichung des Begriffs „herrühren" in § 261 Abs. 1 StGB vor.[287] Diese Änderung schaffte es aber nicht in die Endfassung, da ansonsten Unsicherheiten im Falle von Gegenständen entstehen könnten, die mehrere Geldwäschevorgänge durchlaufen haben.[288]

Die Umstellung auf den All-Crimes-Ansatz spaltet die Experten. Einige begrüßen die Abschaffung des Vortatenkataloges, da dadurch die praktische Anwendbarkeit vereinfacht werde und bisherige Beweisprobleme wegfallen.[289] Die Reformierungsbemühungen ernteten jedoch auch einige Kritik. Hauptproblem sei es, überhaupt eine kriminelle Quelle von Vermögensgegenständen nachzuweisen, daher können die Beweisprobleme nicht durch

283 *BMJV*, RefE Verbesserung strafrechtl. Bekämpfung d. Geldwäsche 2020, S. 6 f.

284 *BMJV*, RefE Verbesserung strafrechtl. Bekämpfung d. Geldwäsche 2020, S. 16; vgl. auch BT-Drs. 19/24180, S. 32 f.

285 Gesetzesentwurf eines Gesetzes zur Verbesserung der strafrechtlichen Bekämpfung der Geldwäsche, BT-Drs. 19/24180.

286 *BMJV*, RefE Verbesserung strafrechtl. Bekämpfung d. Geldwäsche 2020, S. 11; vgl. dazu BT-Drs. 19/24180, S. 33.

287 *BMJV*, RefE Verbesserung strafrechtl. Bekämpfung d. Geldwäsche 2020, S. 5 f.; BT-Drs. 19/24180, S. 6.

288 BT-Drs. 19/24902, S. 4.

289 *BDK*, Stellungnahme zum RefE eines Gesetzes zur Verbesserung der strafrechtlichen Bekämpfung der Geldwäsche, S. 2 f.; *DRB*, Stellungnahme zum RefE zur Verbesserung der strafrechtlichen Bekämpfung der Geldwäsche 2020, S. 1, 3; *Ruhland*, Stellungnahme zu BT-Drs. 19/24180, S. 2.

den All-Crimes-Ansatz gelöst werden.[290] Weiterhin sei die Umstellung auf den All-Crimes-Ansatz „europarechtlich nicht veranlasst, kriminalpolitisch nicht geboten und verfassungsrechtlich bedenklich".[291] *Fischer* wirft der Neufassung aufgrund der grenzenlos ausgedehnten Strafbarkeit vor, praktisch nicht anwendbar zu sein.[292] In einem Entschließungsantrag kritisierte auch die Bundestagsfraktion der Partei Bündnis 90/Die Grünen die Abschaffung des Vortatenkataloges als eine Abkehr vom Zweck der Bekämpfung organisierter Kriminalität und ungeeignetes Mittel für eine Beweiserleichterung.[293] Gefordert wurde stattdessen den Vortatenkatalog im europarechtlich zwingenden Umfang zu erweitern oder zumindest eine Bagatellschwelle einzuführen.[294] Allen Gegenstimmen zum Trotz wurde der Gesetzesentwurf am 11. Februar 2021 vom Bundestag angenommen[295] und trat am 18. März 2021 in Kraft.[296]

D. Zusammenfassung

Der Kampf gegen Geldwäsche ist eine staatenübergreifende Thematik, die auf internationaler wie nationaler Ebene in den letzten 30 Jahren viele Phasen der „Optimierung" durchlaufen hat. Der Vortatenkatalog des Geldwäschetatbestandes umfasste im Jahr 2020 ganze 57 Delikte und Deliktsgruppen. Dies stellt einen „umfangmäßigen (Negativ-)Rekord"[297] im deutschen Strafgesetzbuch dar. Die umfassende Kritik der Literatur an der Ausdehnung des Vortatenkatalogs ist daher nicht verwunderlich. Auch die Beweisführungsproblematik und die Abkehr vom ursprünglichen Zweck der Bekämpfung

---

290 *BNotK*, Stellungnahme zum RefE zur Verbesserung der strafrechtlichen Bekämpfung der Geldwäsche 2020, S. 2; *Max-Planck-Institut*, Stellungnahme zum RefE zur Verbesserung der strafrechtlichen Bekämpfung der Geldwäsche 2020, S. 4.

291 *Jahn*, Stellungnahme zu BT-Drs. 19/24180, S. 7; so auch *BRAK*, Stellungnahme zum RefE zur Verbesserung der strafrechtlichen Bekämpfung der Geldwäsche 2020, S. 4; *BNotK*, Stellungnahme zum RefE zur Verbesserung der strafrechtlichen Bekämpfung der Geldwäsche 2020, S. 2; *Max-Planck-Institut*, Stellungnahme zum RefE zur Verbesserung der strafrechtlichen Bekämpfung der Geldwäsche 2020, S. 4.

292 *Fischer*, in: Fischer, § 261 Rn. 11.

293 BT-Drs. 19/26606, S. 2.

294 BT-Drs. 19/26606, S. 4.

295 Mit den Stimmen der Regierungskoalition CDU/CSU und SPD. Die Fraktionen der FDP, der Linkspartei und der Grünen stimmten gegen die Gesetzesvorlage.

296 Vgl. BGBl. I 2021, 327.

297 *Jahn*, in: SSW-StGB, § 261 Rn. 6.

organisierter Kriminalität waren häufige Kritikpunkte.[298] Ob die Darstellung nach dem Listenansatz für eine effektive Bekämpfung der Geldwäsche der gangbarste Weg war oder ob der Gesetzgeber gut daran getan hat, eine Umstellung auf den All-Crimes-Ansatz vorzunehmen, wird im weiteren Verlauf dieser Arbeit untersucht werden.

298 Siehe zur Beweisführungsproblematik *Hetzer*, wistra 1994, 176 (183); *Kilchling*, wistra 2000, 241 (244); *Remmers*, Die Entwicklung der Gesetzgebung zur Geldwäsche, S. 95; *Lütke*, wistra 2001, 85 (86); zur Abkehr von der Bekämpfung der OrgK *Dahs*, NJW 1995, 553 (554); *Schindler*, NZWiSt 2020, 457 (462).

Kapitel 3: Der neue Geldwäschetatbestand im Einzelnen

A. Kriminalpolitische Ziele und geschützte Rechtsgüter

Um die Notwendigkeit einzelner Reformierungsmaßnahmen herausarbeiten und bewerten zu können, muss zunächst Klarheit darüber geschaffen werden, welche Ziele der Gesetzgeber mit dem Geldwäschetatbestand verfolgt und welche Rechtsgüter im Einzelnen geschützt werden sollen.

I. Kriminalpolitische Ziele des Geldwäschetatbestandes

Der deutsche Gesetzgeber hat den Geldwäschetatbestand 1992 primär zur Bekämpfung der organisierten Kriminalität in das Strafgesetzbuch eingeführt.[299] Bereits wenige Jahre später begann jedoch die Erweiterung des Vortatenkataloges um Tatbestände, die keine typischen Erscheinungsformen der organisierten Kriminalität darstellen.[300] Die fortlaufenden Ergänzungen wurden aufgrund dieser Abkehr vom ursprünglichen Ziel der Geldwäschebekämpfung immer wieder kritisiert.[301] Zwar räumte der Gesetzgeber im Laufe der Zeit ein, dass nicht notwendigerweise ein Bezug zur organisierten Kriminalität bestehen muss und der Anwendungsbereich auch auf andere Erscheinungsformen der „Schwerkriminalität" ausgeweitet werden müsse.[302] Doch spätestens seit der Abschaffung des Vortatenkataloges und der Einführung des All-Crimes-Ansatzes ist die Bekämpfung der organisierten Kriminalität nicht mehr als einziges Ziel des Geldwäschetatbestandes ersichtlich.[303]

---

299 Vgl. BT-Drs. 12/989, S. 23 f.; BT-Drs. 13/8651, S. 9; BT-Drs. 19/24180, S. 2; so auch *Hund*, ZRP 1996, 163 (164); „common sense" *Schramm*, wistra 2008, 245 (246).

300 BT-Drs. 13/8590, S. 13; *Jahn*, in: SSW-StGB, § 261 Rn. 22.

301 So bereits *Dahs*, NJW 1995, 553 (554); sowie die Fraktion Bündnis 90/Die Grünen in BT-Drs. 13/8590, S. 8; *Jahn*, in: SSW-StGB, § 261 Rn. 22.

302 BT-Drs. 12/8653, S. 27 f.; BT-Drs. 13/8651, S. 12.

303 So auch *BRAK*, Stellungnahme zum RefE zur Verbesserung der strafrechtlichen Bekämpfung der Geldwäsche 2020, S. 7; *Ruhmannseder*, in: BeckOK StGB, § 261 Rn. 3; *Bülte*, GWuR 2021, 8 (8); ähnlich bereits zur alten Rechtslage *Jahn*, in: SSW-StGB, § 261 Rn. 8., Ders. in der schriftlichen Stellungnahme vom 09.12.20 zu BT-Drs. 19/24180, S. 16; *Heinrich*, in: AWHH, StrR BT, § 261 Rn. 10; *Guthörl/Gans*, WPg 2021, 1053 (1054); so schon zur alten Rechtslage *Kargl*, NJ 2001, 57 (60); *Kindhäuser/*

Denn nun wird jede Tat, ob Kapitalverbrechen oder Bagatellkriminalität, vom Geldwäschetatbestand erfasst. Weiterhin fällt die Bedingung der banden- oder gewerbsmäßigen Begehung für sämtliche Tatbestände weg. Diese Einschränkung sollte einen Bezug zur organisierten Kriminalität aufrechterhalten, was allerdings in der Literatur ohnehin als eher untauglicher Versuch gewertet wurde.[304]

Die Kriminalisierung der Geldwäsche ist weiterhin ein legitimes Mittel, um Papierspuren zu kriminellen Organisationen zurückzuverfolgen und sie zu zerschlagen.[305] Doch kann die Ausweitung des Tatbestandes über die branchenüblichen Deliktskategorien hinaus dadurch nicht gerechtfertigt werden. Die frühere Eingrenzung des Geldwäschetatbestandes auf Delikte der organisierten Kriminalität war Kritik ausgesetzt, da nicht nur kriminelle Organisationen daran interessiert sind, die Herkunft ihrer Mittel zu verschleiern.[306] Dies ist auch im Bereich der Wirtschaftskriminalität und anderer lukrativer Kriminalitätsformen ein relevanter Aspekt.[307] Es ist kein Grund ersichtlich, diese Kriminalitätsformen zu privilegieren, da sie gleichsam sozial missbilligt und daher strafwürdig sind und eine Entziehung der Geldmittel hier ebenso geeignet ist, den primären Tatanreiz zu nehmen.[308] Mithin kann als weiteres legitimes kriminalpolitisches Ziel angesehen werden, illegal erlangte Vermögensgegenstände, gleich aus welcher Art von finanziell lukrativer Vortat sie stammen, verkehrsunfähig zu machen und so den Vortätern den wesentlichen Anreiz für die Begehung der Straftat zu nehmen.[309] Denn niemand würde sich beispielsweise bestechen lassen oder einen Betrug begehen, wenn er die aus der Tat erlangten Geldmittel nicht ausgeben oder investieren kann.

Hilgendorf, in: LPK-StGB, § 261 Rn. 2; *Koslowski*, Harmonisierung der Geldwäschestrafbarkeit, S. 300.

304 Vgl. *Dahs*, NJW 1995, 553 (555); ähnlich *Kreß*, wistra 1998, 121 (123); differenzierend zwischen den Merkmalen der Bande und der Gewerblichkeit *Höreth*, Die Bekämpfung der Geldwäsche, S. 111.

305 BT-Drs. 12/989, S. 26; so auch *Hecker*, in: Schönke/Schröder, § 261 Rn. 2.

306 *Hetzer*, ZRP 1999, 245 (245); *Remmers*, Die Entwicklung der Gesetzgebung zur Geldwäsche, S. 64 f.

307 *Hund*, ZRP 1996, 163 (165).

308 *Hund*, ZRP 1996, 163 (165); *Koslowski*, Harmonisierung der Geldwäschestrafbarkeit, S. 298.

309 *Schramm*, wistra 2008, 245 (246); *Hecker*, in: Schönke/Schröder, § 261 Rn. 2; anders *Schnittenhelm*, in: FS für Lenckner, S. 529.

II. Das geschützte Rechtsgut

Welche Rechtsgüter der Geldwäschetatbestand schützen soll ist nicht unumstritten.

In Frage kommen (1.) die innere Sicherheit der Bundesrepublik Deutschland und anderer Staaten, (2.) der legale Wirtschafts- und Finanzkreislauf, (3.) die staatliche Rechtspflege und das durch die Vortat verletzte Rechtsgut sowie (4.) der staatliche Einziehungsanspruch. Diese Rechtsgüter sollen im Folgenden hinsichtlich ihrer Tauglichkeit als Schutzgüter des Geldwäschetatbestandes näher beleuchtet werden.

1. Die innere Sicherheit Deutschlands und anderer Staaten

Die innere Sicherheit Deutschlands und anderer Nationen wird teilweise als ein von § 261 StGB geschütztes Rechtsgut benannt.[310] Demnach soll die Geldwäschestrafbarkeit konkret dazu dienen, das Wachstum krimineller Organisationen zu verhindern, denn diese könnten die innere Sicherheit, insbesondere die freiheitliche demokratische Grundordnung der Bundesrepublik Deutschland angreifen.[311] Zudem sei auch die Sicherheit anderer Staaten durch die Zunahme „mafioser Strukturen" gefährdet.[312] § 261 StGB sei insoweit mit dem Straftatbestand der Bildung krimineller Vereinigungen in § 129 StGB vergleichbar.[313]

Jedoch ist es wie bereits dargestellt nicht (mehr) das primäre Ziel des Geldwäschetatbestandes, das Anwachsen krimineller Vereinigungen zu verhindern.[314] Der Gesetzgeber hat das kriminalpolitische Ziel des Geldwäschetatbestandes schon früh auf die Bekämpfung jeder Form von Schwerkriminalität ausgeweitet.[315] Mit der stetigen Erweiterung des Vortatenkataloges und nun der Einführung des All-Crimes-Ansatzes ist auch dieses Ziel immer mehr in den Hintergrund gerückt. Einige Literaturstimmen sind der Ansicht, der Gesetzgeber habe dieses Ziel mittlerweile ganz aufgegeben.[316] In jedem Fall hat der Gesetzgeber durch die Weiterentwicklung des Geldwäschetatbestandes schon

---

310 So *Barton*, StV 1993, 156 (160); *Höreth*, Die Bekämpfung der Geldwäsche, S. 95; *Schnittenhelm*, in: FS für Lenckner, S. 529.

311 *Barton*, StV 1993, 156 (160); *Höreth*, Die Bekämpfung der Geldwäsche, S. 96.

312 *Barton*, StV 1993, 156 (160).

313 *Barton*, StV 1993, 156 (160).

314 Vgl. Kapitel 3 A. I.

315 Vgl. bereits BT-Drs. 12/8653.

316 So *Bülte*, Stellungnahme zu BT-Drs. 19/24180, S. 3; *Ruhmannseder*, in: BeckOK StGB, § 261 Rn. 3.

früh zu erkennen gegeben, dass der Geldwäschetatbestand nicht nur und bereits lange nicht mehr primär kriminelle Organisationen bekämpfen soll.[317] Daher kann der Schutz der inneren Sicherheit des Staates vor diesen auch nicht als geschütztes Rechtsgut der Geldwäsche definiert werden.[318]

Davon abgesehen würde dieses Rechtsgut zur Statuierung einer Art Feindstrafrecht führen, in dem der Bürger als Gefahr für die innerstaatliche Sicherheit angesehen wird.[319] Auch gibt es in den Gesetzgebungsmaterialien keine Anhaltspunkte für eine derartige Intention des Gesetzgebers. Aus diesen Gründen ist die innere Sicherheit Deutschlands und anderer Staaten als geschütztes Rechtsgut des § 261 StGB abzulehnen.

2. Der legale Wirtschafts- und Finanzkreislauf

Der legale Wirtschafts- und Finanzkreislauf ist unmittelbar von Geldwäschehandlungen betroffen. Die illegal erlangten Vermögenswerte der Vortat werden in die Kreisläufe eingeleitet, um ihnen den Anschein einer legalen Herkunft zu verleihen und die Spuren der Vortat zu verwischen. Durch die Einschleusung solcher Vermögenswerte werden Konsum- und Anlageentscheidungen verzerrt, das Wirtschaftswachstum beeinträchtigt und die Stabilität des Finanzsystems gefährdet.[320] Denn Investoren von inkriminiertem Vermögen haben unlautere Wettbewerbsvorteile („bad money drives out good money").[321] Durch solche Investitionen, beispielsweise in große Konzerne, können zwielichtige Gruppierungen Einfluss auf Wirtschaft und Gesellschaft gewinnen.[322] Wenn solche

317 So auch *Neuheuser*, in: MüKoStGB, § 261 Rn. 14.

318 *Leip*, Der Straftatbestand der Geldwäsche, S. 48 f.; *Voß*, Die Tatobjekte der Geldwäsche, S. 13.

319 *Jahn*, in: SSW-StGB, § 261 Rn. 12; ausführlicher *Barton*, StV 1993, 156 (163).

320 Ausführlich zu den Folgen *Schneider u. a.*, Geldwäsche – Formen, Akteure, Größenordnung, S. 137 ff.; *Unger u. a.*, The Amounts and Effects of Money Laundering, S. 82 ff.; *Koslowski*, Harmonisierung der Geldwäschestrafbarkeit, S. 52; *Forthauser*, Geldwäscherei de lege lata et ferenda, S. 149 f.

321 *Unger u. a.*, The Amounts and Effects of Money Laundering, S. 85; vgl. auch https://www.br.de/nachrichten/bayern/mafia-kaeufe-lassen-immobilienpreise-explodieren,QncOpLh, zuletzt aufgerufen am 24.02.2023; *Siska*, Die Geldwäsche und ihre Bekämpfung, S. 51; *Koslowski*, Harmonisierung der Geldwäschestrafbarkeit, S. 52; *Sieber/Bögel*, Logistik der Organisierten Kriminalität, S. 356.

322 *Bottke*, wistra 1995, 121 (126); *Unger u. a.*, The Amounts and Effects of Money Laundering, S. 86 m.w.N.; *Koslowski*, Harmonisierung der Geldwäschestrafbarkeit, S. 52.

Verbindungen und Konstellationen publik werden, kann dies zudem das öffentliche Vertrauen in die betroffenen Unternehmen schwerwiegend schädigen.[323]

Mithin wird der legale Wirtschafts- und Finanzkreislauf durch Geldwäsche verunreinigt und geschädigt.[324] Dies soll § 261 StGB verhindern.[325] Als Hauptargument gegen die Einstufung als von § 261 StGB geschütztes Rechtsgut wird vorgebracht, der Gesetzgeber habe dies nicht gewollt.[326] Es wurde jedoch im Rahmen des in dieser Arbeit gegenständlichen Gesetzgebungsverfahrens deutlich gemacht, dass der Wiedereinschleusung illegal erworbenen Vermögens mit den Mitteln des Strafrechts entgegengetreten werden muss.[327] Die Gefahr von Geldwäschehandlungen für den legalen Finanz- und Wirtschaftskreislauf hat der Gesetzgeber also klar erkannt und erachtet dieses Rechtsgut als schützenswert.[328] Demnach kann eine Qualifizierung als von § 261 StGB geschütztes Rechtsgut nicht mit dieser Begründung abgelehnt werden.[329]

3. *Staatliche Rechtspflege und das durch die Vortat verletzte Rechtsgut*

Die Rechtsprechung und die herrschende Lehre sehen die staatliche Rechtspflege und das Rechtsgut, welches durch die Vortat verletzt wurde, als Schutzgüter des § 261 StGB an.[330] Diese Zielrichtung geht klar aus verschiedenen

---

323 So auch *Gentzik*, Europäisierung des deut. und eng. Geldwäschestrafrechts, S. 32.

324 *Lampe*, JZ 1994, 123 (125); *Gentzik*, Europäisierung des deut. und eng. Geldwäschestrafrechts, S. 30; so auch BGBl. II 1993, 1136 (1137); anders *Fahl*, JURA 2004, 160 (167).

325 *Lampe*, JZ 1994, 123 (125); *Hecker*, in: FS für Heinz, S. 717; *Tiedemann*, Wirtschaftsstrafrecht, S. 387; *Findeisen*, wistra 1997, 121 (121); *Joerden*, in: FS für Lampe, S. 779; *Koslowski*, Harmonisierung der Geldwäschestrafbarkeit, S. 316 f.; *Vogel*, Stellungnahme des MPI zum RefE zur Verbesserung der strafrechtlichen Bekämpfung der Geldwäsche 2020, S. 3; ausführlich zur Verunreinigung des legalen Wirtschaftskreislaufs durch Geldwäschehandlungen und den Ablauf: *Bussmann*, Geldwäscheprävention im Markt, S. 104.

326 *Voß*, Die Tatobjekte der Geldwäsche, S. 9; *Neuheuser*, in: MüKoStGB, § 261 Rn. 11.

327 BT-Drs. 19/24180, S. 15.

328 So bereits im Gesetzgebungsverfahren zum Dritten OrgKG BT-Drs. 13/8651, S. 11 „Da § 261 StGB insbesondere die Rechtspflege wie auch die Unversehrtheit des Wirtschaftskreislaufes […] schützt"; siehe auch BT-Drs. 18/6389, S. 13.

329 Es handelt sich auch nicht bloß um einen Unterfall der staatlichen Rechtspflege, dazu vgl. *Lampe*, JZ 1994, 123 (126); *Vogel*, ZRP 2020, 111 (113).

330 BGH NJW 2018, 2018, 2742 (2743); OLG Karlsruhe, NJW 2005, 767 (768); *Höreth*, Die Bekämpfung der Geldwäsche, S. 91, 95; *Hetzer*, NJW 1993, 3298 (3299); *Otto*, JURA 1993, 329 (331); *Jahn*, in: SSW-StGB, § 261 Rn. 11; *Fahl*, JURA 2004, 160 der

Gesetzgebungsmaterialien hervor.[331] Dazu passt auch die Ausgestaltung des § 261 StGB als Anschlussdelikt. Der durch die Vortat geschaffene unrechtmäßige Zustand soll nicht aufrechterhalten werden sowie die Spur der Geldwäschehandlungen am Ende zu den Tätern der Vortat führen und es ermöglichen, auf diese zuzugreifen.[332] Es geht also um das Ermittlungsinteresse der Strafverfolgungsbehörden, mit dem Ziel die Auswirkungen der strafbaren Vortaten zu beseitigen und den rechtmäßigen Ausgangszustand wiederherzustellen.[333] Insoweit kommt dem Geldwäschetatbestand die Aufgabe zu, durch die Sicherstellung der Tatmittel die rechtlichen Ansprüche der Opfer der Vortat zu sichern und so die begangenen Rechtsgutsverletzungen wieder auszugleichen.[334] Weiterhin soll durch die Entziehung der Tatmittel signalisiert werden, dass sich Straftaten finanziell nicht lohnen, da auch die Mittel für die Begehung weiterer Straftaten entzogen werden.[335] Insoweit soll präventiv die Verletzung weiterer Rechtsgüter verhindert werden.[336]

4. Der staatliche Einziehungsanspruch

Gemäß § 73 StGB kann die Einziehung von Taterträgen[337] gerichtlich angeordnet werden. Dieser staatliche Einziehungsanspruch wird teilweise als das von § 261 StGB geschützte Rechtsgut benannt.[338] Durch die Verschleierung der Herkunft inkriminierter Vermögensgegenstände wird verhindert, dass diese Vermögenswerte als illegal erworben enttarnt und sodann vom Staat eingezogen werden können.[339] Dem solle der Geldwäschetatbestand entgegentreten.

---

von einem „Konglomerat von Rechtsgütern" spricht; differenzierend *Salditt*, StraFo 1992, 121 (122); ablehnend *Burr*, Geldwäsche, S. 25 f.

331 BT-Drs. 12/989, S. 27; BT-Drs. 12/3533, S. 11; BT-Drs. 13/8651, S. 11.

332 BT-Drs. 19/24180, S. 15; OLG Karlsruhe, NJW 2005, 767 (768); *Leip*, Der Straftatbestand der Geldwäsche, S. 51.

333 *Höreth*, Die Bekämpfung der Geldwäsche, S. 93; *Krey/Dierlamm*, JR 1992, 353 (359); anders *Salditt*, StraFo 1992, 121 (122) der nur der Präventionsfunktion zustimmt.

334 *Hoyer*, in: SK-StGB, § 261 Rn. 1.

335 *Salditt*, StraFo 1992, 121 (122); *Hefendehl*, in: FS für Roxin, S. 153; *Leip*, Der Straftatbestand der Geldwäsche, S. 54 f.

336 *Salditt*, StraFo 1992, 121 (122); *Hoyer*, in: SK-StGB, § 261 Rn. 2.

337 Bis 2017 wurde statt „Einziehung von Taterträgen" das Wort „Verfall" im Gesetz verwendet.

338 So *Arzt*, JZ 1993, 913 (913); ders., JR 1999, 79 (79).

339 *Arzt*, JZ 1993, 913 (913 f.).

Dem ist jedoch erstens entgegenzuhalten, dass es des Straftatbestands der Geldwäsche nicht bedurft hätte, um die Einziehung von Surrogaten der ursprünglichen Tatobjekte der Vortat zu sichern.[340] Dies wird bereits durch die Wertersatzeinziehung gemäß § 73c StGB (nach alter Rechtslage §§ 73a, 74c StGB) sichergestellt.[341]

Zweitens besteht ein unterschiedlicher Anwendungsbereich beziehungsweise auch eine unterschiedliche Zielrichtung darin, dass die Einziehung nicht mehr stattfindet, wenn der Verletzte seine Rückgewähr- oder Schadensersatzansprüche zivilrechtlich geltend gemacht hat (vgl. § 73e Abs. 1 StGB).[342] Dies zeigt, dass die Einziehung keinen Strafcharakter hat und es ausschließlich um die rechtmäßige materiellrechtliche Vermögenszuordnung geht.[343] Die Geldwäsche als Straftatbestand geht jedoch weiter und beinhaltet auch das Interesse der Strafverfolgungsbehörden, die Papierspur zu den Vortätern zurückzuverfolgen.[344]

Mithin ist zu konstatieren, dass der Geldwäschetatbestand nicht die Sicherung des Einziehungsanspruchs bezwecken will.[345] Vielmehr stellen Einziehung und Geldwäsche zwei selbstständige Rechtsinstitute dar, die teilweise nebeneinanderstehen und teilweise auch unterschiedliche Ziele verfolgen.[346]

5. *Ergebnis*

Dem gesetzgeberischen Willen sowie der Ausgestaltung des Geldwäschetatbestandes kann entnommen werden, dass der legitime Wirtschafts- und Finanzkreislauf, die staatliche Rechtspflege sowie durch die Vortat verletzte Rechtsgüter

---

340 *Leip*, Der Straftatbestand der Geldwäsche, S. 50; *Hefendehl*, in: FS für Roxin, S. 151; *Neuheuser*, in: MüKoStGB, § 261 Rn. 13.

341 *Leip*, Der Straftatbestand der Geldwäsche, S. 50; *Neuheuser*, in: MüKoStGB, § 261 Rn. 13; vgl. auch *Petropoulos*, wistra 2007, 241 (242).

342 Noch zur alten Rechtslage *Leip*, Der Straftatbestand der Geldwäsche, S. 50 f.; *Neuheuser*, in: MüKoStGB, 3. Aufl. 2017, § 261 Rn. 17.

343 *Leip*, Der Straftatbestand der Geldwäsche, S. 50; *Neuheuser*, in: MüKoStGB, § 261 Rn. 13.

344 *Leip*, Der Straftatbestand der Geldwäsche, S. 51.

345 So auch *Leip*, Der Straftatbestand der Geldwäsche, S. 50 f.; *Hefendehl*, in: FS für Roxin, S. 151; *Petropoulos*, wistra 2007, 241 (242); *Schnittenhelm*, in: FS für Lenckner, S. 528.; *Neuheuser*, in: MüKoStGB, § 261 Rn. 13; differenzierend *Voß*, Die Tatobjekte der Geldwäsche, S. 11, der das Rechtsgut für den Vereitelungstatbestand bejaht.

346 *Leip*, Der Straftatbestand der Geldwäsche, S. 51; *Schnittenhelm*, in: FS für Lenckner, S. 528; *Neuheuser*, in: MüKoStGB, § 261 Rn. 13.

von § 261 StGB zu schützen sind.[347] Trotz teilweiser Kritik an dem Schutzgut der Rechtspflege hat der Gesetzgeber dies eindeutig festgelegt.[348] Dass der Tatbestand mehrere, voneinander mehr oder weniger unabhängige Rechtsgüter schützt, ist aufgrund seiner Komplexität und den unterschiedlichen Begehungsvarianten auch nicht illegitim.[349]

B. Der neue Geldwäschetatbestand

I. Systematische Einordnung

Der Tatbestand der Geldwäsche ist im Einundzwanzigsten Abschnitt des Strafgesetzbuches verortet und gehört neben Begünstigung (§ 257 StGB), Strafvereitelung (§ 258 StGB) und Hehlerei (§ 259 StGB) zu den Anschlussdelikten.[350] Der Bestrafung der Hilfeleistung nach Beendigung der Vortat liegt der Gedanke zugrunde, dass der Vortäter nach der Tat isoliert und die Begehung von Straftaten unattraktiv gemacht werden soll.[351] Der Geldwäschetatbestand ist das jüngste der Anschlussdelikte und wurde unter anderem eingeführt, um Strafbarkeitslücken zu schließen.[352] Diese Lücken bestehen vor allem durch zwei Eigenschaften, die die übrigen Delikte des Abschnitts gemein haben: erstens sind die Tathandlungen der Begünstigung und Hehlerei nur dann einschlägig, wenn die Tatobjekte unmittelbar aus der Vortat stammen.[353] Begünstigung durch Sicherung von Surrogaten und die Ersatzhehlerei sind nicht strafbar.[354] Zweitens verlangt die

347 Vgl. auch *Lampe*, JZ 1994, 123 (126); *Findeisen*, wistra 1997, 121 (121); im Ergebnis wohl auch *Höreth*, Die Bekämpfung der Geldwäsche, S. 98.

348 Kritisch zum Rechtsgut der Rechtspflege beispielsweise *Schnittenhelm*, in: FS für Lenckner, S. 528, die dieses Rechtsgut zu unbestimmt findet; *Jahn*, in: SSW-StGB, § 261 Rn. 11 f.

349 *Jahn*, in: SSW-StGB, § 261 StGB Rn. 9; weitergehender *Altenhain*, in: NK-StGB, § 261 Rn. 11 ff. nach dem es unmöglich ist, ein Schutzobjekt zu benennen, das den Tatbestand in seiner Gänze legitimieren kann.

350 *Kindhäuser/Hilgendorf*, in: LPK-StGB, § 261 Rn. 3.

351 *Heinrich*, in: AWHH, StrR BT, § 25 Rn. 2 f.

352 BT-Drs. 12/731, S. 5.

353 BGH NStZ 2013, 583; *Cramer*, in: MüKoStGB, § 257 Rn. 11; *Altenhain*, in: NK-StGB, § 259 Rn. 14; *Löwe-Krahl*, wistra 1993, 123 (124).

354 *Forthauser*, Geldwäscherei de lege lata et ferenda, S. 48 f.; *Lampe*, JZ 1994, 123 (123); *Oswald*, Die Implementation gesetzlicher Maßnahmen zur Bekämpfung der Geldwäsche, S. 40 f.; *Maiwald*, in: FS für Hirsch, S. 635; *Heger*, in: Lackner/Kühl/Heger, § 257 Rn. 3.

Begünstigung eine Begünstigungsabsicht, die Strafvereitelung eine Absicht hinsichtlich des Vereitelungserfolges und die Hehlerei eine Bereicherungsabsicht. Folglich stellen die übrigen Anschlussdelikte gesteigerte Anforderungen an den subjektiven Tatbestand.[355] Die Geldwäsche hingegen verlangt lediglich und auch erst seit der jüngsten Reform in der Variante des Vereitelungstatbestandes eine Vereitelungsabsicht.[356] Der Geldwäschetatbestand soll aber gerade auch die Verschleierung von Taterträgen durch mehrere Waschvorgänge verhindern.[357] Und je mehr Waschvorgänge der Tatertrag durchläuft, desto schwerer ist bisweilen der Nachweis der Kenntnis der illegalen Herkunft.[358]

Neben der Rückverfolgung der inkriminierten Gegenstände zum Vortäter ist es zudem Zweck des Geldwäschetatbestandes, die Wiedereinschleusung der Taterträge in den legalen Wirtschafts- und Finanzkreislauf zu verhindern. Dementsprechend ist die Geldwäsche im Gegensatz zu den anderen Anschlussdelikten nicht personen- sondern sachbezogen ausgestaltet.[359]

II. Deliktsstruktur

Nachfolgend soll ein Überblick über die Deliktsstruktur des neuen § 261 StGB auch abseits der neuen Vortaten gegeben werden:

1. Objektiver Tatbestand, Absatz 1 und 2

a) Tatobjekt und Tathandlungen der Geldwäsche

Tatobjekt der Geldwäsche ist ein „Gegenstand", womit alle Rechtsobjekte mit Vermögenswert gemeint sind.[360] Der Gegenstand muss aus der Vortat „herrühren". Dies umfasst nicht nur den unmittelbaren Tatertrag, sondern auch die daraus durch Verarbeitung, Tausch, Verkauf oder sonstigen Handlungen entstandenen Surrogate.[361] Dies unterscheidet die Geldwäsche maßgeblich von der Hehlerei, da von § 259 StGB nur unmittelbar aus der Vortat stammende Sachen

---

355 *Löwe-Krahl*, wistra 1993, 123 (124); *Lampe*, JZ 1994, 123 (131).

356 Vgl. § 261 Abs. 1 Nr. 2 StGB.

357 Vgl. z. B. *Barton*, StV 1993, 156 (156); *Lampe*, JZ 1994, 123 (127); *Aschke*, Der Straftatbestand der Geldwäsche, S. 123.

358 *Lampe*, JZ 1994, 123 (127).

359 Vgl. auch *Lampe*, JZ 1994, 123 (126).

360 *Ruhmannseder*, in: BeckOK StGB, § 261 Rn. 9; *Fischer*, in: Fischer StGB, § 261 Rn. 10.

361 *Heinrich*, in: AWHH, StrR BT, § 29 Rn. 13; *Ruhmannseder*, in: BeckOK StGB, § 261 Rn. 15; *Fischer*, in: Fischer StGB, § 261 Rn. 15; *Kindhäuser/Hilgendorf*, in: LPK-StGB, § 261 Rn. 7.

erfasst werden.[362] Umstritten sind vor allem Fälle der Vermischung von unbemakelten mit bemakelten Gegenständen.[363] Nach der Lehre von der Teilkontamination wird der neue Vermögenswert nach einer Quote in bemakelt und unbemakelt abgegrenzt.[364] Demgegenüber ist ein Gegenstand nach der Lehre der Totalkontamination insgesamt taugliches Tatobjekt der Geldwäsche, wenn der inkriminierte Anteil wirtschaftlich nicht völlig unerheblich ist.[365]

Im Rahmen der Geldwäschereform sollten der „Gegenstand" als Tatobjekt und der Begriff des Herrührens durch die Formulierung „Tatertrag, Tatprodukt oder einen an dessen Stelle getretenen anderen Vermögensgegenstand" ersetzt werden.[366] Intention war es die Schwierigkeiten, die der Begriff des Herrührens mit sich bringt zu lösen.[367] Dadurch wäre der Tatbestand jedoch eingeschränkt worden.[368] Der Bundesrat befürchtete, von dem engen Wortlaut sei lediglich das erste Surrogat eines Tatertrages oder -produktes erfasst.[369] Zudem wären Tatmittel nicht in den Geldwäschetatbestand einbezogen und auch Nutzungen nur eingeschränkt erfasst.[370] Daher wurde diese terminologische Änderung auf Bestreben des Bundesrates nicht umgesetzt.[371]

Neben der Ausweitung der geldwäschetauglichen Vortaten auf sämtliche rechtswidrige Taten wurden auch die Tathandlungen neu strukturiert:

---

362 Ersatzhehlerei ist hingegen nicht strafbar, *Löwe-Krahl*, wistra 1993, 123 (124); *Geurts*, ZRP 1997, 250 (251); *Lampe*, JZ 1994, 123 (123); *Schnittenhelm*, in: FS für Lenckner, S. 519; *Aschke*, Der Straftatbestand der Geldwäsche, S. 136.

363 *Ruhmannseder*, in: BeckOK StGB, § 261 Rn. 18 ff.

364 Dafür: *Ruhmannseder*, in: BeckOK StGB, § 261 Rn. 18; zum Meinungsstand *Fischer*, in: Fischer, § 261 Rn. 20.

365 BGH NJW 2015, 3254 (3255); OLG Karlsruhe, NJW 2005, 767 (769); *Neuheuser*, in: MüKoStGB, § 261 Rn. 68.

366 *BMJV*, RefE Verbesserung strafrechtl. Bekämpfung d. Geldwäsche 2020, S. 5; BT-Drs. 19/24180, S. 6.

367 *BMJV*, RefE Verbesserung strafrechtl. Bekämpfung d. Geldwäsche 2020, S. 21; BT-Drs. 19/24180, S. 19.

368 BT-Drs. 19/24902, S. 4.

369 BT-Drs. 19/24902, S. 5.

370 BT-Drs. 19/24902, S. 6; ausführlich *Schindler*, NZWiSt 2020, 457 (464).

371 Siehe Beschlussempfehlung des Ausschusses für Recht und Verbraucherschutz, BT-Drs. 19/26602, S. 8; zur Kritik des Bundesrates vgl. BT-Drs. 19/24902, S. 2 f.; ebenfalls kritisch zu dieser Änderung *Altenhain/Fleckenstein*, JZ 2020, 1045 (1047).

Absatz 1 Nummer 1 erfasst nun das „Verbergen", wofür eine manipulative Tendenz des Täters erforderlich ist.[372]

Absatz 1 Nummer 2 regelt das „Umtauschen, Übertragen oder Verbringen" in der Absicht, das Auffinden, die Einziehung oder die Herkunftsermittlung zu vereiteln. Es handelt sich nun um ein abstraktes Gefährdungsdelikt. Das bedeutet, im Gegensatz zur vorigen Fassung des Tatbestandes ist eine konkrete Gefährdung des Auffindens nicht mehr erforderlich.[373] Erforderlich ist hingegen eine manipulative Tendenz bei der Tatausführung.[374]

Absatz 1 Nummer 3 statuiert das „sich oder einem Dritten verschaffen" als Tathandlung. Auch diese Tatbestandsvariante ist ein abstraktes Gefährdungsdelikt.[375]

Absatz 1 Nummer 4 regelt das „Verwahren oder für sich oder einen Dritten verwenden" in Kenntnis der Herkunft des Tatobjekts.

Absatz 2 erfasst nun das „Verheimlichen oder Verschleiern" von Tatsachen, die für das Auffinden des Tatobjekts von Bedeutung sein können. Auch hier bedarf es eines manipulativen Verhaltens des Täters.[376]

b) Phasen der Geldwäsche

Das Waschen von Geldern und anderen rechtswidrig erlangten Gegenständen erfolgt in drei Phasen: In der ersten Phase, dem „Placement" werden die Gegenstände in den legalen Wirtschafts- und Finanzkreislauf eingespeist.[377] Dies geschieht beispielsweise durch die Einzahlung von Geld auf Bankkonten oder

---

372 BT-Drs. 19/24180, S. 29; *Kindhäuser/Hilgendorf*, in: LPK-StGB, § 261 Rn. 10; *Ruhmannseder*, in: BeckOK StGB, § 261 Rn. 23; *Heinrich*, in: AWHH, StrR BT, § 29 Rn. 20a; *Gercke u. a.*, StV 2021, 330 (336).

373 *Ruhmannseder*, in: BeckOK StGB, § 261 Rn. 24; *Fischer*, in: Fischer, § 261 Rn. 27; *Ladiges*, NotBZ 2021, 447 (449); *Kindhäuser/Hilgendorf*, in: LPK-StGB, § 261 Rn. 10; *Böhme/Busch*, wistra 2021, 169 (172); *El-Ghazi/Laustetter*, NZWiSt 2021, 209 (213); *Hartmann*, in: Dölling/Duttge, § 261 Rn. 5; *Krause*, in: LK-StGB, § 261 Rn. 16.

374 BT-Drs. 19/24180, S. 30 f.; *El-Ghazi/Laustetter*, NZWiSt 2021, 209 (213)„überschießende Innentendenz"; *Gercke u. a.*, StV 2021, 330 (337); *Ruhmannseder*, in: BeckOK StGB, § 261 Rn. 24; *Fischer*, in: Fischer, § 261 Rn. 27.

375 *Krause*, in: LK-StGB, § 261 Rn. 16; *Heger*, in: Lackner/Kühl/Heger, § 261 Rn. 1.

376 BT-Drs. 19/24180, S. 32; *Kindhäuser/Hilgendorf*, in: LPK-StGB, § 261 Rn. 13; *Gercke u. a.*, StV 2021, 330 (337); *Reuter*, Kriminalistik 2021, 356 (358).

377 *Pieth*, in: Pieth: Bekämpfung der Geldwäscherei, 13; *Lampe*, BWNotZ 1996, 114 (115); *Tiedemann*, Wirtschaftsstrafrecht, S. 385; *Spreizer*, VuR 2006, 7 (7); *Ruhmannseder*, in: BeckOK StGB, § 261 Rn. 4.

den Erwerb von Vermögenswerten, die sich leicht wieder veräußern lassen.[378] Bargeld wird oftmals in mehrere kleinere Beträge zerstückelt, um keinen Verdacht zu erregen (sog. Smurfing).[379]

Die zweite Phase, das „Layering" dient der Verschleierung der Herkunft des Vermögens.[380] Geld wird hierzu über mehrere Konten mit unterschiedlichen Inhabern im In- und Ausland verschoben.[381] Durch komplexe Überweisungsabläufe soll die Zurückverfolgung des Geldes zum Ursprung erschwert werden.[382]

In der letzten Phase der „Integration" kehrt das Geld in den Herrschaftsbereich des Täters zurück und wird als scheinbar legal erlangte Mittel oftmals investiert in Firmenanteile, Immobilien oder Wertpapiere.[383] Die ursprüngliche Herkunft des Geldes ist nun nicht mehr zurückverfolgbar und in legalen Anlagemöglichkeiten platziert. Mit diesem Kapital können auch weitere illegale Aktivitäten finanziert werden.

2. *Subjektiver Tatbestand*

a) *Vorsätzliche Begehung*

§ 261 StGB verlangt im Gegensatz zu den übrigen Anschlussdelikten grundsätzlich nur Vorsatz in Form von mindestens dolus eventualis.[384] Vom Vorsatz müssen das Tatobjekt, die Tathandlung, das Herrühren aus einer rechtswidrigen Vortat und der Taterfolg umfasst sein.[385] Der neue Vereitelungstatbestand des § 261 Abs. 1 S. 1 Nr. 2 StGB verlangt jedoch in Bezug auf die Tathandlung eine

---

378 *Ruhmannseder*, in: BeckOK StGB, § 261 Rn. 4; *Tiedemann*, Wirtschaftsstrafrecht, S. 385.

379 *Pieth*, in: Pieth: Bekämpfung der Geldwäscherei, 13; *Spreizer*, VuR 2006, 7 (8); *Ruhmannseder*, in: BeckOK StGB, § 261 Rn. 4.

380 *Pieth*, in: Pieth: Bekämpfung der Geldwäscherei, 14 f.; *Spreizer*, VuR 2006, 7 (8); *Ruhmannseder*, in: BeckOK StGB, § 261 Rn. 4.

381 *Pieth*, in: Pieth: Bekämpfung der Geldwäscherei, 14 f.; *Lampe*, BWNotZ 1996, 114 (115).

382 *Pieth*, in: Pieth: Bekämpfung der Geldwäscherei, 14 f.; *Spreizer*, VuR 2006, 7 (8); *Tiedemann*, Wirtschaftsstrafrecht, S. 385; *Ruhmannseder*, in: BeckOK StGB, § 261 Rn. 4.

383 *Pieth*, in: Pieth: Bekämpfung der Geldwäscherei, 15; *Lampe*, BWNotZ 1996, 114 (115); *Tiedemann*, Wirtschaftsstrafrecht, S. 385 f.; *Ruhmannseder*, in: BeckOK StGB, § 261 Rn. 4.

384 *Heinrich*, in: AWHH, StrR BT, § 29 Rn. 36; *Ruhmannseder*, in: BeckOK StGB, § 261 Rn. 50; *Fischer*, in: Fischer StGB, § 261 Rn. 51.

385 *Ruhmannseder*, in: BeckOK StGB, § 261 Rn. 51.

Vereitelungsabsicht des Täters.[386] Auch „Kenntnis" im Sinne des § 261 Abs. 1 S. 1 Nr. 4 StGB meint nur mindestens dolus eventualis hinsichtlich der Herkunft.[387] Seit der Einführung des All-Crimes-Ansatzes genügt es, wenn der Vorsatz sich auf das Herrühren des Tatobjekts aus irgendeiner rechtswidrigen Vortat bezieht.[388]

Gesteigerte Anforderungen an den Vorsatz bestehen seit der Reform in Form des Strafverteidigerprivileges (§ 261 Abs. 1 S. 3). In Umsetzung der Rechtsprechung des Bundesverfassungsgerichts ist ein Strafverteidiger nur dann wegen Geldwäsche strafbar, wenn er sichere Kenntnis von der Bemakelung seines Honorars hatte.[389]

b) *Leichtfertige Begehung, Absatz 6*

Leichtfertige Geldwäsche ist weiterhin strafbar. Die Leichtfertigkeit bezieht sich nur auf die Herkunft des Tatobjekts aus einer rechtswidrig begangenen Vortat.[390] Für alle anderen Tatbestandsmerkmale ist Vorsatz erforderlich.[391] Das Bundesministerium für Justiz und Verbraucherschutz sah in seinem Referentenentwurf zur umfangreichen Geldwäschereform die Streichung des Leichtfertigkeitstatbestandes vor.[392] Da die meisten Verurteilungen wegen Geldwäsche bis dahin aber wegen leichtfertiger Geldwäsche erfolgten und eine Verschärfung der Beweisprobleme befürchtet wurde, wurde diese Eingrenzung nicht in den Gesetzesentwurf übernommen.[393] Leichtfertigkeit ist gegeben, wenn sich nach der Sachlage

---

386 Vgl. auch *Bülte*, in: Joecks/Jäger/Randt StGB, § 261 Rn. 163.

387 *Krause*, in: LK-StGB, § 261 Rn. 16; *Fischer*, in: Fischer, § 261 Rn. 31; *Heger*, in: Lackner/Kühl/Heger, § 261 Rn. 8.

388 BT-Drs. 19/24180, S. 29; *Ruhmannseder*, in: BeckOK StGB, § 261 Rn. 10.

389 BVerfGE 110, 226; *Heinrich*, in: AWHH, StrR BT, § 29 Rn. 48 c.; *Ruhmannseder*, in: BeckOK StGB, Vor § 261 Rn. 36; *Böhme/Busch*, wistra 2021, 169 (173).

390 *Ruhmannseder*, in: BeckOK StGB, § 261 Rn. 50; *Heinrich*, in: AWHH, StrR BT, § 29 Rn. 37; *Kindhäuser/Hilgendorf*, in: LPK-StGB, § 261 Rn. 25.

391 *Ruhmannseder*, in: BeckOK StGB, § 261 Rn. 50; *Heinrich*, in: AWHH, StrR BT, § 29 Rn. 37.

392 *BMJV*, RefE Verbesserung strafrechtl. Bekämpfung d. Geldwäsche 2020, S. 19 f.

393 In den Gesetzesentwurf wurde die Änderung kommentarlos nicht übernommen. Vgl. aber *BDK*, Stellungnahme zum RefE eines Gesetzes zur Verbesserung der strafrechtlichen Bekämpfung der Geldwäsche, S. 3; kritisch auch *DRB*, Stellungnahme zum RefE zur Verbesserung der strafrechtlichen Bekämpfung der Geldwäsche 2020, S. 3; *GdP*, Stellungnahme zum RefE eines Gesetzes zur Verbesserung der strafrechtlichen Bekämpfung der Geldwäsche 2020, S. 2; hierzu ebenfalls *El-Ghazi/Laustetter*, NZWiSt 2021, 209 (214).

die Herkunft des Tatobjekts aus einer rechtswidrigen Handlung geradezu aufdrängt, der Täter aber aus Gleichgültigkeit oder grober Unachtsamkeit gleichwohl handelt.[394] Gemäß § 261 Abs. 6 S. 2 StGB ist der Leichtfertigkeitstatbestand im Falle der Begehungsvarianten des § 261 Abs. 1 Nr. 3, 4 StGB nicht auf den Strafverteidiger anwendbar.

3. *Qualifikation, Absatz 4*

Eine erhöhte Mindeststrafe von drei Monaten Freiheitsstrafe droht der § 261 Abs. 4 StGB für den Fall an, dass der Täter Verpflichteter nach § 2 GwG ist. Diese Eigenschaft des Täters stellt ein besonderes persönliches Merkmal im Sinne des § 28 Abs. 2 StGB dar.[395]

4. *Besonders schwerer Fall, Absatz 5*

Ein besonders schwerer Fall der Geldwäsche liegt vor, wenn der Täter gewerbsmäßig Geldwäsche betreibt oder als Mitglied einer zum Zwecke der Geldwäsche verbundenen Bande handelt. In diesen Fällen ist die Verhängung einer Geldstrafe nicht möglich.

5. *Möglichkeit der Einziehung nach Absatz 10*

Gemäß § 261 Abs. 10 StGB können die Gegenstände der Geldwäsche eingezogen werden. Neben den Einziehung der Tatobjekte gemäß §§ 74, 74a StGB sind auch die Regelungen zur Einziehung des Tatertrags §§ 73–73e StGB anwendbar, wobei die letztgenannten Vorschriften vorrangig anzuwenden sind.[396] Durch die Erweiterung des Vortatenkreises infolge der Einführung des All-Crimes-Ansatzes hat sich auch der Anwendungsbereich der selbstständigen Einziehung gemäß § 76a Abs. 4 StGB ausgedehnt.[397]

---

394 BGH NStZ 1998, 42 (44); BGH NJW 2006, 1297 (1298 f.); *Ruhmannseder*, in: BeckOK StGB, § 261 Rn. 55; *Jahn/Ebner*, JuS 2009, 597 (602).

395 *Heger*, in: Lackner/Kühl/Heger, § 261 Rn. 12.

396 *Bittmann*, ZWH 2021, 157 (162); *Reuter*, Kriminalistik 2021, 356 (359).

397 *Ruhmannseder*, in: BeckOK StGB, § 261 Rn. 65; *Böhme/Busch*, wistra 2021, 169 (173).

Kapitel 4: Die Vortaten des § 261 StGB

A. Die Abschaffung des Vortatenkataloges

I. Vom Listenansatz zum All-Crimes-Ansatz

1. *Erwägungen des Gesetzgebers*

Auch nach Jahrzehnten der internationalen und innerstaatlichen Geldwäschebekämpfung ist das Waschen inkriminierter Vermögenswerte weiterhin ein globales Problem.[398] Dabei investiert Deutschland viel in den Kampf gegen Geldwäsche. Das Geldwäschegesetz wird stetig ausgeweitet, die Zahl der geldwäscherechtlich Verpflichteten nimmt zu, im Banken- und Finanzsektor und auch in den Anwalts- und Steuerberatungskanzleien hat sich das Prinzip „Know your Customer" längst etabliert. Mit der Financial Intelligence Unit (FIU) wurde sogar eine eigene Behörde für die Analyse von Verdachtsmeldungen im Zusammenhang mit Geldwäsche und Terrorismusfinanzierung eingerichtet.[399] Die Liste der geldwäschetauglichen Vortaten des § 261 StGB war fortlaufend erweitert worden und der Tatbestand wurde der längste und am häufigsten geänderte des Strafgesetzbuches.[400] Doch all dies hat nicht zu einer erfolgreichen Eindämmung der Geldwäsche geführt.[401]

Also nahm der Gesetzgeber die erforderliche Umsetzung der Richtlinie (EU) 2018/1673 im Jahr 2020 zum Anlass, nicht lediglich den Katalog der Vortaten um die in der Richtlinie aufgelisteten Tatbestände zu erweitern. Es wurde stattdessen eine grundlegende Reformierung des Geldwäschetatbestandes beschlossen.[402] Die Einführung des All-Crimes-Ansatzes soll eine effektive Geldwäschestrafverfolgung und dadurch vor allem eine erfolgreichere Bekämpfung

---

398 Vgl. auch BT-Drs. 19/24180, S. 1.

399 Näheres siehe https://www.zoll.de/DE/FIU/fiu_node.html; sowie *BMF*, Strategie gegen Geldwäsche und Terrorismusfinanzierung 2019, S. 9.

400 Diesen Titel kann der § 261 SGB auch nach der Reform noch verteidigen. Durch die Strafschärfung für Verpflichtete nach § 2 GwG kommt sogar noch ein weiterer – zehnter – Absatz hinzu. Zu den Änderungen siehe auch *Krause*, in: LK-StGB, § 261 Vor Rn. 1.

401 Die Nationale Risikoanalyse (NRA) stuft Deutschland auf der zweithöchsten Stufe der Geldwäschebedrohung ein, *BMF*, Strategie gegen Geldwäsche und Terrorismusfinanzierung 2019, S. 7.

402 BT-Drs. 19/24180, S. 1 f.

der organisierten Kriminalität ermöglichen.[403] Ziel ist außerdem die praktische Handhabbarkeit des Tatbestandes zu verbessern.[404] Es wird wohl auch niemand bestreiten, dass der § 261 Abs. 1 StGB durch die Entfernung der beachtlichen Aneinanderreihung von geldwäschetauglichen Vortaten – welche teilweise unter die Bedingung der gewerbs- oder bandenmäßigen Begehung gestellt wurden – grundsätzlich anwendungsfreundlicher wird. Weiterhin greift der Tatbestand durch die Reform häufiger als zu Zeiten des selektiven Vortatenkataloges.[405]

Die Einbeziehung aller Straftaten des Kern- und Nebenstrafrechts soll für Beweiserleichterungen sorgen.[406] Bei der Eingrenzung des Tatbestandes durch einen Vortatenkatalog muss nämlich nicht nur nachgewiesen werden, dass der Vermögensgegenstand aus einer strafbaren Handlung stammt, es muss sich gleichzeitig nachweislich um eine Vortat handeln, die im Katalog gelistet ist (doppelter Anfangsverdacht).[407] Diesbezüglich macht die aktuelle Gesetzesbegründung aber deutlich, dass die vollumfängliche gerichtliche Überzeugung von der kriminellen Herkunft des Vermögensgegenstandes für eine Verurteilung notwendig ist.[408] Weiterhin ist problematisch, dass durch die Einbeziehung aller Straftaten auch viele Bagatellstraftaten zu geldwäschetauglichen Vortaten werden.[409]

Ob sich diese Reform insgesamt als effektive Strategie oder verfehlter Aktionismus erweist, wird im Verlauf dieses Kapitels noch zu klären sein. In der Gesetzesbegründung wurde weiter argumentiert, die Systematik gebiete eine Veränderung, da aufgrund europäischer Vorgaben für die Vortaten teilweise die Bedingung der gewerbs- oder bandenmäßigen Begehung entfallen müsse.[410] Das Weiterbestehen der Bedingung für andere Delikte ließe sich danach nur schwer rechtfertigen.[411] Auch sei es nicht angemessen, den Straftatbestand auf typische Delikte der organisierten Kriminalität und Vermögensdelikte zu beschränken, da für jede Straftat eine Vergütung gewährt werden kann und die Isolierung von Taterlösen daher immer geeignet sei, einen wesentlichen Tatanreiz zu

403 BT-Drs. 19/24180, S. 1.

404 BT-Drs. 19/24180, S. 1, 19.

405 BT-Drs. 19/24180, S. 1 f.

406 BT-Drs. 19/24180, S. 2.

407 *Altenhain*, in: NK-StGB, § 261 Rn. 48, 50; *Max-Planck-Institut*, Stellungnahme zum RefE zur Verbesserung der strafrechtlichen Bekämpfung der Geldwäsche 2020, S. 8.

408 BT-Drs. 19/24180, S. 2.

409 Dazu näher unter Kapitel 4 B. II. 3.

410 BT-Drs. 19/24180, S. 14 f.

411 BT-Drs. 19/24180, S. 14 f.

nehmen.[412] Zuletzt sei ein Ziel der Geldwäsche, die Wirkungen von Straftaten zu beseitigen.[413] Dies gelte ebenso für die Tatbestände der Begünstigung und der Strafvereitelung und auch dort gibt es keine Beschränkungen hinsichtlich der möglichen Vortaten.[414]

2. *Schwächen des Katalogtatensystems*

Der Geldwäschetatbestand war fast 30 Jahre nach dem Listenansatz aufgebaut. In dieser Zeit sah sich der Ansatz einiger kriminalpolitischer Kritik ausgesetzt, die im Folgenden dargestellt wird. Dadurch soll aufgezeigt werden, wo vor der Reformierung Verbesserungsbedarf gesehen wurde, um eine Grundlage für die Untersuchung und kritische Beurteilung der Neufassung zu schaffen.

a) „Enfant terrible" des Strafgesetzbuches

Der Geldwäschetatbestand in seiner alten Fassung wurde von *Jahn* als das „Enfant terrible" des Strafgesetzbuches bezeichnet.[415] Und es ist unbestreitbar, dass § 261 StGB a.F. sich im Laufe der Jahre zu einem unübersichtlichen und schwer durchdringbaren Tatbestand entwickelt hatte.[416] Diese Entwicklung wurde teilweise mit der komplizierten Materie der Geldwäsche begründet.[417] Jedoch überzeugt es nicht, dass zur Regelung einer schweren Materie eine noch komplexere Strafbestimmung erforderlich sein soll. Gerade in solchen Fällen sollte sich die Gesetzgebung um einigermaßen verständliche Vorschriften bemühen, auch um der Strafverfolgung ihre Arbeit nicht noch schwerer zu machen. Zudem war nicht mehr ersichtlich, nach welcher Systematik die am Ende 57 unterschiedlichen Delikte und Deliktsgruppen im Vortatenkatalog angeordnet waren – und weshalb ein Vortatenkatalog, dessen Selektivität ursprünglich der gezielten

---

412 BT-Drs. 19/24180, S. 15.

413 BT-Drs. 19/24180, S. 15.

414 BT-Drs. 19/24180, S. 15; hinsichtlich des geschützten Rechtsguts Rechtspflege umstritten, aber herrschende Meinung. Zur Begünstigung vgl. BGH NStZ 1994, 187 (188); OLG Frankfurt a.M., NJW 2005, 1727 (1734); *Altenhain*, in: NK-StGB, § 257 Rn. 3 m.w.N.; Zur Strafvereitelung vgl.: BGH NJW 1981, 1567 (1568); BGH NJW 1999, 2908 (2909).

415 *Jahn*, in: Handbuch des StrafR Bd. 5, BT II, § 39 Rn. 96.

416 *Kaiser*, wistra 2000, 121 (122); *Koslowski*, Harmonisierung der Geldwäschestrafbarkeit, S. 268; *Jahn*, Stellungnahme zu BT-Drs. 19/24180, S. 8; *Schindler*, NZWiSt 2020, 457 (462).

417 So *Schindler*, NZWiSt 2020, 457 (462).

Bekämpfung der organisierten Kriminalität dienen sollte, mehrheitlich Delikte enthielt, die nicht typischerweise mit der organisierten Kriminalität in Verbindung gebracht werden.[418]

b) Das Kernproblem: Der Vortatnachweis

Als Kernproblem des Vortatenkataloges benennt ein Großteil der Literatur die Schwierigkeit, neben der Begehung einer Tathandlung im Sinne des § 261 StGB auch die Herkunft eines Vermögensgegenstandes aus einer rechtswidrigen Katalogtat nachzuweisen.[419] Es herrschte Uneinigkeit darüber, worauf genau sich dieser Nachweis beziehen musste. Nach einer engen Ansicht musste eine konkrete Katalogtat als Vortat der Geldwäsche nachgewiesen werden.[420] Der Grundsatz „in dubio pro reo" gebiete es, dass nicht lediglich die Herkunft des Geldes aus einer nicht zum Vortatenkatalog gehörenden Haupttat ausgeschlossen werden kann, sondern klar nachgewiesen wird, dass die Vermögensgegenstände aus einer – nach Ort und Zeit konkretisierten – rechtswidrigen Vortat stammen.[421] Ansonsten könne man nicht sicher sein, dass sämtliche Vermögenswerte aus einer Katalogtat herrühren.[422] Es müsse der Beweis einer lückenlosen Kausalitätskette erbracht werden.[423]

Nach der herrschenden Meinung war ein hinreichender Vortatnachweis bereits dann zu bejahen, wenn nach der Überzeugung des Gerichts feststand, dass die Tatgegenstände der Geldwäsche aus irgendeiner in groben Zügen umschreibbaren Katalogtat stammten.[424] Da sich die Anklage auf die Geldwäsche beziehe

---

418 *Maiwald*, in: FS für Hirsch, S. 634 f.; *Kilchling*, wistra 2000, 241 (243).

419 *Krüger*, Kriminalistik 1992, 594 (598); *Hetzer*, wistra 1994, 176 (183); Ders. JR 1999, 141 (142); Ders. ZRP 1999, 245 (247 f.); *Kilchling*, wistra 2000, 241 (244); *Kreß*, wistra 1998, 121 (124 f.); *Remmers*, Die Entwicklung der Gesetzgebung zur Geldwäsche, S. 93, 95; *Lütke*, wistra 2001, 85 (86).

420 Für diese enge Auslegung *Zöller*, in: FS für Roxin, S. 1047; *Lütke*, wistra 2001, 85 (86); *Gradowski/Ziegler*, Geldwäsche, Gewinnabschöpfung, S. 25 f.; *Hetzer*, ZRP 1999, 245 (248); *Kaiser*, wistra 2000, 121 (122); *Werner*, Die Bekämpfung der Geldwäsche in der Kreditwirtschaft, S. 257.

421 *Zöller*, in: FS für Roxin, S. 1048 f.; *Bernsmann*, StV 1998, 46 (47); *Hetzer*, ZRP 1999, 245 (248).

422 *Bernsmann*, StV 1998, 46 (47).

423 *Zöller*, in: FS für Roxin, S. 1048 f.; *Gradowski/Ziegler*, Geldwäsche, Gewinnabschöpfung, S. 25 f.; *Werner*, Die Bekämpfung der Geldwäsche in der Kreditwirtschaft, S. 258.

424 BGH NStZ 2016, 538; BGH NZWiSt 2019, 148; *Remmers*, Die Entwicklung der Gesetzgebung zur Geldwäsche, S. 93; *Petropoulos*, wistra 2007, 241 (243 f.); *Kraatz*, Jura 2015, 699 (702); *Kreß*, wistra 1998, 121 (125).

und nicht auf die Vortat, müsse weder festgestellt werden welche Katalogtat verwirklicht wurde, noch die näheren Tatumstände geklärt werden.[425] Wenn es sich um eine Vortat handele, die unter der Bedingung der gewerbs- oder bandenmäßigen Begehung stand, müsse sich die Überzeugung auf diese Voraussetzung erstrecken.[426]

Daran wurde zum einen kritisiert, dies stelle einen Verstoß gegen die Unschuldsvermutung dar und eine unzureichende Konkretisierung eines Tatbestandsmerkmals des § 261 Abs. 1 StGB.[427] Zum anderen habe diese Form der Beweiserleichterung nur einen geringen Nutzen, da das eigentliche Problem darin bestehe, überhaupt eine kriminelle Herkunft von Vermögensgegenständen nachzuweisen.[428]

Höreth ging noch weiter und begründete eine Beweiserleichterung für den Vortatnachweis mit dem erweiterten Verfall gemäß § 73d StGB a.F., nach dessen Wortlaut es ausreichen sollte, wenn „Umstände die Annahme rechtfertigen", dass Gegenstände aus einer rechtswidrigen Tat erlangt wurden (§ 73d Abs. 1 S. 1 StGB a.F.).[429] Diese niedrigen Voraussetzungen seien auf § 261 StGB entsprechend anwendbar.[430] Da gegen diese Formulierung aber verfassungsrechtliche Bedenken laut wurden, legte der Bundesgerichtshof eine verfassungskonforme Auslegung dahingehend fest, dass eine uneingeschränkte richterliche Überzeugung von der deliktischen Herkunft erforderlich sei.[431] Mittlerweile wurde der erweiterte Verfall abgeschafft und durch die Vorschrift der erweiterten Einziehung von Taterträgen (§ 73a StGB n.F.) ersetzt, die eine solche Formulierung nicht enthält. Nach der Gesetzesbegründung, die die Rechtsprechung des Bundesgerichtshofs umsetzen wollte, soll für die Einziehung nach § 73a StGB die richterliche Überzeugung einer deliktischen Herkunft erforderlich sein.[432]

Welche Ansicht man auch für die vorzugswürdige hält, in allen Fällen erschwerte die Notwendigkeit, die Herkunft des inkriminierten Gegenstandes

---

425 BGH wistra 2000, 67; OLG Karlsruhe, NJW 2005, 767 (770); *Altenhain*, in: NK-StGB, § 261 Rn. 49.

426 *Neuheuser*, in: MüKoStGB, § 261 Rn. 51; *Ruhland*, Stellungnahme zum Gesetzesentwurf der Bundesregierung BT-Drs. 19/24180, S. 2.

427 *Zöller*, in: FS für Roxin, S. 1047, 1049; *Lütke*, wistra 2001, 85 (86).

428 *Kaiser*, wistra 2000, 121 (122).

429 *Höreth*, Die Bekämpfung der Geldwäsche, S. 129.

430 *Höreth*, Die Bekämpfung der Geldwäsche, S. 129.

431 BGH NStZ 1995, 125; BGH NStZ-RR 2002, 366.

432 BT-Drs. 18/9525, S. 66, der Gesetzgeber setzt damit die höchstrichterliche Rechtsprechung zu § 73d StGB a.F. um.

aus einer Katalogtat nachzuweisen, die praktische Umsetzung der Ziele des § 261 StGB. Ob sich dieses Kernproblem durch die Abschaffung des Vortatenkataloges beheben lässt, wird später in diesem Kapitel untersucht.

c) *Ausuferung des Tatbestandes und Strafbarkeitslücken*

Schon seit der ersten Erweiterung des Vortatenkataloges durch das Verbrechensbekämpfungsgesetz 1994 war selbiger Kritik hinsichtlich seiner Ergänzungen ausgesetzt.[433] Das Enumerationsprinzip war ursprünglich für den Geldwäschetatbestand gewählt worden, um die Reichweite auf typische Straftaten der organisierten Kriminalität und der Schwerkriminalität zu begrenzen.[434] Durch die stetige Erweiterung des Vortatenkataloges ging die selektive Wirkung immer weiter verloren.[435] Die letzte Fassung des Vortatenkataloges bezeichnete *Bussmann* bereits als „moderater All-Crimes-Approach".[436] Wäre der Vortatenkatalog zur Umsetzung der Richtlinie (EU) 2018/1673 noch einmal erweitert worden, hätte er über 90 Prozent aller Tatbestände des Strafgesetzbuches umfasst, wenn auch einige unter der Bedingung der gewerbs- oder bandenmäßigen Begehung.[437] Natürlich beruhte die stetige Erweiterung auch zum Teil auf Umsetzungsverpflichtungen der EU-Geldwäscherichtlinien, doch wäre es verfehlt anzunehmen, der deutsche Gesetzgeber hätte sein ursprüngliches Ziel nur deshalb aus den Augen verloren.[438] Vielen Bestimmungen der Europäischen Union zu den Geldwäschevortaten war Deutschland bereits zuvorgekommen.[439]

Auf der anderen Seite wurde am Listenansatz kritisiert, dass durch die Selektivität desselben Strafbarkeitslücken entstehen.[440] Da kriminelle Organisationen durch die Weiterentwicklung von Computertechniken oder die Schaffung neuer Produkte immer neue Möglichkeiten finden werden, illegale Gewinne zu erwirtschaften und dem legalen Wirtschafts- und Finanzkreislauf zuzuführen, werde die Geldwäschebekämpfung mit dem Listenansatz dazu verdammt sein, der

---

433 Näher dazu in Kapitel 2 B. II. 2.

434 BT-Drs. 12/989, S. 23 f.; BT-Drs. 13/8590, S. 8 in der schon die Bundestagsfraktion der Grünen eine Abkehr vom Ziel der Bekämpfung der Schwerkriminalität kritisierte.

435 *Böse/Jansen*, JZ 2019, 591 (593); *Schindler*, NZWiSt 2020, 457 (462).

436 *Bussmann*, Geldwäscheprävention im Markt, S. 21; ähnlich auch *Bussmann/Veljovic*, NZWiSt 2020, 417 (420).

437 *Bussmann/Veljovic*, NZWiSt 2020, 417 (420); *Schröder u. a.*, Lösungsvorschläge für das Geldwäschestrafrecht, S. 35.

438 Andere Ansicht *Vogel*, ZStW 1997, 335 (349).

439 Siehe hierzu im Einzelnen Kapitel 2 B. II.

440 *Hund*, ZRP 1997, 180 (181); *Maiwald*, in: FS für Hirsch, S. 634.

Kriminalitätsbekämpfung immer einen Schritt hinterherzuhinken.[441] Die Notwendigkeit stetiger Erweiterungen war von Beginn an absehbar.[442] Ein neueres Beispiel dafür ist die im Rahmen der Corona-Pandemie gestiegene Bedeutung des – auch gewerblichen – Fälschens/Ausstellens von Impfbescheinigungen und anderen Gesundheitszeugnissen.[443] Der Gesetzgeber hat im November 2021 durch die Neufassungen der §§ 275, 277–279 StGB diesbezüglich neue Regelungen eingeführt.[444] Da diese Tatbestände vor der Aufgabe des Vortatenkataloges nicht in diesem gelistet waren, hätte gegebenenfalls wieder das Bedürfnis zur Erweiterung bestanden.

Ein weiteres Problem der kontinuierlichen Ausweitung war die dadurch entstehende Rechtsunsicherheit.[445]

Es lässt sich also feststellen, dass das Katalogsystem nach dem Listenansatz eine grundlegende Problematik mit sich brachte: Einerseits sollte die Selektivität für Verhältnismäßigkeit sorgen.[446] Dies ließ sich andererseits nicht auf Dauer aufrechterhalten, da kriminelle Organisationen immer neue Wege fanden, auch mit im Vortatenkatalog nicht gelisteten Straftaten Gewinne zu erwirtschaften. So musste sich der Gesetzgeber durch stetige Erweiterungen immer weiter von den ursprünglichen Zielen der Verhältnismäßigkeit und der Bekämpfung ausschließlich organisierter Kriminalität und Schwerkriminalität entfernen, um die für die Erreichung des letztgenannten Ziels notwendige Flexibilität zu erlangen.

d) (Miss)Erfolg in der Praxis

Trotz der stetigen Bemühungen des Gesetzgebers, den Geldwäschetatbestand zu optimieren, sind die Bilanzen der Strafverfolgung ernüchternd.[447] Im Jahr 2020

---

441 *Höreth*, Die Bekämpfung der Geldwäsche, S. 108; *Maiwald*, in: FS für Hirsch, S. 634; *Remmers*, Die Entwicklung der Gesetzgebung zur Geldwäsche, S. 64; *Koslowski*, Harmonisierung der Geldwäschestrafbarkeit, S. 298; *Sotiriadis*, Entwicklung der Gesetzgebung, S. 332; vgl. auch BT-Drs. 17/6804, S. 31.

442 *Maiwald*, in: FS für Hirsch, S. 634.

443 BT-Drs. 20/15, S. 2; vgl. auch https://www.morgenpost.de/berlin/article232178747/Immer-mehr-Fake-Impfpaesse-So-leicht-sind-sie-zu-faelschen.html, zuletzt abgerufen am 24.02.2023.

444 So ist beispielsweise nun auch die gewerbsmäßige Begehung der §§ 277, 278 StGB möglich und der Anwendungsbereich beschränkt sich nicht mehr auf das Gebrauchmachen zur Täuschung von Behörden und Versicherungsgesellschaften.

445 *Sotiriadis/Heimerdinger*, BKR 2009, 234 (235).

446 Vgl. BT-Drs. 12/989, S. 27.

447 Kritisch auch *Eschelbach*, in: Graf/Jäger/Wittig, StGB § 261 Rn. 1.

gingen bei der FIU über 140.000 Verdachtsmeldungen nach dem Geldwäschegesetz ein.[448] Zum Vergleich: Zehn Jahre zuvor waren es nur 11.000.[449] Seitdem war die Zahl der Verdachtsmeldungen jährlich angestiegen. Jedoch meldeten die Staatsanwaltschaften, dass es 2020 nur in sechs Prozent der Fälle zu Verurteilungen, Strafbefehlen, Beschlüssen oder Anklageschriften gekommen war.[450] Insgesamt wurden in diesem Jahr 829 Menschen wegen Geldwäsche verurteilt.[451] Und das obwohl in über 37.000 Fällen Ermittlungsverfahren wegen Geldwäsche aufgenommen wurden.[452] Beachtlich ist in diesem Zusammenhang, dass in den Jahren 2014 bis 2016 organisierte kriminelle Gruppierungen in Deutschland circa 148 Millionen Euro mit Rauschgifthandel/-schmuggel erwirtschaften konnten.[453] Dies lässt ein entsprechend hohes Geldwäschevolumen in dieser Branche vermuten. Dennoch lag die Verfahrensquote wegen Geldwäsche mit Drogendelikten (§ 29 Abs. 1 S. 1 Nr. 1 BtMG) als Vortat im gleichen Zeitraum bei gerade einmal einem Prozent.[454] Auch im aktuellen Evaluationsreport der FATF wurden die niedrigen Strafverfolgungs- und Verurteilungsquoten Deutschlands im Bereich der Geldwäschestrafbarkeit kritisiert, vor allem mit Blick auf das Risikoprofil Deutschlands als eine der größten Volkswirtschaften.[455] Dass dem Geldwäschetatbestand vor der Reformierung im Jahr 2021 ein Versagen attestiert wurde, ist also nicht weiter verwunderlich.[456] Nach der Geldwäschestudie

---

448 FIU Jahresbericht 2020, S. 15, abrufbar unter https://www.zoll.de/DE/FIU/Fachliche-Informationen/Jahresberichte/jahresberichte_node.html.

449 FIU Jahresbericht 2020, S. 15.

450 FIU Jahresbericht 2020, S. 24; Eine Tabelle mit den Zahlen von 2008–2016 ist zu finden bei *Bussmann*, Geldwäscheprävention im Markt, S. 3; zum Vergleich: wegen Betäubungsmitteldelikten lag die Quote von Verurteilungen und Strafbefehlen im gleichen Jahr bei 22 Prozent, vgl. *Statistisches Bundesamt*, Staatsanwaltschaften 2020, S. 104.

451 *Statistisches Bundesamt*, Strafverfolgung 2020, S. 146.

452 *Statistisches Bundesamt*, Staatsanwaltschaften 2020, S. 22.

453 2014 = 25 Mio., 2015 = 45 Mio., 2016 = 78 Mio., vgl. *BKA*, Bundeslagebericht 2015, S. 11; *BKA*, Bundeslagebericht 2016, S. 13.

454 Bezogen auf die Gesamtzahl der in der Studie ausgewerteten Verfahren im Zeitraum 2014–2016, *Bussmann*, Geldwäschestudie II, S. 40.

455 FATF Mutual Evaluation of Germany 2022, S. 4, 9, 78. Demzufolge wurden im Jahr 2020 36.371 Geldwäscheverfahren ohne weitere Maßnahmen eingestellt. Es ist anzumerken, dass der Report zwar im August 2022 erschien, die Untersuchung aber im November 2021 stattfand, also bevor etwaige Veränderungen durch die Reformierung des Geldwäschetatbestandes im März 2021 statistisch erfasst werden konnten.

456 *BRAK*, Stellungnahme zum RefE eines Gesetzes zur Verbesserung der strafrechtlichen Bekämpfung der Geldwäsche, S. 6; die Erfolglosigkeit eines Geldwäschetatbestandes

II aus dem Jahr 2019 ist der maßgebliche Grund der erfolglosen Strafverfolgung von Geldwäschedelikten der schwierige Vortatnachweis.[457] Ein weiterer Faktor seien unterbesetzte Staatsanwaltschaften.[458]

e) Ungleichbehandlung inkriminierter Vermögenswerte

Ein weiterer Kritikpunkt am Vortatenkatalog ist die durch seine Selektivität entstehende Ungleichbehandlung inkriminierter Vermögenswerte.[459] Die Erlangung eines monetären Vorteils für die Begehung einer Straftat ist bei Delikten jeder Art grundsätzlich möglich.[460] Zu denken wäre bei Delikten, die keine typischen Vermögensdelikte sind, beispielsweise an den Auftragsmord oder das Anheuern zur Sachbeschädigung, damit der Auftraggeber die Straftaten nicht selbst verwirklichen muss. Deshalb wird die Auffassung vertreten, die Privilegierung einiger, nicht im Vortatenkatalog gelisteter Tatbestände sei nicht angezeigt.[461]

Der Aspekt der Gleichbehandlung aller lukrativen Straftaten ist durchaus begründet. Zwar sollte ausweislich der Gesetzesbegründung mit der Regelung des § 261 StGB primär die organisierte Kriminalität bekämpft werden und nicht die Erlangung jeglicher inkriminierten Gegenstände. Von dieser ursprünglichen Intention hat sich der Geldwäschetatbestand inzwischen aber faktisch so weit entfernt, dass es mittlerweile tatsächlich fragwürdig ist, wieso und nach welchen Kriterien selektiert wird.[462] Jedoch kommt hier die Folgefrage auf, ab wann eine Straftat lukrativ ist und wie mit Bagatelldelikten zu verfahren ist. Auch ist die fehlende Bestimmtheit der Begrifflichkeiten „organisierte Kriminalität" und „Schwerkriminalität" nicht von der Hand zu weisen.[463] Aber selbst, wenn keine klare Grenze abgesteckt werden kann, wird doch in bestimmten Fällen, beispielsweise dem Diebstahl einer Schachtel Pfefferminzbonbons oder das Aufhübschen

---

nach dem Herkunftsprinzip sagte Stratenwerth bereits vor dessen Einführung voraus, vgl. BT Rechtsausschuss Sitzung 11/75, S. 20.

457 *Bussmann*, Geldwäschestudie II, S. 80.

458 *Bussmann/Veljovic*, NZWiSt 2020, 417 (419).

459 *Hetzer*, ZRP 1999, 245 (245); *Remmers*, Die Entwicklung der Gesetzgebung zur Geldwäsche, S. 64 f.

460 *Hetzer*, ZRP 1999, 245 (245); *Gentzik*, Europäisierung des deut. und eng. Geldwäschestrafrechts, S. 36.

461 *Hetzer*, ZRP 1999, 245 (245).

462 Vgl. hierzu Kapitel 3 A. I.

463 BT-Drs. 11/7663, S. 23; BGH NJW 2006, 1297 (1299); ausführlich zur Problematik *Lampe*, JZ 1994, 123 (129 f.).

der Steuererklärung durch ein paar zusätzliche beruflich zurückgelegte Kilometer, wohl niemand von Schwerkriminalität sprechen wollen. Es stellt sich also die Frage, ob überhaupt eine Selektion stattfinden sollte und wenn nicht, ob dies in allen Fällen zu sachgerechten Ergebnissen führt.

II. Zwischenergebnis

Der Geldwäschetatbestand nach dem Listenansatz hatte fast 30 Jahre Zeit sich zu bewähren. Nach den vorangegangenen Ausführungen kann nur der Schluss gezogen werden, dass er dies nicht geschafft hat. Trotz stetiger Erweiterung des Vortatenkataloges konnten in der Strafverfolgung keine Durchbrüche verzeichnet werden. Das Kernproblem war der schwierige Vortatnachweis. Es ist ein unübersichtlicher Tatbestand entstanden, der seinen Zweck nicht erfüllen konnte. Daher ist die Entscheidung des Gesetzgebers zu einer grundlegenden Reformierung des Tatbestandes grundsätzlich zu begrüßen. Ob der All-Crimes-Ansatz geeignet ist, die Defizite des Geldwäschetatbestandes auszuräumen wird im weiteren Verlauf dieses Kapitels untersucht.

B. Die Vortaten des reformierten § 261 Abs. 1, 2 StGB

Im Folgenden wird der reformierte Geldwäschetatbestand in Bezug auf die Auswirkungen der Einführung des All-Crimes-Ansatzes untersucht.

Die Untersuchung wird (I.) am Maßstab der kriminalpolitischen Kritik, welcher der All-Crimes-Ansatz und seine Integration in den Geldwäschetatbestand ausgesetzt ist und (II.) am Maßstab der Verfassungsprinzipien erfolgen.

Kernaspekt kriminalpolitischer Kritik und Voraussetzung für die legitime Pönalisierung eines Verhaltens mit den Mitteln des Strafrechts ist die Strafwürdigkeit des Verhaltens.[464] Strafwürdigkeit setzt voraus, dass es gerecht und zweckmäßig ist, ein bestimmtes menschliches Verhalten unter Strafe zu stellen.[465] Der Aspekt der Gerechtigkeit beinhaltet die Kriterien der Verhältnismäßigkeit und Schuldangemessenheit der Strafe, den Ultima-ratio-Grundsatz sowie die Gefährdung oder Verletzung eines schutzwürdigen Rechtsguts.[466] Im Falle einer Rechtsgutsverletzung kann der Unwert einer Handlung aber so gering

---

464 *Frisch*, GA 2017, 364 (368); *Hassemer/Neumann*, in: NK-StGB, Vorb. zu § 1 Rn. 49.
465 *Hassemer/Neumann*, in: NK-StGB, Vorb. zu § 1 Rn. 55.
466 *Frisch*, GA 2017, 364 (368, 372); *Hassemer/Neumann*, in: NK-StGB, Vorb. zu § 1 Rn. 62, 72 f.

sein, dass die Grenze zur Strafwürdigkeit unterschritten wird.[467] Mit Zweckmäßigkeit ist gemeint, dass die Strafnorm in der Lage sein muss, das verfolgte Ziel zu erreichen und dabei die negativen Folgen oder Begleiterscheinungen die Vorteile nicht überwiegen.[468] Auch darf die Strafnorm den aktuellen gesellschaftlichen und politischen Zuständen und Anforderungen an das Strafrecht nicht zuwiderlaufen.[469]

Die unter I. stattfindende kriminalpolitische Untersuchung wird sich in erster Linie mit der Frage nach der Zweckmäßigkeit der neuen Regelungen auseinandersetzen, aber auch teilweise bereits auf das Vorliegen von Rechtsgutsverletzungen eingehen. In der unter II. erfolgenden verfassungsrechtlichen Einordnung der Reform wird untersucht, ob der reformierte Geldwäschetatbestand mit dem Grundgesetz vereinbar ist und dabei auf die Aspekte der Gerechtigkeit eingehen, welche daher bei der kriminalpolitischen Untersuchung im engeren Sinne nicht vertieft behandelt werden.

I. Kriminalpolitische Untersuchung der neuen Deliktsstruktur der Absätze 1 und 2

Aufgrund des neuen § 261 Abs. 1 StGB können nun alle Straftatbestände taugliche Vortaten der Geldwäsche sein. Theoretisch kann durch die Verschleierung jeder Art von Tatlöhnen die Rechtspflege behindert, die Verletzung des Vortatrechtsguts aufrechterhalten und der legale Wirtschafts- und Finanzkreislauf verunreinigt werden. Vor allem aufgrund der tatsächlichen Abkehr des Tatbestandes von seinem ursprünglichen Differenzierungskriterium – der organisierten Kriminalität und der Schwerkriminalität – erscheint es konsequent und lange überfällig, den Anschein einer Differenzierung nach diesen Kriterien aufzugeben.[470] Der All-Crimes-Ansatz wurde als Alternative zum Listenansatz in der Literatur und auch in der Gesetzgebung schon lange diskutiert.[471] Befürworter argumentieren

---

467 *Frisch*, GA 2017, 364 (374); vgl. auch *Forthauser*, Geldwäscherei de lege lata et ferenda, S. 150.

468 *Hassemer/Neumann*, in: NK-StGB, Vorb. zu § 1 Rn. 78.

469 *Hassemer/Neumann*, in: NK-StGB, Vorb. zu § 1 Rn. 81.

470 So auch *Remmers*, Die Entwicklung der Gesetzgebung zur Geldwäsche, S. 71.

471 Von der Bundestagsfraktion der SPD wurde der Ansatz schon 1991 vorgeschlagen, BT-Drs. 12/731; diese Alternative zur Umsetzung der Richtlinie (EU) 2018/1673 in Erwägung ziehend *Schröder u. a.*, Lösungsvorschläge für das Geldwäschestrafrecht, S. 41; dafür auch bereits *Bottermann*, Untersuchung zu den grundlegenden Problematiken des Geldwäschetatbestandes, S. 201 f.

mit der Gleichbehandlung inkriminierter Vermögensgegenstände, Rechtssicherheit und der Lösung der Beweisproblematik.[472] Kritiker befürchten durch den All-Crimes-Ansatz eine Überlastung der Strafverfolgungsbehörden, ohne dass sich an der schweren Nachweisbarkeit etwas ändert.[473]

1. Einbeziehung von Fahrlässigkeitsdelikten

Bülte kritisierte im Rahmen des Gesetzgebungsverfahrens zum neuen Geldwäschetatbestand, dass durch den All-Crimes-Ansatz automatisch auch alle Fahrlässigkeitsdelikte zu geldwäschetauglichen Vortaten werden.[474] Dadurch würden auch aus Fahrlässigkeitstaten stammende Vermögenswerte inkriminiert.[475] Durch die Endfassung des neuen § 261 StGB sind alle Gegenstände, die aus einer „rechtswidrigen Tat" herrühren vom Tatbestand erfasst. Die „rechtswidrige Tat" ist in § 11 Abs. 1 Nr. 5 StGB definiert als jede Tat, die den Tatbestand eines Strafgesetzes erfüllt und umfasst somit auch fahrlässig begangene Delikte.

Es stellt sich die Frage, ob die Einbeziehung von Fahrlässigkeitsdelikten in den Geldwäschetatbestand strafwürdig ist.

Hinsichtlich der Strafbarkeit des Vortäters wegen Selbstgeldwäsche der Erträge aus einem Fahrlässigkeitsdelikt bestehen aus zweierlei Gründen gesteigerte Anforderungen: Einmal kann angenommen werden, dass der Täter, welcher die Vortat fahrlässig begangen hat, auch die Geldwäsche nur fahrlässig begehen wird. Fahrlässige Geldwäsche ist gemäß § 261 Abs. 6 S. 1 StGB nur in Form von Leichtfertigkeit möglich. Einfache Fahrlässigkeit genügt also nicht. Da dem Täter, der eine Straftat mit leichter oder mittlerer Fahrlässigkeit begeht, auch bei etwaigen Geldwäschehandlungen nur ein Handeln auf derselben Fahrlässigkeitsstufe bescheinigt werden kann, scheidet in diesen Fällen eine Strafbarkeit wegen Geldwäsche aus.[476] Diesen Gedanken zugrunde legend wird regelmäßig nur dann der Geldwäschetatbestand (§ 261 Abs. 6 S. 1 StGB) erfüllt

---

472 Vgl. bspw. *Hund*, ZRP 1996, 163 (165); *Hetzer*, ZRP 1999, 245 (246); Ders., Kriminalistik 1999, 218 (220); *Remmers*, Die Entwicklung der Gesetzgebung zur Geldwäsche, S. 66, 71; *Kreß*, wistra 1998, 121 (124); *Altenhain/Fleckenstein*, JZ 2020, 1045 (1045).

473 Kritisch unter anderem *Schindler*, NZWiSt 2020, 457 (463); *Hiéramente*, jurisPR-StrafR 21/2020 Anm. 1 2020, 1 (1); ablehnend auch noch BT-Drs. 13/8651, S. 12.

474 *Bülte*, Stellungnahme zu BT-Drs. 19/24180, S. 22.

475 *Bülte*, Stellungnahme zu BT-Drs. 19/24180, S. 22.

476 Die fahrlässige Geldwäsche setzt in solchen Fällen natürlich voraus, dass dem Täter in der Zwischenzeit nicht die Verwerflichkeit beziehungsweise Strafbarkeit seiner Handlung bewusst geworden ist.

werden, wenn schon die Vortat leichtfertig begangen wurde.[477] Es sind natürlich auch Konstellationen denkbar, in denen der Täter der Vortat nachträglich erkennt, dass er durch sein früheres Handeln fahrlässig einen Straftatbestand verwirklicht hat. Entschließt er sich dann, die Erträge dieser Tat in den Rechtsverkehr zu bringen und dabei die rechtswidrige Herkunft zu verschleiern, um die erlangten Vermögenswerte behalten zu können, so hält er das entstandene Unrecht vorsätzlich aufrecht und verhindert bewusst die Wiederherstellung des ursprünglichen Zustandes. Dadurch verwirklicht er ein eigenständiges Unrecht und verletzt die Rechtsgüter des Geldwäschetatbestandes mit Vorsatz. Eine Strafbarkeit nach dieser Norm dient daher dem Schutz der Rechtsgüter und ist zur Geldwäschebekämpfung geboten. Zudem bestehen gesteigerte Anforderungen an die Strafbarkeit wegen der weitgehenden Straflosigkeit der Selbstgeldwäsche (§ 261 Abs. 7 StGB).[478] Eine Strafbarkeit ist nur im Falle der Verschleierung der rechtswidrigen Herkunft des Gegenstandes vorgesehen.[479] Verschleierung in diesem Sinne setzt Maßnahmen voraus, durch die der Anschein einer legalen Herkunft erweckt oder zumindest die illegale Herkunft verdeckt werden soll.[480] Solche Maßnahmen wird jemand, der sich der Rechtswidrigkeit seiner Aktivitäten nicht bewusst ist, aber regelmäßig nicht vornehmen.[481] Folglich wird Selbstgeldwäsche mit Erträgen aus fahrlässig begangenen Straftaten in der Praxis zwar selten eine Rolle spielen. Die Strafbarkeit dient in den vorkommenden Fällen jedoch dem Schutz der Rechtsgüter und der Verfolgung der Ziele der Geldwäschestrafbarkeit, soweit sie sich auf lukrative Straftaten beziehen.

Sind der Vortäter und derjenige, der die Geldwäschehandlung vornimmt, nicht dieselbe Person, kann eine Strafbarkeit wegen Geldwäsche nur dann bejaht werden, wenn der Geldwäscher die kriminelle Herkunft des Gegenstandes kennt, beispielsweise weil er über mehr Fachwissen verfügt oder die Umstände der Vortat kennt und sie im Gegensatz zum Vortäter richtig beurteilt. Oder er verkennt die Umstände der Vortat leichtfertig. In diesen beiden Fällen bringt der Täter durch die Ausführung der Geldwäschehandlung grundsätzlich die notwendige kriminelle Energie auf, um eine Strafbarkeit gemäß § 261 StGB

477 Ähnlich auch *Bülte*, Stellungnahme zu BT-Drs. 19/24180, S. 22.

478 So auch *Bülte*, Stellungnahme zu BT-Drs. 19/24180, S. 22.

479 Vgl. auch BGH NJW 2019, 533 (534).

480 *Neuheuser*, in: MüKoStGB, § 261 Rn. 74; *Altenhain*, in: NK-StGB, § 261 Rn. 23a f.

481 *Altenhain/Fleckenstein*, JZ 2020, 1045 (1050); *Gercke u. a.*, StV 2021, 330 (339).

zu rechtfertigen.[482] Demnach wird es in den Fällen, in denen eine Strafbarkeit wegen Geldwäsche in Verbindung mit einer fahrlässig oder leichtfertig begangenen Vortat bejaht werden kann, nicht zu unbilligen Verurteilungen kommen.[483] Beispiele für solche Vortaten sind der leichtfertige Subventionsbetrug (§ 264 Abs. 5 StGB), der fahrlässig nicht erkannte sowie der leichtfertig herbeigeführte Bankrott (§ 283 Abs. 4 Nr. 1, 2 StGB), fahrlässige Betäubungsmittelstraftaten nach § 29 Abs. 4 BtMG und fahrlässige Handlungen mit Grundstoffen nach § 19 Abs. 4 GÜG.

Weiter wurde die Inkriminierungswirkung von Gegenständen aus Fahrlässigkeitstaten kritisiert, also dass selbst Gegenstände aus fahrlässig begangenen Delikten in der Lage sind, durch Vermischung auch legitimes Vermögen zu verunreinigen.[484] Die Bemakelung eines Gegenstandes, der aus einer Straftat stammt, ergibt sich aber nicht erst aus seiner Tauglichkeit als Gegenstand für Geldwäsche zu dienen, sondern bereits aus seiner Herkunft aus einer Straftat.

Mithin kann konstatiert werden, dass die Einbeziehung von Fahrlässigkeitstaten in den Kreis der geldwäschetauglichen Vortaten in den strafbaren Konstellationen nicht zu ungerechten oder unzweckmäßigen Ergebnissen führt und deshalb nicht zu beanstanden ist.

2. *Wegfall der „ersparten Aufwendungen"*

Ersparte Aufwendungen als tauglicher Geldwäschegegenstand wurden mit der Aufnahme des Straftatbestands der Steuerhinterziehung (§ 370 AO) in den Geldwäschetatbestand und der Regelung des § 261 Abs. 1 S. 3 StGB a.F. relevant. Durch die letztgenannte Norm wurde festgelegt, dass § 370 AO – wenn gewerbs- oder bandenmäßig begangen – auch dann taugliche Vortat der Geldwäsche sein kann, wenn Steuern verkürzt und dadurch Aufwendungen erspart werden. Problematisch war an dieser Regelung zum einen die schwierige Vereinbarkeit mit dem Wortlaut des § 261 Abs. 1 StGB, da ersparte Aufwendungen in der Regel nicht verschleiert, verborgen oder entgegengenommen werden.[485]

---

482 Für diese Überlegungen wird zunächst vorausgesetzt, dass die leichtfertige Geldwäsche weiterhin strafwürdig ist. Ob dies tatsächlich der Fall ist, wird im weiteren Verlauf der Arbeit untersucht werden.

483 Weitergehend die BRAK in ihrer Stellungnahme zum Gesetzesentwurf. Diese geht davon aus, dass Fahrlässigkeitstaten mangels Tatlohngewährung in der Praxis ohnehin keine Rolle spielen werden, vgl. *BRAK*, Stellungnahme zum RefE eines Gesetzes zur Verbesserung der strafrechtlichen Bekämpfung der Geldwäsche, S. 13.

484 *Bülte*, Stellungnahme zu BT-Drs. 19/24180, S. 22.

485 Ausführlicher *Wulf*, wistra 2008, 321 (327 f.).

Weiterhin ist das Tatobjekt der Geldwäsche in der alten wie der neuen Fassung ein „Gegenstand". Fraglich ist daher, wie eine ersparte Aufwendung, also Gelder, die sich weiterhin im Gesamtvermögen des Steuersünders befinden, hinreichend konkretisiert werden können, um sie als Gegenstand der Geldwäsche zu bestimmen.[486] Von einer vollständigen Kontaminierung des Vermögens auszugehen wäre unverhältnismäßig und daher verfassungswidrig.[487] Während Teile der Literatur den § 261 Abs. 1 S. 3 StGB a.F. aus diesem Grund für weitestgehend unanwendbar hielten, suchten andere die Lösung in einer Art fiktivem konkreten Gegenstand.[488] Dennoch war die Regelung verfassungsrechtlich bedenklich und aufgrund der Anwendungsschwierigkeiten wenig zweckmäßig.

Der § 261 Abs. 3 S. 1 StGB musste im Zuge der hier gegenständlichen Geldwäschereform wie alle anderen Regelungen des Vortatenkataloges weichen. Das heißt zunächst aber nur, dass aufgrund der umfänglichen Einbeziehung von Straftaten eine konkrete Nennung entbehrlich wurde. Daher bleibt zunächst die Frage offen, wie der § 370 AO künftig als Geldwäschevortat zu behandeln ist. Denn die Norm ist durch den All-Crimes-Ansatz grundsätzlich weiterhin mit all ihren Varianten eine taugliche Vortat.

Dieses Problemfeld der Geldwäsche hat der Gesetzgeber im Rahmen der Reformierung allerdings beseitigt. Nach der Gesetzesbegründung soll der Tatobjektbegriff des § 261 StGB künftig keine ersparten Aufwendungen mehr erfassen.[489] Grund hierfür sind einerseits Verhältnismäßigkeitserwägungen, da der Tatbestand durch die Abschaffung des Vortatenkataloges stark ausgeweitet wird.[490] Weiterhin musste auch der Gesetzgeber einsehen, dass die Vorschrift aufgrund der weitgehenden Unmöglichkeit, ein Tatobjekt aus dem Gesamtvermögen des Täters zu isolieren, fast gänzlich unangewendet blieb.[491] Zwar müssen nach der Richtlinie (EU) 2018/1673 alle Straftaten im Zusammenhang mit Steuern in den Kreis der Geldwäschevortaten aufgenommen werden.[492] Da die Richtlinie diesbezüglich in Erwägungsgrund 8 jedoch auf die Empfehlungen der

---

486 *Wulf*, wistra 2008, 321 (328); *Bittmann*, wistra 2003, 161 (167); ders. wistra 2010, 125 (128).

487 *Spatscheck/Wulf*, NJW 2002, 2983 (2987); *Kraatz*, Jura 2015, 699 (703 f.).

488 Für eine weitgehende Unanwendbarkeit *Spatscheck/Wulf*, NJW 2002, 2983 (2987); *Wulf*, wistra 2008, 321 (329); *Kraatz*, Jura 2015, 699 (703 f.); anders *Bittmann*, wistra 2003, 161 (168).

489 BT-Drs. 19/24180, S. 16; kritisch zu dieser Änderung *Roth*, PStR 2021, 179 (180).

490 BT-Drs. 19/24180, S. 16.

491 BT-Drs. 19/24180, S. 16.

492 Vgl. Art. 2 Nr. 1 lit. q der RiL (EU) 2018/1673.

FATF verweist, welche wiederum auf die Definition des Wiener Suchtstoffübereinkommens verweisen und dort nur Vermögensgegenstände bezeichnet sind, die aus einer kriminellen Tätigkeit stammen, liegt kein Verstoß vor.[493] Denn das Vermögen, welches bei Steuerstraftaten unversteuert bleibt, stammt in der Regel nicht selbst aus einer Straftat, sondern aus legalen Quellen.[494] Und da es wie bereits gezeigt nicht möglich ist, die ersparten Aufwendungen als Vermögensgegenstand im Gesamtvermögen des Täters zu konkretisieren, können ersparte Aufwendungen nicht unter die Definition der FATF subsumiert werden.

Delikte, durch die der Täter sich Aufwendungen erspart werden daher zu Recht in Zukunft auch keine Vortaten mehr sein.

3. *Folgen für die Praxis: Überlastung der Strafverfolgungsbehörden vor allem durch Bagatelldelikte*

Die Anwendung des § 261 StGB in der Praxis muss funktionieren, um die theoretischen Ziele der Geldwäschebekämpfung tatsächlich zu erreichen.

Durch die Einführung des All-Crimes-Ansatzes wächst die Zahl der geldwäschetauglichen Vortaten – vor allem um Delikte leichterer und Bagatellkriminalität. Damit steigt voraussichtlich auch die Anzahl der Verdachtsmeldungen nach dem Geldwäschegesetz, der Ermittlungsverfahren und der Gerichtsverfahren wegen Geldwäsche.[495] Zu dem erwarteten Mehraufwand können noch keine genauen Zahlen genannt werden. Der Bundesverband der Zahlungs- und E-Geld-Institute (BVZI) rechnet mit einem Anstieg der Verdachtsmeldungen bei der FIU in den zwei- bis dreistelligen Millionenbereich allein im Segment der Zahlungsdienstleister.[496] Im Gesetzesentwurf wird unter Berufung auf eine Prognose des Deutschen Richterbundes ein Anstieg der Ermittlungsverfahren um 50 Prozent vermutet.[497] Dies würde um die 20.000 zusätzliche Ermittlungsverfahren wegen Geldwäsche pro Jahr bedeuten.[498] Weiterhin wird geschätzt, dass

---

493 Vgl. Empfehlung 3 der FATF Recommendations und Art. 3 Abs. 1 lit. c i) des Wiener Suchtstoffübereinkommens.

494 Vgl. auch BT-Drs. 19/24180, S. 17.

495 *Hiéramente*, jurisPR-StrafR 21/2020 Anm. 1 2020, 1 (1); *DRB*, Stellungnahme zum RefE zur Verbesserung der strafrechtlichen Bekämpfung der Geldwäsche 2020, S. 1; *Spitzer*, ZRP 2020, 216 (216); *Guthörl/Gans*, WPg 2021, 1053 (1056).

496 *BVZI*, Stellungnahme zu BR-Drs. 620/20, S. 9, im Jahr 2019 waren es insgesamt 100.000 Verdachtsmeldungen.

497 BT-Drs. 19/24180, S. 25.

498 Vgl. BT-Drs. 19/24180, S. 25.

die Gerichtsverfahren um eine niedrige vierstellige Zahl zunehmen werden.[499] Daher wird es zu einem erheblichen Mehraufwand für die FIU, die Landeskriminalämter und die Staatsanwaltschaften als Ermittlungsbehörden kommen.[500] Nun könnte man annehmen, die gesteigerte Anzahl an Ermittlungen und Verfahren im Bereich der Geldwäsche treibe deren Bekämpfung voran und bedeute einen Fortschritt. Jedoch ist zu befürchten, dass sich viele der zusätzlichen Ermittlungsverfahren um Bagatellvortaten oder Fälle der weniger schweren und oftmals leichter aufklärbaren Kriminalität drehen werden und die lukrativeren Fälle sowie solche schwerer organisierter Kriminalität mit komplexer Tatausführung in der Flut der Verfahren untergehen könnten.[501] Dies würde den Zielen der Geldwäschebekämpfung zuwiderlaufen. Möglicherweise werden die Strafverfolgungsbehörden aber auch unter der Last der vielen neuen Fälle zusammenbrechen und die ohnehin schon sehr niedrigen Verurteilungszahlen weiter sinken.[502] Das ist vor allem deshalb eine realistische Befürchtung, da die Ermittlungsbehörden schon vor der Reform überlastet waren.[503] Es sollte bei der Evaluierung der Reform daher besonders darauf geachtet werden, welche Vortaten bei den Verurteilungen wegen Geldwäsche besonders häufig eine Rolle gespielt haben und wie hoch die eingezogenen Taterträge im Durchschnitt waren. Weiterhin sollten zeitnah die notwendigen Ressourcen bei den Strafverfolgungsbehörden geschaffen werden, um die befürchtete Flut an Verdachtsmeldungen bewältigen zu können. Es sind bereits personelle Aufstockungen vorgesehen, beispielsweise bei der FIU um fast 50 Prozent bis 2023/2024.[504] Aufgrund der

---

499 BT-Drs. 19/24180, S. 25.

500 Vgl. auch *Guthörl/Gans*, WPg 2021, 1053 (1056).

501 Dass eine Vielzahl der hinzukommenden Verfahren Fälle weniger schwerer Kriminalität betreffen werden, sieht auch der Gesetzgeber, vgl. BT-Drs. 19/24180, S. 25; vgl. auch *BRAK*, Stellungnahme zum RefE zur Verbesserung der strafrechtlichen Bekämpfung der Geldwäsche 2020, S. 7 f.; *Ruhmannseder*, in: BeckOK StGB, § 261 Rn. 5.3; *Spitzer*, ZRP 2020, 216 (216); *Gercke u. a.*, StV 2021, 330 (334); *Müller*, NJW-Spezial 2021, 312 (312).

502 *Jahn*, Stellungnahme zu BT-Drs. 19/24180, S. 14, 30; *DRB*, Stellungnahme zum RefE zur Verbesserung der strafrechtlichen Bekämpfung der Geldwäsche 2020, S. 3; vgl. auch *Krause*, in: LK-StGB, § 261 Rn. 2; a.A. Fiedler, siehe Wortprotokoll der 117. Sitzung des Ausschusses für Recht und Verbraucherschutz, S. 9 der der Ansicht ist, bei Bagatelldelikten werde nicht „besonders viel" polizeiliches Personal eingesetzt.

503 Hierzu *Bussmann*, Geldwäschestudie II, S. 80; *Bussmann/Veljovic*, NZWiSt 2020, 417 (419); *Müller*, NJW-Spezial 2021, 312 (312).

504 Siehe hierzu https://finanzbusiness.de/nachrichten/banken/article12650751.ece (zuletzt aufgerufen am 24.02.2023).

dargestellten Umstände kann aber davon ausgegangen werden, dass die Erweiterung des Tatbestands auf Bagatellvortaten die Bekämpfung schwererer Kriminalität mehr behindern als fördern wird und daher nicht als zweckmäßig angesehen werden kann.[505]

Weiterhin wird die durch die Reform eingeführte funktionelle Zuständigkeit der Wirtschaftsstrafkammern für Geldwäschedelikte kontrovers diskutiert. Auch hier wird eine Überlastung der – teilweise örtlich zentralisierten – Strafkammern befürchtet.[506] Bereits vor der Reform gab es bei den Wirtschaftsstrafkammern sehr lange Verfahrensdauern.[507] Zudem wird kritisiert, dass die Vortaten der Geldwäsche mannigfaltig sind und sich die Wirtschaftsstrafkammern durch die Verpflichtung zur Vortatfeststellung größtenteils mit allgemeinen Delikten auseinandersetzen werden müssen.[508] Doch könnte die Expertise dieser Kammern vor allem in den komplexeren Fällen der Geldwäsche im organisierten Stil einen Mehrwert bringen.[509]

Die Zuweisung zu den Wirtschaftsstrafkammern erfolgt gemäß § 74c Abs. 1 S. 1 Nr. 6a GVG aber nur in den Fällen, in denen bereits in erster Instanz das Landgericht zuständig ist sowie in Berufungsverfahren. In erster Instanz ist das Landgericht gemäß § 74 Abs. 1 GVG grundsätzlich nur dann zuständig, wenn eine Freiheitsstrafe von mehr als vier Jahren zu erwarten ist. Das bedeutet dort werden primär schwere Fälle der Geldwäsche verhandelt werden und nicht die befürchtete Flut von Bagatellverfahren. Weiterhin steht die Zuständigkeit der Wirtschaftsstrafkammer unter der Bedingung, dass zur Beurteilung des konkreten Falles besondere Kenntnisse des Wirtschaftslebens erforderlich sind. Daher muss es sich bei dem Fall um einen Sachverhalt handeln, der komplizierte wirtschaftliche Mechanismen beinhaltet, die über allgemeine Kenntnisse hinausgehendes Spezialwissen erfordern.[510] Diese Voraussetzungen sollten hinreichend sicherstellen, dass die Wirtschaftsstrafkammern nicht mit Fällen allgemeiner Kriminalität überflutet werden. Demnach ist diese Regelung

---

505 So auch *Gazeas*, NJW 2021, 1041 (1045); *Schindler*, NZWiSt 2020, 457 (468).

506 *Spitzer*, ZRP 2020, 216 (218); *Gazeas*, NJW 2021, 1041 (1043); *Travers/Michaelis*, NZWiSt 2021, 125 (130).

507 So betrug Januar bis September 2018 die durchschnittliche Verfahrensdauer in den Wirtschaftsstrafkammern von Hamburg 16,9 Monate, vgl. schriftliche kleine Anfrage v. 06.11.2018 (Drs. 21/14820).

508 *Spitzer*, ZRP 2020, 216 (218).

509 Grundsätzlich zustimmend auch *Travers/Michaelis*, NZWiSt 2021, 125 (130).

510 OLG Koblenz, NStZ 1986, 327 (328); *Schuster*, in: MüKoStPO, § 74c GVG Rn. 7; *Huber*, in: BeckOK GVG, § 74c Rn. 5.

grundsätzlich zu begrüßen.[511] Doch auch hier entsteht durch die zusätzliche Katalogtat des § 74c Abs. 1 S. 1 GVG eine Mehrbelastung der Wirtschaftsstrafkammern. Diese wird aufgrund der bereits bestehenden Auslastung problematisch werden, wenn nicht zeitnah eine personelle Aufstockung erfolgt.[512]

Folglich ist ohne schnelle Personalerweiterung in den Ermittlungsbehörden und Gerichten zu befürchten, dass selbige unter der Last der hinzukommenden Verfahren zusammenbrechen oder keine saubere Aufarbeitung der angezeigten Sachverhalte erfolgen wird. Ob Bund und Länder hier rechtzeitig Maßnahmen ergreifen werden, wird sich zeigen.

4. *Verhältnis zu den übrigen Anschlussdelikten*

Ein weiterer Gegenstand kriminalpolitischer Kritik ist das Verhältnis der Geldwäsche zu den übrigen Anschlussdelikten des Einundzwanzigsten Abschnitts des Strafgesetzbuches. Die Umstrukturierung des Geldwäschetatbestandes würde sich sehr negativ auf die Systematik des Abschnitts auswirken, wenn durch den Geldwäschetatbestand die anderen Anschlussdelikte keine eigenen Anwendungsbereiche mehr hätten.

a) Funktion der Geldwäsche neben den übrigen Anschlussdelikten

Zunächst wird als Grundlage die Funktion der Geldwäsche neben den anderen Anschlussdelikten dargestellt:

Der Geldwäschetatbestand ist – im Gegensatz zu den anderen Anschlussdelikten des Einundzwanzigsten Abschnitts des Strafgesetzbuchs – sachbezogen ausgestaltet und wurde eingeführt, um Strafbarkeitslücken auf dem Gebiet der Teilnahme nach der Tat zu schließen.[513] Der Tatbestand des § 261 StGB weist vor allem durch die Tathandlung „sich oder einem Dritten verschaffen" Parallelen zur Hehlerei auf.[514] Jedoch ist die Hehlerei in mehrfacher Hinsicht spezieller als der Geldwäschetatbestand und daher nicht geeignet, einige der typischen Geldwäschehandlungen zu erfassen.[515] Tatobjekt der Hehlerei sind Sachen, also nur

511 So auch *Gercke u. a.*, StV 2021, 330 (332).
512 Ebenso *Travers/Michaelis*, NZWiSt 2021, 125 (130).
513 Vgl. Kapitel 3 B. I.
514 Vgl. § 259 Abs. 1 Var. 2 StGB und § 261 Abs. 1 Nr. 3 StGB, früher § 261 Abs. 2 Nr. 1 StGB.
515 So schon BT-Drs. 12/989, S. 26; *Löwe-Krahl*, wistra 1993, 123 (123); *Remmers*, Die Entwicklung der Gesetzgebung zur Geldwäsche, S. 41.

körperliche Gegenstände.[516] Hingegen zeichnet sich die typische Geldwäsche durch die Verschleierung oder das Verbergen der Herkunft des Vermögenswertes mittels mehrerer Waschvorgänge aus.[517] In diesem Zuge wird beispielsweise oftmals Geld über in- und ausländische Konten transferiert, um die Rückverfolgung zu erschweren. Buchgeld und Forderungen sind keine körperlichen Gegenstände und können folglich nicht unter den Tatbestand der Hehlerei subsumiert werden.[518] Auch muss das Tatobjekt der Hehlerei die aus der Vortat erlangte Sache selbst sein.[519] Ersatzhehlerei ist nach allgemeiner Ansicht nicht strafbar.[520] Dementsprechend ist jeder inkriminierte Gegenstand in Form eines Surrogats nicht taugliches Tatobjekt der Hehlerei.

Weiterhin ist die Hehlerei ein Vermögensdelikt.[521] Es werden nur Vortaten von dem Tatbestand erfasst, die gegen das Vermögen oder das Eigentum gerichtet sind.[522] Dadurch fällt unter anderem der Drogenhandel aus dem Kreis der möglichen Vortaten heraus, da es kein Vermögensdelikt ist, sondern dieses Delikt die (Volks)Gesundheit gefährdet.[523] Die Bekämpfung der organisierten Suchtstoffkriminalität war ein maßgeblicher Grund für die Einführung des § 261 StGB.[524] Auch weitere, schon seit der ersten Fassung im Geldwäschetatbestand verortete Delikte werden von der Hehlerei nicht erfasst, beispielsweise Verbrechen die nicht gegen das Vermögen gerichtet sind.

Wie bei der Hehlerei ist auch die Begünstigung nicht an Surrogaten des aus der Vortat stammenden Tatvorteils möglich, was die Erfassung typischer

---

516 *Maier*, in: MüKoStGB, § 259 Rn. 15; *Hecker*, in: Schönke/Schröder, § 259 Rn. 4; *Heger*, in: Lackner/Kühl/Heger, § 259 Rn. 2; *Oswald*, Die Implementation gesetzlicher Maßnahmen zur Bekämpfung der Geldwäsche, S. 41.

517 Ähnlich BT-Drs. 12/989, S. 26.

518 *Oswald*, Die Implementation gesetzlicher Maßnahmen zur Bekämpfung der Geldwäsche, S. 41; *Remmers*, Die Entwicklung der Gesetzgebung zur Geldwäsche, S. 41.

519 *Geurts*, ZRP 1997, 250 (251); *Aschke*, Der Straftatbestand der Geldwäsche, S. 136.

520 *Arzt*, NStZ 1990, 1 (2); *Löwe-Krahl*, wistra 1993, 123 (124); *Lampe*, JZ 1994, 123 (123); *Maiwald*, in: FS für Hirsch, S. 635; *Schnittenhelm*, in: FS für Lenckner, S. 519.

521 BGH NJW 1978, 710; *Arzt*, NStZ 1990, 1 (2); *Forthauser*, Geldwäscherei de lege lata et ferenda, S. 47 f.; *Maier*, in: MüKoStGB, § 259 Rn. 1; *Fischer*, in: Fischer, Vor §§ 257 ff. Rn. 2.

522 *Arzt*, NStZ 1990, 1 (2); *Lampe*, JZ 1994, 123 (123); *Meyer u. a.*, Gewinnabschöpfung bei Betäubungsmitteldelikten, S. 488.

523 *Arzt*, NStZ 1990, 1 (2); *Forthauser*, Geldwäscherei de lege lata et ferenda, S. 47 f.; *Löwe-Krahl*, wistra 1993, 123 (123); *Lampe*, JZ 1994, 123 (123); *Oswald*, Die Implementation gesetzlicher Maßnahmen zur Bekämpfung der Geldwäsche, S. 40.

524 Ausführlich dazu siehe oben Kapitel 2 B. II 1.

Geldwäschevorgänge unmöglich macht.[525] Ziel der Strafvereitelung ist die Personenbegünstigung.[526] Im Gegensatz dazu zielt die Geldwäsche primär auf die Sicherung der Tatvorteile durch Verhinderung der Rückverfolgung zur rechtswidrigen Vortat ab, ist also sachbezogen ausgestaltet.[527]

Das Erfordernis qualifizierte subjektive Tatbestandsmerkmale zu erfüllen ist ein weiterer Grund, aus dem Geldwäschehandlungen oftmals nicht von einem der anderen Anschlussdelikte erfasst werden.[528] Je mehr Waschvorgänge der inkriminierte Gegenstand durchläuft, desto schwieriger wird es, dem Geldwäscher Kenntnis hinsichtlich der illegalen Herkunft des Gegenstandes nachzuweisen. Daher ist die Geldwäsche das einzige Anschlussdelikt, welches zumindest nicht hinsichtlich aller Begehungsvarianten eine Form des dolus directus voraussetzt und sogar leichtfertiges Handeln unter Strafe stellt.[529]

Es war zur Bekämpfung der organisierten Kriminalität und der Beseitigung der Folgen schwerer Straftaten also erforderlich, die Anschlussdelikte um einen weiteren Tatbestand zu ergänzen.[530]

b) Bedenken infolge der Ausweitung des Geldwäschetatbestandes

Schon durch die zunehmende Ausweitung der geldwäschetauglichen Vortaten wurde befürchtet, Begünstigung, Strafvereitelung und Hehlerei könnten durch den wachsenden Anwendungsbereich des § 261 StGB unterwandert werden.[531] Die Tathandlungen der Geldwäsche sind vielfältig und die Anforderungen an den subjektiven Tatbestand geringer als bei den übrigen Anschlussdelikten.[532]

---

525 *Löwe-Krahl*, wistra 1993, 123 (124); *Lampe*, JZ 1994, 123 (124); *Schnittenhelm*, in: FS für Lenckner, S. 519; *Oswald*, Die Implementation gesetzlicher Maßnahmen zur Bekämpfung der Geldwäsche, S. 42.

526 BT-Drs. 12/989, S. 26; *Oswald*, Die Implementation gesetzlicher Maßnahmen zur Bekämpfung der Geldwäsche, S. 41.

527 *Lampe*, JZ 1994, 123 (124).

528 *Löwe-Krahl*, wistra 1993, 123 (124); *Lampe*, JZ 1994, 123 (131); *Arzt*, NStZ 1990, 1 (3).

529 Absicht verlangt der Tatbestand nur in der Variante des § 261 Abs. 1 Nr. 2 StGB. An die Kenntnis der Herkunft in § 261 Abs. 1 Nr. 4 StGB werden nach herrschender Meinung keine erhöhten Anforderungen gestellt, dolus eventualis ist ausreichend. Die leichtfertige Geldwäsche ist strafbar gemäß § 261 Abs. 6 StGB.

530 Kritisch *Schnittenhelm*, in: FS für Lenckner, S. 521.

531 So beispielsweise *Schnittenhelm*, in: FS für Lenckner, S. 521; *Böse/Jansen*, JZ 2019, 591 (598); *Aschke*, Der Straftatbestand der Geldwäsche, S. 136.

532 *Löwe-Krahl*, wistra 1993, 123 (124); *Lampe*, JZ 1994, 123 (131); *Koslowski*, Harmonisierung der Geldwäschestrafbarkeit, S. 319.

Am deutlichsten unterschied sich die Geldwäsche von den anderen Delikten des Einundzwanzigsten Abschnitts bisher durch den eingeschränkten Kreis an Vortaten. Gab der Gelegenheitsdieb die gestohlene Halskette seinem in Kenntnis gesetzten Spielmacher zur Begleichung seiner Schulden, so war diese Konstellation vor der Reform 2021 mangels Banden- oder Gewerbsmäßigkeit der Vortat nur gemäß § 259 StGB strafbar. Nach neuem Recht wird dieser Fall von § 259 StGB und § 261 StGB erfasst. Daher wird befürchtet, die übrigen Anschlussdelikte könnten durch die Einbeziehung aller Straftaten in den Kreis der geldwäschetauglichen Vortaten an Bedeutung verlieren.[533] So wird künftig beispielsweise jedes Tatobjekt der Hehlerei auch taugliches Tatobjekt der Geldwäsche sein.[534]

aa) Bedenken hinsichtlich der Ersatzhehlerei

In der Kritik steht vor allem das Konterkarieren der Straflosigkeit der Ersatzhehlerei.[535] Unter Ersatzhehlerei versteht man Vornahme von Hehlereihandlungen an Sachen, die nicht unmittelbar aus der Vortat stammen.[536] Da nach dem Wortlaut des § 259 Abs. 1 StGB die Sache „durch" eine rechtswidrige Tat erlangt werden muss, ist es nach einhelliger Ansicht erforderlich, dass der Hehlereigegenstand mit dem aus der Vortat erlangten Gegenstand identisch ist.[537]

Diese Konstellationen sind gemäß § 261 StGB strafbar. Um die Kritik bewerten zu können, muss zunächst nach den Gründen gefragt werden, aus denen die Strafbarkeit der Ersatzhehlerei seit Langem abgelehnt wird: Erstens wird gegen die Ersatzhehlerei die Schutzrichtung des Hehlereitatbestandes angebracht.[538]

---

533 *Koslowski*, Harmonisierung der Geldwäschestrafbarkeit, S. 319; *Altenhain/Fleckenstein*, JZ 2020, 1045 (1046); *Jahn*, Stellungnahme zu BT-Drs. 19/24180, S. 27 f.

534 *Altenhain/Fleckenstein*, JZ 2020, 1045 (1046); *Jahn*, Stellungnahme zu BT-Drs. 19/24180, S. 27 f.; so schon *Koslowski*, Harmonisierung der Geldwäschestrafbarkeit, S. 319.

535 So beispielsweise *Fischer*, Spiegel Kolumne vom 28.08.2020: https://www.spiegel.de/panorama/justiz/gesetz-gegen-geldwaesche-wir-sind-alle-verdaechtig-a-203bf355-435d-4a20-ac4b-4f04adfcfc90; *Koslowski*, Harmonisierung der Geldwäschestrafbarkeit, S. 320.

536 *Maier*, in: MüKoStGB, § 259 Rn. 51; *Heger*, in: Lackner/Kühl/Heger, § 259 Rn. 8; *Hecker*, in: Schönke/Schröder, § 259 Rn. 13; *Altenhain*, in: NK-StGB, § 259 Rn. 14.

537 BGH NJW 1969, 1260 (1261); *Maier*, in: MüKoStGB, § 259 Rn. 51; *Hecker*, in: Schönke/Schröder, § 259 Rn. 13; *Altenhain*, in: NK-StGB, § 259 Rn. 14.

538 *Maier*, in: MüKoStGB, § 259 Rn. 51; *Heinrich*, in: AWHH, StrR BT, § 28 Rn. 2; ausführlich *Stree*, JuS 1961, 50 (51 ff.).

Die herrschende Meinung vertritt die Perpetuierungstheorie.[539] Danach soll die Hehlerei die Aufrechterhaltung einer rechtswidrigen Besitzlage verhindern.[540] Wenn nun aber Surrogate des Vortatertrages durch Verkauf oder ein sonstiges Rechtsgeschäft an dessen Stelle getreten sind, besteht keine rechtswidrige Besitzlage an diesen Surrogaten.[541] Folglich muss dann eine Strafbarkeit wegen Hehlerei ausscheiden. Anders ist dies, wenn auch der Umtausch des ursprünglichen Tatertrages gegen das Surrogat eine rechtswidrige Handlung darstellt, beispielsweise einen Betrug.[542] Dann ist das Surrogat der ersten rechtswidrigen Handlung selbst unmittelbar ein Tatertrag aus einer rechtswidrigen Handlung, in dem Fall eines Betruges.[543] Zweitens spricht auch der Wortlaut des § 259 Abs. 1 StGB „durch eine rechtswidrige Tat erlangt" für eine Herkunft unmittelbar aus einer solchen Handlung.[544]

Die Geldwäsche hat jedoch einen anderen Schutzzweck. Sie ist kein Vermögensdelikt, sondern verfolgt das Ziel, den Vortäter vom Geschäftsverkehr zu isolieren und das Absetzen der Tatbeute zu erschweren, sowie die Spur inkriminierter Vermögenswerte zum Vortäter zurückverfolgen zu können.[545] Die Begehung von Straftaten soll unattraktiv gemacht werden. Um dieses Ziel effektiv verfolgen zu können, muss der Tatertrag und sein im Surrogat verkörperter Wert bemakelt bleiben. Ansonsten besteht kein ausreichender Anreiz, Waschvorgänge zu unterlassen.[546] Aufgrund dieser unterschiedlichen Schutzrichtungen der Tatbestände ist die Ersatzhehlerei zu Recht nicht strafbar, die Geldwäsche am Surrogat aber gerechtfertigt. Der Tatbestand könnte sonst das verfolgte Ziel nicht erreichen. Daher wurde für § 261 StGB auch der Begriff des „Herrührens" gewählt und aufrechterhalten. Dies soll verdeutlichen, dass die Geldwäsche nicht nur den unmittelbar aus der Vortat erlangten Gegenstand erfasst.[547]

---

539 BT-Drs. 7/550, S. 252; BGH NJW 1985, 502; *Ruhmannseder*, in: BeckOK StGB, § 259 Rn. 13; *Maier*, in: MüKoStGB, § 259 Rn. 2.

540 BT-Drs. 7/550, S. 252; BGH NJW 1985, 502; *Spiske*, Pecunia olet?, S. 80; *Heinrich*, in: AWHH, StrR BT, § 28 Rn. 2; *Heger*, in: Lackner/Kühl/Heger, § 259 Rn. 1.

541 *Maier*, in: MüKoStGB, § 259 Rn. 51; *Ruhmannseder*, in: BeckOK StGB, § 259 Rn. 13.

542 *Altenhain*, in: NK-StGB, § 259 Rn. 14; *Ruhmannseder*, in: BeckOK StGB, § 259 Rn. 13.

543 *Altenhain*, in: NK-StGB, § 259 Rn. 14; *Ruhmannseder*, in: BeckOK StGB, § 259 Rn. 13.

544 BT-Drs. 7/550, S. 252; *Hecker*, in: Schönke/Schröder, § 259 Rn. 12; *Altenhain*, in: NK-StGB, § 259 Rn. 14, 20; zum in diesem Zusammenhang oftmals missverständlich verwendeten Begriff der rechtswidrigen „Vermögenslage" *Stree*, JuS 1961, 50 (52).

545 Vgl. Kapitel 3 A. II.

546 *Lampe*, JZ 1994, 123 (127); *Aschke*, Der Straftatbestand der Geldwäsche, S. 123.

547 Zuletzt bestätigt durch BT-Drs. 19/24902, S. 4.

bb) Bedenken hinsichtlich der Strafvereitelung

Die Strafvereitelung ist sehr personenbezogen ausgerichtet und weist daher die wenigsten Überschneidungen mit der Geldwäsche auf.[548] Die Tatbestände kreuzen sich dort, wo die Vereitelungshandlung darin besteht, die Maßnahme der Einziehung (§§ 73 ff. StGB) zu verhindern.[549] Der Tatbestand der Strafvereitelung verfolgt das Ziel, die inländische Strafrechtspflege insoweit zu schützen, als diese dafür sorgen muss, dass ein konkreter staatlicher Straf- und Vollstreckungsanspruch durchgesetzt wird.[550] Da die Geldwäsche das Schutzgut Rechtspflege unter einem anderen Aspekt schützt, liegen auch bei Überschneidungen unterschiedliche Gründe für die Strafbarkeit der Handlung vor.[551]

cc) Bedenken hinsichtlich der Begünstigung

Begünstigung und Geldwäsche haben da denselben Anwendungsbereich, wo der Vorteil der Tat gemäß § 257 Abs. 1 StGB zugleich ein geldwäschetauglicher Gegenstand im Sinne des § 261 Abs. 1 StGB ist.[552] Dies ist beispielsweise nach neuer Rechtslage nicht mehr der Fall bei ersparten Aufwendungen im Rahmen einer Steuerhinterziehung.[553] Tatobjekte der Begünstigung können daneben (im Gegensatz zu § 261 StGB) auch nichtvermögensrechtliche Vorteile sein.[554]

Der Straftatbestand der Begünstigung schützt einerseits die Rechtspflege in ihrer Funktion, durch Wiederherstellung des rechtmäßigen Zustandes die Wirkung von Straftaten zu mildern oder zu beseitigen und andererseits das Restitutionsinteresse des Vortatopfers.[555] Insoweit deckt sich das geschützte Rechtsgut

---

548 Vgl. auch BT-Drs. 12/989, S. 26; *Oswald*, Die Implementation gesetzlicher Maßnahmen zur Bekämpfung der Geldwäsche, S. 41.

549 Ebenso *Altenhain/Fleckenstein*, JZ 2020, 1045 (1046).

550 BGH NJW 1999, 2908 (2909); BGH NJW 1997, 2059 (2059); *Cramer*, in: MüKoStGB, § 258 Rn. 3; *Hecker*, in: Schönke/Schröder, § 258 Rn. 1; *Fischer*, in: Fischer, Vor §§ 257 ff. Rn. 2; *Hecker*, in: FS für Heinz, S. 724; a.A. *Müller-Dietz*, Jura 1979, 242 (245); *Popp*, JA 2014, 418 (420); *Altenhain*, in: NK-StGB, § 258 Rn. 3.

551 Vgl. Kapitel 3 A. II. 3.

552 *Altenhain/Fleckenstein*, JZ 2020, 1045 (1046).

553 Zu ersparten Aufwendungen als Vorteile iSd. Begünstigung BGH NJW 2000, 3010 (3012); *Cramer*, in: MüKoStGB, § 257 Rn. 14; *Altenhain*, in: NK-StGB, § 257 Rn. 17. Zur neuen Rechtslage hinsichtlich § 261 StGB vgl. Kapitel 4 B. I. 2.

554 BT-Drs. 7/550, S. 7; *Cramer*, in: MüKoStGB, § 257 Rn. 10; *Altenhain*, in: NK-StGB, § 257 Rn. 16.

555 BGH NStZ 1990, 123 (124); BGH NJW 1971, 1572 (1573); *Hecker*, in: Schönke/Schröder, § 257 Rn. 1; *Heger*, in: Lackner/Kühl/Heger, § 257 Rn. 1, der zusätzlich das Vermögen geschützt sieht; *Schnittenhelm*, in: FS für Lenckner, S. 526; für den

der Begünstigung mit dem der Geldwäsche, welche neben dem legalen Wirtschafts- und Finanzkreislauf ebenfalls die Rechtspflege unter dem Aspekt schützt, Wirkungen von Straftaten zu beseitigen, sowie das Vortatrechtsgut.[556] Dies ist insoweit problematisch, als dass vor allem nach der Abschaffung des Vortatenkataloges Handlungen, die von der Begünstigung aufgrund erhöhter Anforderungen im subjektiven Tatbestand nicht erfasst werden, nun nach § 261 StGB strafbar sind.[557] In der Vergangenheit wäre dies möglicherweise noch mit dem Strafgrund der Geldwäsche, die organisierte Kriminalität zu bekämpfen, zu rechtfertigen gewesen.[558] Nach der Abschaffung des Vortatenkataloges werden jedoch genügend Tatbestände von § 261 StGB erfasst, welche eindeutig keinen Bezug zur organisierten Kriminalität aufweisen, sodass dieses Argument nicht mehr trägt. Daher wird vornehmlich in den Fällen, in denen es um wirtschaftliche Vorteile aus Straftaten geht, die Begünstigung von dem weiter gefassten Tatbestand der Geldwäsche unterwandert. Das bedeutet, einige Fälle der Begünstigung werden künftig auch ohne die Verwirklichung gesteigerter subjektiver Anforderungen strafbar sein, ohne dass dies durch einen abweichenden Strafgrund gerechtfertigt werden kann.

Einen „neuen“ eigenständigen Anwendungsbereich neben der Geldwäsche bekommt die Begünstigung durch die Abschaffung des § 261 Abs. 1 S. 3 StGB. Ersparte Aufwendungen sind ausweislich der Gesetzesbegründung kein taugliches Tatobjekt der Geldwäsche mehr.[559] Sie sind hingegen ein Tatvorteil im Sinne des § 257 Abs. 1 StGB.[560]

Mithin wird der Tatbestand der Begünstigung durch die Reform des Geldwäschetatbestandes in Teilen überflüssig, erhält aber auch einen exklusiven Anwendungsbereich gegenüber dem Geldwäschetatbestand.

dd) Bedenken hinsichtlich der Möglichkeit der leichtfertigen Begehung

Die Geldwäsche ist das einzige Anschlussdelikt, welches eine leichtfertige Begehung unter Strafe stellt. Erfasst werden daher Fälle, die auch den objektiven

---

ausschließlichen Vermögensschutz *Bosch*, JURA 2012, 270 (271); den Schutz der Rechtspflege ablehnend *Cramer*, in: MüKoStGB, § 257 Rn. 3; für den Schutz des Einziehungsanspruchs der Vortat *Altenhain*, Das Anschlussdelikt, S. 245 f., 271.

556 Siehe Kapitel 3 A. II.; andere Ansicht *Schnittenhelm*, in: FS für Lenckner, S. 526 f.

557 *Altenhain/Fleckenstein*, JZ 2020, 1045 (1046).

558 Diese Ansicht vertritt *Schnittenhelm*, in: FS für Lenckner, S. 527 f.

559 BT-Drs. 19/24180, S. 16.

560 BGH NJW 2000, 3010 (3012); BGH NStZ-RR 1999, 184 (185); *Cramer*, in: MüKoStGB, §257 Rn. 14.

Tatbestand eines der anderen Anschlussdelikte erfüllen, in denen die Strafbarkeit aber an den hohen subjektiven Voraussetzungen scheitert, weil keine Möglichkeit der leichtfertigen Begehung besteht und dolus directus erforderlich ist. Der Referentenentwurf des Bundesministeriums für Justiz und Verbraucherschutz zur hier gegenständlichen Reform sah zunächst die Streichung der Leichtfertigkeit vor.[561] Dies wurde vom Regierungsentwurf nicht übernommen, sodass weiterhin eine leichtfertige Begehung möglich ist.[562] Die Möglichkeit der fahrlässigen und leichtfertigen Begehung wird für den Hehlereitatbestand abgelehnt, da es zu Wertungswidersprüchen mit dem Zivilrecht kommen würde, wenn der gutgläubige Erwerb bei fahrlässigem Verkennen der unredlichen Herkunft möglich ist, eine Strafbarkeit wegen Hehlerei bei Fahrlässigkeit aber zu bejahen wäre.[563] Weiterhin werden durch die erhöhten subjektiven Anforderungen der übrigen Anschlussdelikte Probleme vermieden, beispielsweise im Bereich sozialüblicher Verhaltensweisen.[564] Für die Geldwäsche war die Möglichkeit der leichtfertigen Begehung jedoch zumindest bisher grundsätzlich wichtiger als für die übrigen Anschlussdelikte, weil die Geldwäsche auch Surrogate als Tatobjekte erfasst.[565] Je mehr Waschvorgänge der inkriminierte Gegenstand durchläuft, desto stärker die Verschleierung der Herkunft und desto schwieriger gestaltet sich der Vortatnachweis.[566] Dieses Problem besteht bei den übrigen Delikten des Einundzwanzigsten Abschnitts aufgrund der Unmittelbarkeit der Herkunft aus einer Straftat nicht.[567] Es entstehen dadurch auch keine Widersprüche zu zivilrechtlichen Wertungen, weil die Leichtfertigkeit der groben Fahrlässigkeit entspricht, welche einen gutgläubigen Erwerb scheitern lässt.[568]

ee) Zwischenergebnis

Die Geldwäsche zeichnet sich also durch geringere Anforderungen im subjektiven Tatbestand aus. Dies war für die Funktionsfähigkeit des Tatbestandes bisher

---

561 *BMJV*, RefE Verbesserung strafrechtl. Bekämpfung d. Geldwäsche 2020, S. 19.

562 BT-Drs. 19/24180, S. 7.

563 *Aschke*, Der Straftatbestand der Geldwäsche, S. 113.

564 *Aschke*, Der Straftatbestand der Geldwäsche, S. 136.

565 Ob dies nach neuer Rechtslage noch immer der Fall ist, wird im nächsten Abschnitt thematisiert.

566 Dies belegt auch die Verurteilungsquote. Im Jahr 2019 gab es fast doppelt so viele Verurteilungen wegen leichtfertiger Geldwäsche wie wegen § 261 Abs. 1, 2, 4 StGB a.F. zusammen. Vgl. *Statistisches Bundesamt*, Strafverfolgung 2020, S. 166.

567 Vgl. auch *Lampe*, JZ 1994, 123 (127).

568 *Aschke*, Der Straftatbestand der Geldwäsche, S. 113.

auch notwendig, da durch die Erfassung von Surrogaten erhöhte Beweisschwierigkeiten entstehen. Ob diesen bereits durch die Abschaffung des Vortatenkataloges wirksam entgegengetreten werden kann, wird im nächsten Abschnitt untersucht werden. Es steht jedoch fest, dass die Geldwäsche aufgrund der Erfassung von Surrogaten ein atypisches Anschlussdelikt darstellt, das demnach auch besonderen Voraussetzungen bedarf, um seinen Schutzzweck verwirklichen zu können. Problematisch wird dies jedoch im Verhältnis zur Begünstigung, die teilweise gleiche Tatbestände bei höheren subjektiven Anforderungen und selber Schutzrichtung erfasst. Dies führt zu einem Wertungswiderspruch, der aufgelöst werden muss.

c) Bedeutung der anderen Anschlussdelikte neben der Geldwäsche nach der Reform

Hehlerei und Geldwäsche werden sich nach der Reformierung des § 261 StGB großflächig überschneiden.[569] Tatobjekt der Hehlerei können nur körperliche Gegenstände sein, die aus einer gegen das Vermögen gerichteten Vortat stammen, während die Geldwäsche auch nichtkörperliche Gegenstände wie Forderungen und Buchgeld aus allen Straftaten erfasst.[570] Folglich unterfallen alle Tatobjekte der Hehlerei auch der Geldwäsche.[571] Die Hehlerei wird aber durch die Handlungsalternative der Absatzhilfe, die unter keine der Handlungsalternativen der Geldwäsche subsumiert werden kann, weiterhin einen eigenständigen Anwendungsbereich haben.[572] Die Erfassung der Ersatzhehlerei durch § 261 StGB und die weiteren Überschneidungen sind aufgrund der unterschiedlichen Schutzrichtungen der Tatbestände im Ergebnis legitim. Dennoch büßt die Hehlerei durch die Reform den Großteil ihres exklusiven Anwendungsbereichs ein.[573]

---

569 *Altenhain/Fleckenstein*, JZ 2020, 1045 (1046); *Jahn*, Stellungnahme zu BT-Drs. 19/24180, S. 27 f.

570 *Oswald*, Die Implementation gesetzlicher Maßnahmen zur Bekämpfung der Geldwäsche, S. 41; *Maier*, in: MüKoStGB, § 259 Rn. 15; *Hecker*, in: Schönke/Schröder, § 259 Rn. 4.

571 *Koslowski*, Harmonisierung der Geldwäschestrafbarkeit, S. 319; *Altenhain/Fleckenstein*, JZ 2020, 1045 (1046).

572 *Koslowski*, Harmonisierung der Geldwäschestrafbarkeit, S. 320; *Altenhain*, in: NK-StGB, § 261 Rn. 101.

573 *Jahn*, Stellungnahme zu BT-Drs. 19/24180, S. 27 f.; *Altenhain/Fleckenstein*, JZ 2020, 1045 (1046).

Die zur Schutzrichtung und den subjektiven Anforderungen gemachten Aussagen gelten entsprechend für die Strafvereitelung. Hier wird es zudem nur in den Fällen zu Überschneidungen kommen, in denen die Verhängung oder Vollstreckung der Einziehung von Taterträgen vereitelt wird.[574] So verbleibt der Strafvereitelung ein großer exklusiver Anwendungsbereich.

Die Begünstigung verfolgt hingegen denselben Schutzzweck wie die Geldwäsche. Daher werden in Fällen, in denen sich die objektiven Tatbestände der §§ 257 und 261 StGB decken, die erhöhten Anforderungen des § 257 StGB im subjektiven Tatbestand konterkariert. Selbiges gilt für Konstellationen, in denen Surrogate von § 261 StGB erfasst werden.

Die aufgedeckten Widersprüche in dem System der Anschlussdelikte bedürfen der Auflösung. Und auch die großflächige Überschneidung von Hehlerei und Geldwäsche, durch die der erstgenannte Tatbestand zunehmend an Bedeutung verliert, stellt einen Nachteil der jüngsten Geldwäschereform dar. Hieran kann aber nicht der Reform allein die Schuld gegeben werden. Durch sie tritt nur noch deutlicher zu Tage, was im System der Anschlussdelikte bereits vorher nicht zusammengepasst hat.[575] Der Grund für die Widersprüche ist vielmehr die Einbeziehung von Surrogaten in den Anwendungsbereich des § 261 StGB. Daran würde auch eine Rückkehr zum Katalogsystem nichts ändern. Eine Beschränkung des Geldwäschetatbestandes auf unmittelbar aus der Vortat stammende Taterträge würde hingegen dem Schutzzweck der Geldwäsche nicht gerecht werden. Dies hat auch der Gesetzgeber erkannt, indem er die ursprünglich geplante Einschränkung auf „Taterträge, Tatprodukte und an deren Stelle getretene andere Vermögensgegenstände“ nicht in die Endfassung des neuen Geldwäschetatbestandes übernommen hat.[576] Daher bedarf es einer umfassenden Reformierung des Einundzwanzigsten Abschnitts des Strafgesetzbuches, um die Anschlussdelikte in einer widerspruchsfreien Systematik zusammenzuführen.[577]

An dieser Stelle einen konkreten Reformierungsvorschlag für den Einundzwanzigsten Abschnitt des Strafgesetzbuches zu erarbeiten würde den Rahmen der Arbeit übersteigen. Folgend seien aber ein paar Gedanken und bereits bestehende Ansätze dargestellt:

---

574 Vgl. auch *Altenhain/Fleckenstein*, JZ 2020, 1045 (1046).

575 Dies antizipierte bereits *Koslowski*, Harmonisierung der Geldwäschestrafbarkeit, S. 320 f.

576 Hierzu mit umfassender Begründung BT-Drs. 19/24902, S. 4 ff.

577 Ähnlich auch *Altenhain/Fleckenstein*, JZ 2020, 1045 (1046).

Schröder schlug bereits früh vor, die sachliche Begünstigung und die Hehlerei zu einem Straftatbestand der „Restitutionsvereitelung" zu vereinigen.[578] Dem wurde berechtigt entgegengehalten, dass die Begünstigung auch die staatliche Rechtspflege in ihrer Funktion, die Wirkungen von Straftaten zu beseitigen, schützt. Die Auswirkungen von Straftaten erschöpfen sich aber nicht in Restitutionsansprüchen.[579] Aus heutiger Sicht würde eine Verschmelzung des Begünstigungs- und Hehlereitatbestandes die Überschneidungen mit dem Geldwäschetatbestand nicht beseitigen können.

Altenhain widmete der Frage nach einer alternativen Ausgestaltung der Anschlussdelikte seine Habilitation. Er kam zu dem Schluss, dass die §§ 257 bis 259 StGB zu einem Anschlussdelikt zusammengefasst werden sollten.[580] Begünstigung und Hehlerei sollen dabei in den Tatbestand der Strafvereitelung als Unterfälle der Verfallvereitelung – heute Einziehungsvereitelung – integriert werden.[581] Dieses Anschlussdelikt soll dem Schutz der staatlichen Strafbefugnis dienen.[582] Hierein könne die Geldwäsche jedoch nur teilweise, in ihrer Funktion als Delikt zum Schutz des staatlichen Einziehungsrechts, welche dem Kern des Vereitelungstatbestandes und teilweise den Begehungsvarianten des sich Verschaffens, Verwahrens und Verwendens innewohne, integriert werden.[583] In ihrer Funktion als Rechtspflegedelikt stelle Geldwäsche kein Anschlussdelikt dar.[584] Altenhain konstatiert diesbezüglich, dem Schutz der Papierspur komme kein Verfassungsrang zu und die diesem dienenden Handlungsvarianten der Geldwäsche, insbesondere der Verschleierungstatbestand, sollten daher höchstens Ordnungswidrigkeiten sein.[585] Die Umsetzung dieses Vorschlags unter Einbeziehung der Geldwäsche würde zu einem Delikt großen Ausmaßes führen, in dem wahrscheinlich durch die Integration der Strafvereitelung Widersprüche unvermeidbar wären.[586] Auch wird in dieser Arbeit eine andere Auffassung

578 *Schröder*, in: FS für Rosenfeld, S. 186. Die Strafvereitelung sollte daneben als eigenständiger Tatbestand weiterbestehen. Den Geldwäschetatbestand gab es zu diesem Zeitpunkt (1949) noch nicht.

579 So *Miehe*, in: FS für Honig, S. 102.

580 *Altenhain*, Das Anschlussdelikt, S. 386, 428.

581 *Altenhain*, Das Anschlussdelikt, S. 269, 346 f.

582 *Altenhain*, Das Anschlussdelikt, S. 385 f., 428, ausführlich zum staatlichen Strafanspruch „ius puniendi" S. 272 ff.

583 *Altenhain*, Das Anschlussdelikt, S. 422 f.

584 *Altenhain*, Das Anschlussdelikt, S. 412, 421, 428.

585 Im Einzelnen zur Einordnung der Handlungsvarianten der Geldwäsche *Altenhain*, Das Anschlussdelikt, S. 405 ff.; 424 f.

586 Dazu auch *Neumann*, Reform der Anschlussdelikte, S. 448.

hinsichtlich des Rechtsgüterschutzes vertreten, sodass dem Ansatz Altenhains nicht gefolgt werden kann.

Durch ihren sehr weiten Anwendungsbereich stellt die Geldwäsche als jüngster Straftatbestand des Einundzwanzigsten Abschnitts heute das Kernstück dieses Abschnitts dar, dem auch auf internationaler und europäischer Ebene die größte Bedeutung beigemessen wird. Wie soeben konstatiert hat der Geldwäschetatbestand mittlerweile die Anwendungsbereiche der übrigen Anschlussdelikte teilweise überlagert, allen voran den der Hehlerei. Nachdem der Hehlereitatbestand nun weitestgehend obsolet geworden ist, könnte darüber nachgedacht werden, diesen gänzlich zu streichen und Strafvereitelung und Begünstigung in ihren exklusiven Anwendungsbereichen zu erhalten. Dies würde für den Tatbestand der Strafvereitelung bedeuten, dass die Einziehungsvereitelung aus dem Tatbestand herausgenommen werden müsste. Die Strafvereitelung hätte dann noch einen großen selbstständigen Anwendungsbereich. Anders liegt der Fall für die Begünstigung. § 257 StGB wäre auf Vorteile zu reduzieren, die keinen wirtschaftlichen Wert haben und auf ersparte Aufwendungen. Weitergehend könnten die persönliche und die sachliche Begünstigung möglicherweise zu einem Tatbestand zusammengefasst werden. Da die Geldwäsche auf Gegenstände mit wirtschaftlichem Wert ausgerichtet ist, sollten Überschneidungen auch in Zukunft weitgehend vermieden werden können. Hierdurch könnten die dem Geldwäschetatbestand immanenten Probleme natürlich nicht gelöst werden. Der Einundzwanzigste Abschnitt des Strafgesetzbuches würde aber wesentlich weniger Überschneidungen aufweisen und übersichtlicher werden.

5. *Lösung der Beweisführungsproblematik?*

Eine Verurteilung wegen Geldwäsche scheiterte bisher oft am Vortatnachweis.[587] Denn die Geldwäsche als Anschlussdelikt erfordert den Nachweis, dass der Gegenstand, an dem die Geldwäschehandlung vorgenommen wurde, aus einer rechtswidrig begangenen Vortat herrührt.[588] Mit der Abschaffung des Vortatenkataloges und der Einführung des All-Crimes-Ansatzes wurde vor allem das Ziel verfolgt, den Vortatnachweis zu erleichtern.[589] Nach der Gesetzesbegründung ist für den Vortatnachweis die Überzeugung des Gerichts erforderlich, dass der Gegenstand aus einer rechtswidrigen Tat herrührt.[590] Inwieweit die Vortat

---

587 Siehe zur alten Rechtslage oben Kapitel 4 A. I. 2. b).

588 *Schröder/Blaue*, NZWiSt 2019, 161 (166).

589 BT-Drs. 19/24180, S. 12; so auch *El-Ghazi/Laustetter*, NZWiSt 2021, 209 (211).

590 BT-Drs. 19/24180, S. 2, 29.

konkretisiert werden muss, sei nach den Umständen des Einzelfalls zu beurteilen, es müssen aber Erkenntnisse zur Vortat vorliegen, die mit hinreichender Sicherheit Rückschlüsse auf die strafrechtliche Herkunft des Gegenstandes zulassen.[591] Dafür ist nach alter wie neuer Rechtslage keine Verurteilung wegen der Vortat erforderlich.[592] Es soll aber nicht bereits ausreichend sein, dass der Beschuldigte nicht über ausreichendes Einkommen verfügt, um sich den Gegenstand leisten zu können.[593] Zur Beweiswürdigung sollen die für § 73a Abs. 1 StGB geltenden Grundsätze herangezogen werden, die die Überzeugung des Gerichts von der generellen strafrechtlichen Herkunft des Einziehungsgegenstandes genügen lassen.[594] Für die richterliche Überzeugungsbildung in § 73a Abs. 1 StGB sollen wiederum die Grundsätze des § 437 StPO maßgebend sein.[595] Danach kann das Gericht seine Überzeugung insbesondere auf ein Missverhältnis zwischen dem Gegenstandswert und dem legalen Einkommen stützen (§ 437 S. 1 StPO). Daneben kann sich das Gericht nach § 437 S. 2 StPO bei der Entscheidungsfindung vor allem an den Ergebnissen der anfänglichen Ermittlungen, den Umständen, unter denen der Gegenstand aufgefunden wurde und den wirtschaftlichen und persönlichen Verhältnissen des mutmaßlichen Täters orientieren.[596]

Es ist also weiterhin erforderlich, dass eine rechtswidrige Vortat stattgefunden hat und der Gegenstand der Geldwäsche aus dieser Vortat herrührt. Der neue Tatbestand erleichtert die Beweisführung aber dahingehend, dass keine Komponenten einer Katalogtat mehr festgestellt werden müssen. Dies war nach alter Rechtslage erforderlich gewesen, um sicherzustellen, dass der Gegenstand wirklich aus einer Katalogtat stammte.[597] Da nun aber alle Straftaten potentielle Vortaten sind, müssen dahingehende Nachweise, etwa der Nachweis einer gewerbsmäßigen Begehung beim Diebstahl, nicht mehr erbracht werden. Die Anforderungen an den Nachweis der Vortat sind dadurch noch geringer geworden.

Fraglich ist, ob diese Senkung der Anforderungen an den Vortatnachweis einen signifikanten Unterschied machen wird und künftig zu mehr Verurteilungen wegen Geldwäsche führt. Dem All-Crimes-Ansatz wird auch hinsichtlich

591 BT-Drs. 19/24180, S. 2, 29.

592 *Schröder/Blaue*, NZWiSt 2019, 161 (166); vgl. zur alten Rechtslage KG BeckRS 2012, 20283; *Altenhain*, in: NK-StGB, § 261 Rn. 48.

593 BT-Drs. 19/24180, S. 29.

594 Vgl. BT-Drs. 19/24180, S. 29.

595 BT-Drs. 18/9525, S. 66.

596 Hierzu ausführlicher unten in Kapitel 4 B. II. 1.

597 Siehe *Neuheuser*, in: MüKoStGB, § 261 Rn. 51 f.

dieses Aspekts viel Kritik entgegengebracht. Häufigstes Argument: Das Hauptproblem sei nicht der Nachweis einer Katalogtat, sondern die Schwierigkeit bestehe vor allem darin, überhaupt eine kriminelle Herkunft des Gegenstandes der Geldwäsche nachzuweisen.[598] Schuld an den Beweisschwierigkeiten sei nicht das Katalogtatensystem sondern der Aufbau des Tatbestands nach dem Herkunftsprinzip.[599] Es besteht zum einen das Problem, dass auch nach der neuen Rechtslage eine Vortat in ihren Grundzügen nachgewiesen werden muss.[600] Wo aber überhaupt keine Anhaltspunkte für das Vorliegen einer rechtswidrigen Vortat bestehen, außer der Tatsache, dass der Verdächtige sich den betreffenden Gegenstand nicht leisten können dürfte, was aber ausweislich der Gesetzesbegründung für sich allein nicht ausreicht, kann auch die Beweiserleichterung durch den All-Crimes-Ansatz nicht weiterhelfen.[601] Zum anderen muss weiterhin eine Verbindung zwischen einer Vortat und dem Gegenstand der Geldwäsche nachgewiesen werden.[602] Auch dies bedeutet Ermittlungsaufwand. Zudem wird der Reform vorgeworfen, die Regelungen der Strafprozessordnung umgehen zu wollen.[603] Regelungen über Beweiserleichterungen sind dem Strafprozessrecht zuzuordnen, wohingegen der Geldwäschetatbestand zum materiellen Recht gehört. Die Schaffung eines solchen Umgehungstatbestandes birgt die Gefahr, insbesondere den Grundsatz in dubio pro reo zu verletzen.[604] Auf die Vereinbarkeit der Reform mit verfassungsrechtlichen Grundsätzen soll später in diesem Kapitel noch vertieft eingegangen werden.

598 *Bottermann*, Untersuchung zu den grundlegenden Problematiken des Geldwäschetatbestandes, S. 57; *Kreß*, wistra 1998, 121 (125); *Kaiser*, wistra 2000, 121 (122); *Max-Planck-Institut*, Stellungnahme zum RefE zur Verbesserung der strafrechtlichen Bekämpfung der Geldwäsche 2020, S. 4; *Travers/Michaelis*, NZWiSt 2021, 125 (130); *Ruhmannseder*, in: BeckOK StGB, § 261 Rn. 5.3.

599 *Bottermann*, Untersuchung zu den grundlegenden Problematiken des Geldwäschetatbestandes, S. 57; *Altenhain*, in: NK-StGB, § 261 Rn. 36; zustimmend *Koslowski*, Harmonisierung der Geldwäschestrafbarkeit, S. 304.

600 BT-Drs. 19/24180, S. 29.

601 *Bussmann*, Geldwäschestudie II, S. 80; *Travers/Michaelis*, NZWiSt 2021, 125 (130); *BDK*, Stellungnahme zum RefE eines Gesetzes zur Verbesserung der strafrechtlichen Bekämpfung der Geldwäsche, S. 3; *BNotK*, Stellungnahme zum RefE zur Verbesserung der strafrechtlichen Bekämpfung der Geldwäsche 2020, S. 2.

602 *Lütke*, wistra 2001, 85 (86); *Bussmann/Veljovic*, NZWiSt 2020, 417 (420).

603 Entschließungsantrag der Fraktion BÜNDNIS 90/DIE GRÜNEN u. a., BT-Drs. 19/26606, S. 2; *Schindler*, NZWiSt 2020, 457 (469).

604 *Schindler*, NZWiSt 2020, 457 (469).

Weiterhin fordert § 261 Abs. 1 StGB das Vorliegen einer „rechtswidrigen Tat" als Tatbestandsmerkmal. Die rechtswidrige Tat ist in § 11 Abs. 1 Nr. 5 StGB legaldefiniert als Tat, die den Tatbestand eines Strafgesetzes verwirklicht. *Zöller* merkt hierzu an, § 261 StGB fordere schon nach seinem Wortlaut den Nachweis einer bestimmten Vortat.[605] Ausreichend sei gerade nicht die bloße Vermutung, dass eine unter zahlreichen verschiedenen Vortaten begangen wurde.[606] Dem ist entgegenzuhalten, dass § 11 Abs. 1 Nr. 5 StGB nicht vom Tatbestand eines bestimmten Strafgesetzes spricht.[607] Wenn also nach richterlicher Überzeugung ausgeschlossen ist, dass der Gegenstand legitimer Herkunft ist und auch die Herkunft aus einer Ordnungswidrigkeit verneint werden kann, so stammt er mit an Sicherheit grenzender Wahrscheinlichkeit aus (irgend)einer Straftat. Und nicht mehr und nicht weniger fordert § 11 Abs. 1 Nr. 5 StGB.

Die Einführung des All-Crimes-Ansatzes zum Zweck der Beweiserleichterung fand in der Sachverständigenanhörung des Bundestages zur Novelle vor allem unter den Praktikern Befürworter. Die Aufgabe des selektiven Vortatenkataloges werde in der Praxis einige Beweisschwierigkeiten beseitigen, da nicht mehr die Herkunft aus einer Katalogtat und insbesondere keine banden- und gewerbsmäßigen Strukturen nachgewiesen werden müssen.[608] Dem ist zuzustimmen, da zwar die Beweisschwierigkeiten nicht gänzlich entfallen werden, aber jede Erleichterung eine Verbesserung ist. Auch *Ruhland* räumt ein, dass sich erst durch die Anwendung des reformierten Tatbestandes zeigen wird, wie viel Unterschied die Beweiserleichterung in den Verurteilungszahlen bewirken wird.[609] *Fiedler* bringt weiterhin für den All-Crimes-Ansatz an, dieser habe sich bereits in den Rechtssystemen anderer EU-Staaten bewährt und der deutsche Gesetzgeber habe hierdurch eine klare Empfehlung der FATF umgesetzt.[610] Es gibt aber keine validen Erkenntnisse zu dem Erfolg des All-Crimes-Ansatzes in

605 *Zöller*, in: FS für Roxin, S. 1050 f.

606 *Bernsmann*, StV 1998, 46 (47); so auch *Zöller*, in: FS für Roxin, S. 1050 f.

607 „Tatbestand ‚eines' Strafgesetzes", § 11 Abs. 1 Nr. 5 StGB.

608 *DRB*, Stellungnahme zum RefE zur Verbesserung der strafrechtlichen Bekämpfung der Geldwäsche 2020, S. 1 f.; ebenso im Namen der Generalstaatsanwaltschaft München *Ruhland*, Stellungnahme zu BT-Drs. 19/24180, S. 2; *Deutsche Zoll- und Finanzgewerkschaft*, Stellungnahme zu BT-Drs. 19/24180, S. 2; Richter am BGH Köhler, Wortprotokoll der 117. Sitzung des Ausschusses für Recht und Verbraucherschutz, S. 11.

609 *Ruhland*, Stellungnahme zu BT-Drs. 19/24180, S. 2.

610 Vgl. Wortprotokoll der 117. Sitzung des Ausschusses für Recht und Verbraucherschutz, S. 9.

anderen Staaten.[611] Weiterhin muss der neue Geldwäschetatbestand sich ungeachtet etwaiger Erfolge im Ausland am deutschen Rechtssystem messen lassen, welches seine eigenen Beweisanforderungen und verfassungsrechtlichen Grundsätze hat, auch wenn diese ähnlich zu denen anderer Rechtsstaaten sein mögen. Von einer klaren Empfehlung der FATF kann weiterhin nicht gesprochen werden. Diese „empfiehlt“ lediglich die Erfassung aller schweren Straftaten und die Aufnahme eines möglichst weiten Spektrums an Vortaten, jedoch nicht ausdrücklich die Einbeziehung sämtlicher Straftaten in den Geldwäschetatbestand.[612] Daher geht die deutsche Reform über die Empfehlungen der FATF hinaus.[613]

Unter dem Gesichtspunkt, dass künftig kein Beweis hinsichtlich des Vorliegens einer Vortat mehr geführt werden muss, ist der All-Crimes-Ansatz zweckmäßiger für eine erfolgreiche Geldwäschebekämpfung als der Listenansatz. Die große Frage ist, wie schwer diese Beweiserleichterung in der Praxis wiegen wird. Denn die Problematik des Nachweises irgendeiner Vortat bleibt weiter bestehen. Das weitaus größere Problem ist die drohende Verletzung rechtsstaatlicher Grundsätze. Ob die gewählte Form der Beweiserleichterung diese Grundsätze verletzt, wird im nächsten Abschnitt (II. 1.) untersucht.

6. *Beibehaltung des Leichtfertigkeitstatbestandes*

Die leichtfertige Geldwäsche ist weiterhin strafbar gemäß § 261 Abs. 6 StGB n.F. Im Referentenentwurf des Bundesministeriums für Justiz und Verbraucherschutz war ursprünglich die Streichung des Leichtfertigkeitstatbestandes aus § 261 StGB vorgesehen.[614] Dieser Vorschlag wurde im Regierungsentwurf nicht übernommen.[615] Die leichtfertige Geldwäsche bleibt strafbar. In der Literatur hatte der Änderungsvorschlag des Bundesministeriums für Justiz und Verbraucherschutz viel Zustimmung gefunden.[616]

---

611 So auch M. Dann, Wortprotokoll der 117. Sitzung des Ausschusses für Recht und Verbraucherschutz, S. 22.

612 Vgl. Recommendation 3 der FATF Recommendations, Stand 2020.

613 So auch *Jahn*, Stellungnahme zu BT-Drs. 19/24180, S. 8; *Travers/Michaelis*, NZWiSt 2021, 125 (126). Fraglich ist allerdings, ob dies für die Bewertung Relevanz haben sollte. Dazu Kapitel 2 C. I. 2.

614 Vgl. *BMJV*, RefE Verbesserung strafrechtl. Bekämpfung d. Geldwäsche 2020, S. 19 f.

615 Vgl. BT-Drs. 19/24180, S. 7.

616 So beispielsweise *Gazeas*, NJW 2021, 1041 (1045); *Travers/Michaelis*, NZWiSt 2021, 125 (131); *Bülte*, Stellungnahme zu BT-Drs. 19/24180, S. 28 f.

Das Bedürfnis eines Leichtfertigkeitstatbestandes in § 261 StGB wurde vom Gesetzgeber in der Vergangenheit mit der Lösung von Beweisschwierigkeiten begründet.[617] Denn die Kenntnis oder billigende Inkaufnahme des Täters, dass ein Gegenstand gerade aus einer rechtswidrigen Katalogvortat stammte, war oftmals schwer nachzuweisen.[618] Nach der Abschaffung des Vortatenkataloges ist kein derart zu konkretisierender Vortatnachweis mehr notwendig.[619] Die Erleichterung des Vortatnachweises durch den All-Crimes-Ansatz könnte demnach bereits ausreichen, um eine effektive Geldwäschebekämpfung zu gewährleisten und damit den kriminalpolitischen Anforderungen an den Tatbestand gerecht zu werden. Für diese Beurteilung muss zunächst klar zwischen den Wirkungen des All-Crimes-Ansatzes und dem Leichtfertigkeitstatbestand differenziert werden:

Durch die Einführung des All-Crimes-Ansatzes wird der Nachweis des Herrührens aus einer rechtswidrigen Tat erleichtert.[620] Dies ist eine rein objektive Frage. Leichtfertigkeit ist hingegen ein subjektives Tatbestandselement. Durch die Leichtfertigkeit soll der Nachweis erleichtert werden, dass der Täter die illegale Herkunft des Tatobjektes kannte, beziehungsweise hätte kennen müssen. Denn auch von der kriminellen Gesinnung des Täters muss das Gericht überzeugt sein, um wegen § 261 StGB verurteilen zu können. Folglich beziehen sich die „Beweiserleichterungen", die durch den All-Crimes-Ansatz und den Leichtfertigkeitstatbestand bewirkt werden sollen, zunächst auf unterschiedliche Tatbestandsmerkmale.[621]

Dennoch bringt der Wegfall des Vortatenkatalogs eine Beweiserleichterung auf subjektiver Tatseite dergestalt mit sich, dass nun nicht mehr Vorsatz bezüglich des Herrührens des Tatobjekts aus einer Katalogtat nachgewiesen werden muss, sondern nur noch mindestens dolus eventualis hinsichtlich des Herrührens aus irgendeiner strafbaren Handlung.[622] Aufgrund dessen ist nach der Einführung des All-Crimes-Ansatzes die effektive Strafverfolgung des Geldwäschetäters vereinfacht worden.

---

617 Vgl. BT-Drs. 12/989, S. 27.

618 BT-Drs. 12/989, S. 27.

619 Vgl. *BMJV*, RefE Verbesserung strafrechtl. Bekämpfung d. Geldwäsche 2020, S. 19.

620 Hierzu ausführlich oben in Kapitel 4 B. I. 5.

621 Vgl. hierzu auch *Knorz*, Der Unrechtsgehalt des § 261 StGB, S. 198.

622 So auch *Altenhain/Fleckenstein*, JZ 2020, 1045 (1050); *Ruhmannseder*, in: BeckOK StGB, § 261 Rn. 54.

Ein Mittel, um auch bei Wegfall des Leichtfertigkeitstatbestandes Nachweisproblemen im Hinblick auf die Entziehung der Taterträge beizukommen und so zur effektiven Geldwäschebekämpfung beizutragen bietet § 76a Abs. 4 StGB.[623] Die Vorschrift ermöglicht die Einziehung von Gegenständen, die nachweislich aus einer rechtswidrigen Tat stammen, auch wenn dem Betroffenen keine Straftat in diesem Zusammenhang nachgewiesen werden kann. Selbst wenn man also dem Geldwäschetäter seinen Vorsatz nicht nachweisen kann, ist es möglich die Tatgegenstände einzuziehen. Dadurch werden dem Täter die Früchte der Tat entzogen und der Anreiz für die Begehung weiterer Straftaten genommen.

Somit würden auch bei Wegfall des Leichtfertigkeitstatbestandes durch die Einführung des All-Crimes-Ansatzes Beweisprobleme hinsichtlich der Strafverfolgung gemindert und daneben auch die Fälle der Einziehung von Taterträgen erhöht werden. Weiterhin könnte der massiven Ausweitung des Tatbestandes durch Einbeziehung von Delikten leichterer und Bagatellkriminalität entgegengewirkt werden.[624] Daher ist die Streichung des Leichtfertigkeitstatbestandes aus kriminalpolitischer Sicht die vorzugswürdige Option.

Hiervon ist die Frage abzugrenzen, ob die leichtfertige Geldwäsche aus sich heraus eine ein strafwürdiges Unrecht im Sinne einer Rechtsgutsverletzung begründende Verhaltensweise darstellt, die mit Kriminalstrafe geahndet werden sollte. Dies wird im weiteren Verlauf der Arbeit noch diskutiert.[625]

7. Bewertung der Änderungen in den Absätzen 1 und 2

Die Gleichbehandlung aller inkriminierter Gegenstände durch die Einführung des All-Crimes-Ansatzes ist grundsätzlich zu begrüßen, da die von § 261 StGB geschützten Rechtsgüter theoretisch durch Vortaten jeglicher Art verletzt werden können und ein zwingender Bezug zur Schwerkriminalität nicht mehr aufrechterhalten werden kann.[626] Auch wird die Abschaffung des mit der Zeit

---

623 *Gazeas*, NJW 2021, 1041 (1044); anders *Deutsche Zoll- und Finanzgewerkschaft*, Stellungnahme zu BT-Drs. 19/24180, S. 6.

624 Zu dieser Befürchtung bereits *BMJV*, RefE Verbesserung strafrechtl. Bekämpfung d. Geldwäsche 2020, S. 19; eingehend *Gazeas*, NJW 2021, 1041 (1044); *Travers/Michaelis*, NZWiSt 2021, 125 (128).

625 Siehe Kapitel 4 B. II. 5.

626 So auch *Bottermann*, Untersuchung zu den grundlegenden Problematiken des Geldwäschetatbestandes, S. 57.

immer unübersichtlicher gewordenen Vortatenkataloges für mehr Rechtssicherheit sorgen.[627]

Die Einbeziehung ersparter Aufwendungen in den Tatbestand lief vor der Reform weitestgehend leer. Diese sind ausweislich der Gesetzesbegründung nach der Reform keine tauglichen Tatobjekte mehr, was zu begrüßen ist.[628] Die Einbeziehung von Fahrlässigkeitsdelikten ist nicht zu beanstanden, da durch die vorsätzliche oder zumindest leichtfertige Aufrechterhaltung des durch die Vortat geschaffenen Zustandes genügend kriminelle Energie aufgebracht wird, um eine Strafbarkeit gemäß § 261 StGB zu rechtfertigen. Durch die Einführung des All-Crimes-Ansatzes ist ein Anstieg der Verdachtsmeldungen und der Einleitung von Ermittlungsverfahren zu erwarten. Dies wird zu einer erheblichen Mehrbelastung der Strafverfolgungsbehörden führen, was aufgrund der knappen personellen Ressourcen kritisch gesehen werden muss.[629] Ob dies die Bearbeitung schwerer Geldwäschefälle behindern wird oder ob eine ausreichende personelle Aufstockung erfolgt, die die Geldwäschebekämpfung vorantreibt, wird sich mit der Zeit herausstellen.

Durch die Abschaffung des Vortatenkataloges treten Probleme, die bereits in der Systematik der Anschlussdelikte waren, nun noch deutlicher zutage. Der Hehlerei verbleibt kaum ein Anwendungsbereich, der nicht auch von § 261 StGB erfasst wird und es werden Wertungswidersprüche zwischen Begünstigung und Geldwäsche deutlich. Hier sollte der Gesetzgeber aktiv werden, allerdings muss zur Lösung der Probleme die Gesamtsystematik des Einundzwanzigsten Abschnitts des Strafgesetzbuches überarbeitet werden.

Der – neben der Umsetzung der jüngsten EU-Richtlinie – zentrale Anlass für die Reformierung und Kernaspekt kriminalpolitischer Kritik war die Beweisführungsproblematik.[630] Die Abschaffung des Vortatenkataloges wird den Vortatnachweis erleichtern und damit zur Zweckmäßigkeit des Geldwäschetatbestandes beitragen. Da aber weiterhin die Herkunft des inkriminierten Gegenstandes aus irgendeiner rechtswidrigen Tat nachgewiesen werden muss, lässt sich derzeit noch nicht abschätzen, wie groß der Effekt tatsächlich sein wird.[631]

---

627 Ebenso *Bottermann*, Untersuchung zu den grundlegenden Problematiken des Geldwäschetatbestandes, S. 57.

628 BT-Drs. 19/24180, S. 16.

629 *Hiéramente*, jurisPR-StrafR 21/2020 Anm. 1 2020, 1 (1); *DRB*, Stellungnahme zum RefE zur Verbesserung der strafrechtlichen Bekämpfung der Geldwäsche 2020, S. 1; *Spitzer*, ZRP 2020, 216 (216).

630 BT-Drs. 19/24180, S. 12.

631 Ebenso, aber an einer Verbesserung der Problematik zweifelnd *Kindhäuser/Hilgendorf*, in: LPK-StGB, § 261 Rn. 1.

Es ist jedoch zu begrüßen, dass der Gesetzgeber mit der grundlegenden Reform nun einen neuen Ansatz verfolgt, den seit Jahren bekannten Problemen des Geldwäschetatbestandes beizukommen und die Geldwäschestrafbarkeit effektiver zu gestalten.

Dem zu erwartenden mittelmäßigen Nutzen für die Beweisführung stehen verfassungsrechtliche Bedenken entgegen, deren Bewertung unter anderem Teil des folgenden Abschnitts sein wird. Unter pragmatischen Gesichtspunkten scheint die Abschaffung des Vortatenkatalogs zur Erleichterung der Beweisführung durchaus zweckmäßig, jedoch darf dies keinesfalls mit Grundrechtsverletzungen einhergehen.

II. Verfassungsrechtliche Einordnung der Reform

Von der kriminalpolitischen Bewertung der Geldwäschereform ist die Frage abzugrenzen, ob die getroffenen Maßnahmen mit höherrangigem Recht vereinbar sind.

1. Beweiserleichterung durch Einführung des All-Crimes-Ansatzes

Der Einführung des All-Crimes-Ansatzes zum Zwecke der Beweiserleichterung wird in der Literatur vorgeworfen gegen den Schuldgrundsatz und den Grundsatz in dubio pro reo zu verstoßen.[632]

Zur Überprüfung der Plausibilität dieser Vorwürfe muss zunächst geklärt werden, welche Anforderungen der Gesetzgeber nun genau an den Vortatnachweis stellt. Nach der Gesetzesbegründung ist es nicht erforderlich nachzuweisen, dass der Gegenstand der Geldwäsche aus einer konkretisierten Straftat herrührt, wobei aber die Umstände des Einzelfalls zu beachten sind.[633] Das Gericht muss für eine Verurteilung sicher von der Herkunft aus irgendeiner rechtswidrigen Tat überzeugt sein.[634]

Es stellt sich aber die Frage, ob die Anforderungen, die an die richterliche Überzeugung gestellt werden, dem Schuldgrundsatz genügen. Denn die Herkunft soll „aufgrund erschöpfender Beweiswürdigung zur uneingeschränkten Überzeugung des Gerichts festgestellt werden".[635] Zur Ausfüllung dieser

632 *Bülte*, Stellungnahme zu BT-Drs. 19/24180, S. 15; *Travers/Michaelis*, NZWiSt 2021, 125 (130); so schon früher *Lütke*, wistra 2001, 85 (86); *Bernsmann*, StV 1998, 46 (47).
633 BT-Drs. 19/24180, S. 29.
634 BT-Drs. 19/24180, S. 28.
635 BT-Drs. 19/24902, S. 29.

Begrifflichkeiten soll ausweislich der Gesetzesbegründung § 73a Abs. 1 StGB herangezogen werden.[636] § 73a Abs. 1 StGB regelt die erweiterte Einziehung von Tatprodukten, -mitteln und -objekten, die aus einer anderen rechtswidrigen Tat als der verfolgten – beispielsweise einer Vortat – erlangt wurden.[637] Problematisch an diesem Verweis ist, dass die erweiterte Einziehung von Taterträgen gemäß § 73a Abs. 1 StGB zum Abschöpfungsrecht gehört, welches mangels Strafcharakter nicht dem Schuldgrundsatz genügen muss.[638] Eine Übertragung der Beweiswürdigungsanforderungen auf den materiellrechtlichen Geldwäschetatbestand könnte also gegen den Schuldgrundsatz verstoßen. Um dies zu klären, kommt es darauf an, welche Anforderungen § 73a Abs. 1 StGB selbst an die richterliche Überzeugung stellt. Ausweislich der Gesetzesbegründung aus dem Jahr 2016 sind an die richterliche Überzeugung keine „überspannten Anforderungen“ zu stellen.[639] Für die Überzeugungsbildung sei primär auf die in § 437 StPO genannten Kriterien abzustellen.[640] Die gemäßigten Anforderungen an die richterliche Überzeugungsbildung werden damit begründet, dass die Einziehung von Taterträgen mangels Strafcharakters gerade nicht am Schuldgrundsatz zu messen sei.[641]

§ 437 StPO legt seinerseits besondere Kriterien für die richterliche Überzeugungsbildung im selbstständigen Einziehungsverfahren fest. Eigentlich beziehen sich diese Kriterien nur auf § 76a Abs. 4 StGB, dennoch sollen sie auch bei der richterlichen Überzeugung im Rahmen von § 73a Abs. 1 StGB herangezogen werden.[642] § 437 S. 1 StPO intendiert eine Beweislastumkehr nach zivilrechtlichen Grundsätzen.[643] Demnach darf diese Norm auf Regelungen mit Strafcharakter wegen des Grundsatzes in dubio pro reo nicht angewendet werden

636 BT-Drs. 19/24180, S. 29.

637 Die Vorschrift dient zudem der erleichterten Beweisführung in Fällen, in denen die genaue Zuordnung eines Tatertrags zu einer bestimmten Straftat nicht möglich ist, vgl. *Saliger*, in: NK-StGB, § 73a StGB Rn. 2.

638 BVerfGE 110, 1; *Temming*, in: BeckOK StPO, § 437 Rn. 3; vertiefende kritische Auseinandersetzung bei *Eser/Schuster*, in: Schönke/Schröder, Vor § 73-§76b Rn. 15 f.; sowie *Joecks/Meißner*, in: MüKoStGB, Vorb. zu § 73 Rn. 54 f.

639 BT-Drs. 18/9525, S. 66.

640 BT-Drs. 18/9525, S. 66.

641 BT-Drs. 18/9525, S. 66.

642 BT-Drs. 18/9525, S. 66.

643 *Temming*, in: BeckOK StPO, § 437 Rn. 5; *Scheinfeld/Langlitz*, in: MüKoStPO, § 437 Rn. 11 f.

und würde auch gegen den Schuldgrundsatz verstoßen.[644] Dies hat der Reformgesetzgeber des Geldwäschetatbestandes allerdings erkannt und festgelegt, dass gerade keine Heranziehung von zivilrechtlichen Beweislastregeln wie im Fall von § 76a Abs. 4 StGB erfolgen darf.[645] Das Kriterium des § 437 S. 1 StPO darf also nicht über § 73a Abs. 1 StGB für die richterliche Überzeugungsbildung bezüglich der Geldwäschevortat herangezogen werden. Daher muss davon ausgegangen werden, dass der Verweis über § 73a Abs. 1 StGB nur für § 437 S. 2 StPO gilt. Hier werden drei Kriterien genannt, die insbesondere bei der Bildung der richterlichen Überzeugung berücksichtigt werden können.[646] Diese Aufzählung ist nicht abschließend und kann dem Richter Anhaltspunkte geben, die er bei der freien richterlichen Beweiswürdigung gemäß § 261 StPO berücksichtigen kann.[647] Denn § 261 StPO soll von § 437 StPO unberührt bleiben. Wieso der Gesetzgeber einen solch umständlichen Verweis für notwendig hielt, um Richter auf drei Kriterien hinzuweisen, auf die sie im Rahmen ihrer freien richterlichen Beweiswürdigung ein besonderes Augenmerk legen sollen, erschließt sich allerdings nicht. Hier wäre eine direkte Aufzählung oder das Vertrauen in die richterliche Kompetenz ausreichend gewesen.[648] Dennoch ergibt sich aus dieser Liste der zu berücksichtigenden Kriterien noch kein verfassungsrechtlicher Verstoß.

Die Gesetzesbegründung zum neuen Geldwäschetatbestand verweist aber auf § 73a Abs. 1 StGB und nicht direkt auf § 437 StPO. Die erweiterte Einziehung von Taterträgen muss selbst nicht dem Schuldgrundsatz genügen, da sie keinen Strafcharakter besitzt.[649] Der Bundesgerichtshof stellte jedoch an die Vorgängervorschrift § 73d StGB a.F. die Anforderung, dass für die Überzeugung von der deliktischen Herkunft eine ganz hohe Wahrscheinlichkeit nicht ausreiche, da dies mit der Unschuldsvermutung nicht zu vereinbaren ist.[650] Vielmehr bedürfe es der gleichen uneingeschränkten Überzeugung der Richter von der deliktischen Herkunft, die auch im Rahmen von § 261 StPO maßgebend

---

644 Vgl. *Scheinfeld/Langlitz*, in: MüKoStPO, § 437 Rn. 12; *Temming*, in: BeckOK StPO, § 437 Rn. 3.

645 BT-Drs. 19/24180, S. 29.

646 Diese Kriterien sind: Das Ergebnis der Ermittlungen zu der Tat, die Anlass für das Verfahren war (Nr. 1), die Umstände, unter denen der Gegenstand aufgefunden und sichergestellt worden ist (Nr. 2), die sonstigen persönlichen und wirtschaftlichen Verhältnisse des Betroffenen (Nr. 3).

647 *Schmidt/Scheuß*, in: KK-StPO, § 437 Rn. 7.

648 Ähnlich *Scheinfeld/Langlitz*, in: MüKoStPO, § 437 Rn. 9.

649 BVerfGE 110, 1 (Rn. 13, 26); *Heuchemer*, in: BeckOK StGB, § 73a Rn. 12.

650 BGH NStZ 1995, 125.

ist.[651] Diese Rechtsprechung des Bundesgerichtshofs wurde im neuen Wortlaut des § 73a StGB umgesetzt.[652] Demzufolge wird der Grundsatz in dubio pro reo durch die Verwendung des Maßstabs der erweiterten Einziehung für die Geldwäsche nicht gefährdet werden.[653] Anderes gilt für die Einhaltung des Schuldgrundsatzes. Hinsichtlich der Beweiswürdigung für die Täterschaft mag § 73a StGB die gleichen Maßstäbe anlegen, die auch für das materielle Strafrecht gelten. Dies gilt jedoch nicht für den Schuldgrundsatz, an dem die erweiterte Einziehung nach dem Bundesverfassungsgericht und dem Gesetzgeber nicht gemessen werden muss.[654] Hier ist aber zugunsten des Reformgesetzgebers des Geldwäschetatbestandes davon auszugehen, dass er sich bei der Nennung von § 73a StGB nur auf die Grundsätze zur Feststellung der Täterschaft und nicht der Schuld bezog. Hierfür spricht der Wortlaut der Gesetzesbegründung. Weiterhin würde es schwerfallen, dem Gesetzgeber zu unterstellen, er habe sich auf die Maßstäbe der Schuldfeststellung für § 73a StGB bezogen, wenn diese damit begründet werden, dass die erweiterte Einziehung gerade keinen strafrechtlichen Charakter besitzt.

Im Ergebnis sind die Maßstäbe, die nach dem Gesetzgeber für die Vortatfeststellung anzulegen sind, verfassungskonform.[655] Daher können die vom Gesetzgeber festgelegten Anforderungen an den Vortatnachweis für die Rechtsanwendung des neuen § 261 StGB übernommen werden. Dennoch handelt es sich um einen höchst missglückten und missverständlichen Verweis auf das Abschöpfungsrecht, der auch andere Interpretationen zulässt. Auch wenn in diesem Falle im Ergebnis verfassungskonforme Maßstäbe an den Vortatnachweis angelegt werden, hat sich der Gesetzgeber mit dem Verweis auf § 73a StGB auf dünnes Eis begeben.[656]

2. *Verfassungsmäßigkeit staatlicher Ermittlungsbefugnisse*

Nach der jüngsten Geldwäschereform können auch Delikte aus dem Bereich der leichteren und Bagatellkriminalität taugliche Geldwäschevortaten sein.

---

651 BGH NStZ 1995, 125.

652 Vgl. dazu BT-Drs. 18/9525, S. 66.

653 Andere Ansicht *Zöller*, in: FS für Roxin, S. 1048,. der es unabhängig von der Aufgabe des Vortatenkataloges für verfassungswidrig hält, wenn keine konkrete Vortatfeststellung erfolgen muss.

654 BVerfGE 110, 1 (Rn. 13, 26); BT-Drs. 18/9525, S. 66.

655 A.A. *Ruhmannseder*, in: BeckOK StGB, § 261 Rn. 10.2.

656 Ebenso kritisch *Bülte*, Stellungnahme zu BT-Drs. 19/24180, S. 15.

Aufgrund dessen wurden in der Literatur Bedenken geäußert, die Ermittlungsbefugnisse der Polizei könnten in solch leichteren Fällen unverhältnismäßig sein.[657]

Auch der Gesetzgeber hatte diese Gefahr erkannt und die §§ 100a, 100b und 100g StPO an den neuen Geldwäschetatbestand angepasst.[658] Telekommunikationsüberwachung, Online-Durchsuchung sowie die Verkehrsdatenerhebung dürfen künftig im Rahmen von Geldwäscheermittlungen nur noch dann vorgenommen werden, wenn die Vortat der Geldwäsche zum Katalog der (besonders) schweren Straftaten der jeweiligen Vorschriften gehört. Hierzu bedarf es tatsächlicher Anhaltspunkte dafür, dass die Vortat eine der aufgelisteten schweren Straftaten ist.[659] Folglich werden an den Tatverdacht der Vortat im Vergleich zu § 261 StGB erhöhte konkretisierende Anforderungen gestellt. Bei § 100g StPO muss zusätzlich der Verdacht eines besonders schweren Falles der Geldwäsche selbst bestehen.[660]

Dies wird aber teilweise nicht als ausreichend erachtet, da dadurch nur drei Ermittlungsmaßnahmen abgedeckt werden.[661] Durch die Anwendung der übrigen Ermittlungsmaßnahmen in leichteren Geldwäschefällen könnte der Verhältnismäßigkeitsgrundsatz verletzt werden.[662]

Gegen Bedenken dieser Art kann eingewendet werden, dass viele der Ermittlungsmaßnahmen der Strafprozessordnung auf die Kataloge schwerer Straftaten der §§ 100a, 100b und 100g StPO verweisen und daher durch die Änderungen des Gesetzgebers mehr Ermittlungsmaßnahmen begrenzt werden, als auf den ersten Blick ersichtlich ist.[663] Anders ist dies bei den Maßnahmen der Beschlagnahme (§ 94 StPO), der Durchsuchung (§ 102 StPO) und der Untersuchungshaft (§ 112 StPO). Diese enthalten keinen beschränkenden Katalog von Straftaten, bei deren Vorliegen die Durchführung der Maßnahme im Regelfall als verhältnismäßig anzusehen ist. Dennoch ist die Befürchtung, dass dem Verwahrer einer gestohlenen Tafel Schokolade eine unverhältnismäßige Durchsuchung oder sogar die Untersuchungshaft droht, unbegründet. Bei der Durchführung

---

657 So *Hiéramente*, jurisPR-StrafR 21/2020 Anm. 1 2020, 1 (2).

658 BT-Drs. 19/24180, S. 37 f.

659 *Travers/Michaelis*, NZWiSt 2021, 125 (129); *Hauschild*, in: MüKoStPO, § 102 Rn. 9a f.; vgl. zu den Anforderungen auch BVerfG NJW 2020, 1351.

660 Vgl. § 100g Abs. 2 Nr. 1 lit. g StPO.

661 *Hiéramente*, jurisPR-StrafR 21/2020 Anm. 1 2020, 1 (2).

662 *Hiéramente*, jurisPR-StrafR 21/2020 Anm. 1 2020, 1 (2).

663 Beispielsweise verweisen die §§ 100f, 100i und 100k StPO auf den begrenzenden Katalog des § 100a Abs. 2 StPO.

jeder dieser Maßnahmen muss der Verhältnismäßigkeitsgrundsatz beachtet werden,[664] die Durchsuchung und die Untersuchungshaft müssen zudem durch einen Richter angeordnet werden.[665] Hiergegen wendet *Hiéramente* ein, die Vornahme der Verhältnismäßigkeitsprüfung durch den Ermittlungsrichter sei nicht ausreichend.[666] Es bedürfe zur Wahrung des Verhältnismäßigkeitsgrundsatzes einer Regelung durch den Gesetzgeber, da die Richter in der Praxis oft zu überlastet für eine gewissenhafte Prüfung seien.[667] Diese Ansicht kann nicht geteilt werden. Von einem Ermittlungsrichter muss erwartet werden können, dass er gerade Verhältnismäßigkeitsabwägungen gewissenhaft vornimmt. Und selbst wenn man zu der Ansicht gelangen möchte, dass die Verhältnismäßigkeitsprüfung nicht als Korrektiv für die Anwendung bestimmter Ermittlungsmaßnahmen der Strafprozessordnung ausreicht, so kann es in jedem Fall leichterer Kriminalität zu unverhältnismäßigen Entscheidungen kommen, nicht nur bei § 261 StGB. Folglich würde es sich um ein Problem auf strafprozessualer Ebene handeln, dass auch dort behoben werden muss und nicht durch das materielle Recht. Daher wird durch die vorgenommenen Regelungen dem Verhältnismäßigkeitsgrundsatz hinreichend entsprochen.[668]

3. *Verfassungsmäßigkeit der Einbeziehung von Bagatellvortaten*

Weitere verfassungsrechtliche Fragen wirft die Einbeziehung von Bagatellvortaten in den Tatbestand der Geldwäsche auf. Trotz der Auflösung des Vortatenkataloges will der Gesetzgeber durch die Sanktionierung von Geldwäschehandlungen weiterhin vorrangig lukrative Kriminalitätsformen sowie die organisierte und schwerere Formen der Kriminalität bekämpfen.[669] Um dieses Ziel zu erreichen soll die Abschaffung des Vortatenkataloges die Beweisführung

---

664 *Hauschild*, in: MüKoStPO, § 94 Rn. 23 ff. sowie § 102 Rn. 29; *Gerhold*, in: BeckOK StPO, § 94 Rn. 24, 18 ff.; *Henrichs/Weingast*, in: KK-StPO, § 102 Rn. 12; *Graf*, in: KK-StPO, § 112 Rn. 45.

665 Vgl. § 105 Abs. 1 S. 1 StPO; § 114 Abs. 1 StPO.

666 *Hiéramente*, jurisPR-StrafR 21/2020 Anm. 1 2020, 1 (2).

667 *Hiéramente*, jurisPR-StrafR 21/2020 Anm. 1 2020, 1 (2).

668 Beifällig auch *BRAK*, Stellungnahme zum RefE eines Gesetzes zur Verbesserung der strafrechtlichen Bekämpfung der Geldwäsche, S. 9; *Vogel*, Stellungnahme des MPI zum RefE zur Verbesserung der strafrechtlichen Bekämpfung der Geldwäsche 2020, S. 5; *Gercke u. a.*, StV 2021, 330 (332); *Schindler*, NZWiSt 2020, 457 (462); *Gazeas*, NJW 2021, 1041 (1043).

669 BT-Drs. 19/24180, S. 1 f., 11.

erleichtern.[670] Es ist zu prüfen, ob die damit einhergehende Ausweitung des Tatbestandes auf Bagatellvortaten ein verhältnismäßiges Mittel ist. Vorangehend soll aber genauer eingeordnet werden, was in diesem Kontext unter „Bagatellvortaten“ zu verstehen ist.

a) Einordnung

Mit Bagatellvortaten sind Delikte gemeint, aus denen nur sehr geringwertige Tatererträge hervorgehen oder die mangels hohen Unrechtsgehalts mit einem niedrigen Strafmaß bedroht sind. Beispiele hierfür ist die Leistungserschleichung gemäß § 265a StGB, die Beteiligung am unerlaubten Glücksspiel gemäß § 285 StGB und die Gebührenüberhebung gemäß § 352 StGB aufgrund ihrer geringen Strafmaße.[671]

Abzugrenzen ist diese Definition von dem Problemkreis der „sozialadäquaten Handlungen“. Die Einbeziehung sozialadäquater Handlungen in den Geldwäschetatbestand wird schon länger diskutiert. In diesem Zusammenhang ist oft von Bagatellgeschäften die Rede. Gemeint sind damit Austauschgeschäfte des täglichen Lebens und legale Dienstleistungen im beruflichen Kontext.[672] Dabei muss die Vortat selbst nicht zwingend eine Bagatelle sein, jedoch wird die Geldwäsche als Bagatelltat betrachtet, weil etwa der gewaschene Betrag sehr gering ist[673] oder im Austausch eine legale Dienstleistung erbracht wurde.[674] Ein in der Literatur dargestelltes Beispiel ist die Bäckerin, die dem stadtbekannten Drogenbaron ein Brötchen verkauft.[675] Der organisierte Handel mit Betäubungsmitteln ist eine geldwäschetaugliche Vortat und keine Bagatelle, jedoch ist der Verkauf eines Brötchens ein sozial adäquates Alltagsgeschäft. Daher wird es von einigen Stimmen in der Literatur als unbillig angesehen, dass die Bäckerin sich wegen Geldwäsche strafbar macht, auch wenn ihr klar ist, woher das Geld ihres Kunden stammt.[676] Weiterhin hätte dies zur Folge, dass der Vortäter (und jeder,

---

670 BT-Drs. 19/24180, S. 12.

671 § 265a StGB und § 352 StGB sehen jeweils ein Strafmaß von höchstens einem Jahr Freiheitsstrafe oder Geldstrafe vor.

672 *Höreth*, Die Bekämpfung der Geldwäsche, S. 178; *Bottke*, wistra 1995, 87 (89); Ders., wistra 1995, 121 (122); *Aschke*, Der Straftatbestand der Geldwäsche, S. 169; *Remmers*, Die Entwicklung der Gesetzgebung zur Geldwäsche, S. 67.

673 Hier kommt es zu einer Überschneidung mit dem Problemkreis der Bagatellvortaten.

674 *Höreth*, Die Bekämpfung der Geldwäsche, S. 178; *Barton*, StV 1993, 156 (156); *Löwe-Krahl*, wistra 1993, 123 (125).

675 *Hecker*, in: FS für Kreuzer, S. 229; *Barton*, StV 1993, 156 (156) mit weiteren Beispielen.

676 So *Barton*, StV 1993, 156 (156 f.); *Höreth*, Die Bekämpfung der Geldwäsche, S. 178; *Remmers*, Die Entwicklung der Gesetzgebung zur Geldwäsche, S. 67 ff.

bei dem man sich nicht sicher sein kann, woher sein Geld stammt) vollständig von der Geschäftswelt isoliert und im wahrsten Sinne des Wortes ausgehungert werden würde, wenn ihm aus Angst vor einer Strafbarkeit niemand etwas verkaufen oder ihm sozialübliche Dienstleistungen anbieten könnte.[677] Dies wird teilweise als Erfüllung des Zwecks der Norm angesehen,[678] von anderen aber als zu weit gehend kritisiert.[679] In dieses Problemfeld fällt auch die Strafbarkeit von Steuerberatern, Rechtsanwälten, Bänkern und anderen Berufsgruppen, die zumindest leichtfertig nicht erkennen, woher das Geld stammt, mit denen ihre legalen Dienstleistungen gezahlt werden.[680] Für den Strafverteidiger wurde die Problematik im neuen Geldwäschetatbestand behoben, indem der Gesetzgeber unter Umsetzung eines Urteils des Bundesverfassungsgerichts[681] im neuen § 261 Abs. 1 S. 3, Abs. 6 S. 2 StGB Strafverteidiger von der Strafbarkeit wegen leichtfertiger Begehung ausnimmt.[682] Von der Einführung einer generellen Sozialadäquanzklausel hat der Gesetzgeber auch im Rahmen der Reform abgesehen. Für diese Fälle wird eine teleologische Reduktion vorgeschlagen.[683] Auf dieses in der Literatur bereits ausführlich diskutierte Problem soll aber nicht vertieft eingegangen werden.[684] Die Darstellung dient lediglich der Abgrenzung zu Bagatellvortaten, da in der Literatur und den Stellungnahmen zur Reform oft pauschal von Bagatelldelikten/Bagatellkriminalität die Rede ist.

b) Geeignetheit zur Geldwäschebekämpfung

Zunächst ist die grundlegende Frage zu klären, ob das Waschen von Erträgen aus Bagatelldelikten überhaupt eines der von § 261 StGB geschützten Rechtsgüter

---

677 *Salditt*, StraFo 1992, 121 (122); *Barton*, StV 1993, 156 (161); *Bottke*, wistra 1995, 121 (122); *Aschke*, Der Straftatbestand der Geldwäsche, S. 169.

678 *Löwe-Krahl*, wistra 1993, 123 (126); *Bottke*, wistra 1995, 87 (122).

679 *Aschke*, Der Straftatbestand der Geldwäsche, S. 169; *Barton*, StV 1993, 156 (161); *Höreth*, Die Bekämpfung der Geldwäsche, S. 178; *Hetzer*, wistra 2000, 281 (284); allgemein zu sozialadäquaten Handlungen im Strafrecht *Welzel*, Das deutsche Strafrecht in seinen Grundzügen, S. 35 ff.

680 *Bottke*, wistra 1995, 87 (89); *Hetzer*, wistra 2000, 281 (284); speziell zur Problematik bei Strafverteidigern: *Schaefer/Wittig*, NJW 2000, 1387.

681 BVerfGE 110, 226.

682 Vgl. BT-Drs. 19/24180, S. 33.

683 *Aschke*, Der Straftatbestand der Geldwäsche, S. 170; *Barton*, StV 1993, 156 (159); *Eisele*, in: Schönke/Schröder, Vor §§ 13 ff. Rn. 70.

684 Vertiefend bspw. *Barton*, StV 1993, 156 (156 ff.); *Bülte*, in: Joecks/Jäger/Randt StGB, § 261 Rn. 172 ff.

verletzt oder zumindest gefährdet. Nur dann wäre die Einbeziehung solcher Verhaltensweisen in den Straftatbestand zum Rechtsgüterschutz geeignet.[685] Ist dies nicht der Fall, kann bereits deshalb eine Strafbarkeit wegen Geldwäsche nicht gerechtfertigt sein.

Zum einen schützt der Geldwäschetatbestand die staatliche Rechtspflege sowie die durch die Vortat verletzten Rechtsgüter. Das Unrecht des Tatbestandes hängt daher zum einen vom Vortatunrecht ab.[686] Zum anderen soll darüber hinaus die Wiedereinschleusung des illegal erlangten Vermögens in den legalen Wirtschafts- und Finanzkreislauf verhindert werden. Der Geldwäschetatbestand dient damit auch dem Schutz des legalen Wirtschafts- und Finanzkreislaufs.[687] Dieses Schutzgut begründet einen eigenen Unrechtsgehalt, welcher von der Vortat grundsätzlich unabhängig ist, da eine andere Zielrichtung verfolgt wird.[688] Hinzukommend ergibt sich der eigene Unrechtsgehalt daraus, dass die Geldwäsche nicht an eine einzelne, sondern auch an mehrere Vortaten anknüpfen kann.[689] Dass der Geldwäsche auch ein eigener Unrechtsgehalt zukommen muss, folgt zudem aus der Möglichkeit der Selbstgeldwäsche.[690]

Prinzipiell kann jede Straftat lukrativ sein und die Erträge sollten isoliert werden, um den Täter von der Begehung weiterer Straftaten abzuschrecken.[691] Dennoch müssen die von § 261 StGB geschützten Rechtsgüter durch die Geldwäschehandlung verletzt oder gefährdet werden. Und zumindest hinsichtlich des Rechtsguts der staatlichen Rechtspflege in seiner Ausprägung, die Auswirkungen der strafbaren Vortaten zu beseitigen, und dem Schutz der Vortatrechtsgüter ist eine Bemessung nach dem Unrecht dieser Vortaten für die Strafwürdigkeit der Geldwäsche unerlässlich.

Das bedeutet, der Geldwäsche kommt einerseits über das Vortatunrecht hinaus ein eigener Unrechtsgehalt zu. Andererseits muss aufgrund der Ausgestaltung des § 261 StGB als Anschlussdelikt das Vortatunrecht für jeden Fall hinreichend gewürdigt werden.

---

685 Vgl. Sondervotum Graßhof, BVerfGE 90, 145 (201).

686 *Böse/Jansen*, JZ 2019, 591 (593).

687 Siehe dazu Kapitel 3 II. 2.

688 *Joerden*, in: FS für Lampe, S. 789 f.; *Teixeira*, NStZ 2018, 634 (638 f.); *Stricker*, JBL 2012, 639 (644); *Paulusch*, Strafbare Nachtaten und tatbestandslose Nachhandlungen, S. 77.

689 BGH NJW 1997, 3323 (3325); ebenfalls auf den eigenständigen Unrechtsgehalt verweisend BGH NJW 2006, 1297 (1300).

690 BT-Drs. 13/8651, S. 11; vgl. auch BGH NJW 2019, 533 (534); *Gercke u. a.*, StV 2021, 330 (339); *Altenhain/Fleckenstein*, JZ 2020, 1045 (1051).

691 Vgl. hierzu Kapitel 3 A. I.

Kleinere Erträge aus Straftaten fallen im Vermögen oftmals nicht auf und führen folglich auch nicht zu Fragen nach der Herkunft. Daher wird die Weitergabe oder Annahme beispielsweise von geringwertigem Diebesgut oder ähnlichem selten zum Zweck des aktiven Verheimlichens oder Verschleierns erfolgen.[692] Anders bei den Tatvarianten des Verbergens, sich Verschaffens, Verwahrens und Verwendens. Es sind durchaus Konstellationen denkbar, in denen auch kleinere Beträge für den Vortäter verwahrt oder weitergegeben und verwendet werden, wodurch die Aufklärung der Vortat behindert und verhindert wird, dass der Geschädigte der Vortat sein Eigentum oder eine Entschädigung erhält. Daher sind auch Geldwäschehandlungen an Erträgen aus Bagatellvortaten unabhängig von deren Wert grundsätzlich geeignet, die Rechtsgüter der Vortat zu schädigen und die staatliche Rechtspflege zu behindern. Da geringe Beträge aber weniger auffällig sind, ist das Waschen von Bagatellerträgen in der Praxis wohl weniger häufig relevant, um die Vortaten aufzudecken. Daher ist die Strafwürdigkeit in dieser Hinsicht als gering einzustufen.

Weiterhin stellen Bagatellerträge keine so hohen Gewinne dar, dass aus der einzelnen Tat eine signifikante Verunreinigung des legalen Wirtschafts- und Finanzkreislaufs zu befürchten ist.[693] Natürlich muss bedacht werden, dass das Waschen vieler Bagatellerträge aus unterschiedlichen Straftaten in der Summe zu einer Verunreinigung erheblichen Ausmaßes führt. Im Rahmen der Geldwäschestrafbarkeit kann aber jeder nur die die Folgen verantwortlich gemacht werden, die durch seine konkrete Handlung entstanden sind.[694] Die durch andere verursachten Verunreinigungen und die daraus folgende Kumulation können dem Einzeltäter nicht zugerechnet werden.

Folglich werden durch Bagatellvortaten, aus denen nur geringwertige Tatererträge entstehen, die geschützten Rechtsgüter der Geldwäsche nur insoweit tangiert, wie das Unrecht von der Vortat abhängig ist. Dies bedeutet, dass dort, wo bereits das Unrecht der Vortat gering ist, beispielsweise beim bereits genannten Diebstahl eines geringwertigen Gegenstandes, welcher nur auf Antrag (§ 248a StGB) verfolgt wird, auch die Aufrechterhaltung dieses unrechtmäßigen Zustandes nur ein geringes Unrecht darstellen kann.[695] Dies ist bei der

---

692 So auch *Schnittenhelm*, in: FS für Lenckner, S. 523 f.

693 Konkret zu der Frage, ab welchem Betrag eine solche Verunreinigung zu befürchten ist siehe unten in Kapitel 5 A. III. 2.

694 Lehre von der Einzelerfolgszurechnung, vgl. dazu *Linke*, ZJS 2021, 749 (755); Schmitz, in: MüKoStGB, Vorb. zu § 324 Rn. 33 ff.

695 So auch *Gercke u. a.*, StV 2021, 330 (334).

Beurteilung der Erforderlichkeit der Einbeziehung von Bagatellvortaten in den Geldwäschetatbestand zu berücksichtigen. Denn vor allem im Falle abstrakter Gefährdungsdelikte muss das Gesetz Mechanismen enthalten, die für den Fall geringer Rechtsgutsgefährdungen verhindern, dass der Bürger durch Strafverfolgung oder Bestrafung nicht übermäßig belastet wird.[696] Anders ist dies nur dann zu beurteilen, wenn der Vortäter zwar nur geringe Taterträge erzielt, aber durch die Schwere der Vortatbegehung dennoch ein großes Unrecht verwirklicht, wodurch die Verwendung der Bagatellerträge die Aufrechterhaltung eines schweren Unrechts verwirklicht. Dies ist jedenfalls dann zu bejahen, wenn die Vortat ein Verbrechen, beispielsweise einen Raub, darstellt.

Anders gelagert sind Fälle, in denen eine Straftat zwar mit einer wesentlich geringeren Strafe bedroht ist als die Geldwäsche, aus der Tat aber tatsächlich beachtliche Gewinne entspringen. Ist dies gegeben, sind diese Gewinne geeignet den legalen Wirtschafts- und Finanzkreislauf zu verunreinigen und ihre Verschiebung oder Verwendung wird eine Papierspur zu hinterlassen, die zum Vortäter führt. Daher sind die Rechtsgüter des Geldwäschetatbestandes in solchen Fällen erkennbar betroffen.

Die Einbeziehung von Bagatellvortaten in den Tatbestand der Geldwäsche müsste zudem ein geeignetes Mittel darstellen, um die Ziele der Geldwäschestrafbarkeit, also die Bekämpfung der lukrativen und organisierten Kriminalität, zu fördern.

Die Erweiterung des Tatbestandes auf Bagatellvortaten hat zunächst zur Folge, dass neben Fällen des Waschens von erheblichen Vermögenswerten in „großem Stil“ (gewerbliche oder bandenmäßige Begehung) nun auch in Fällen Ermittlungen aufgenommen werden müssen, in denen jemand eine gestohlene Packung Puderzucker verschenkt und der Beschenkte in Kenntnis der Umstände damit einen Kuchen verziert.[697] Solche Bagatellvortaten fallen typischerweise nicht in die Kategorie der organisierten Kriminalität.[698] Auch wird man Bagatellvortaten grundsätzlich nicht als lukrativ bezeichnen können, ohne an dieser Stelle eine feste Schwelle für die Lukrativität von Straftaten festzulegen. Um aber ein Beispiel zu nennen: die Grenze für den Diebstahl geringwertiger

696 Sondervotum Graßhof zu BVerfGE 90, 145 (207).

697 Zu weiteren Beispielen dieser Art siehe *Schröder/Blaue*, NZWiSt 2019, 161 (163); *Gazeas*, NJW 2021, 1041 (1044).

698 Vgl. *Bülte*, Stellungnahme zu BT-Drs. 19/24180, S. 9; zweifelnd auch *Scherp/Wrocklage*, CB 2021, 186 (186).

Sachen gemäß §§ 242, 248a StGB liegt bei circa 50 €.[699] Die zusätzliche Belastung durch Bagatellfälle der Geldwäsche wird es den Strafverfolgungsbehörden in der Praxis erschweren, sich auf die Fälle der schwereren Kriminalität zu fokussieren. Dies hat zur Folge, dass die Einbeziehung von Bagatellvortaten in den Straftatbestand das eigentliche Ziel des Geldwäschetatbestandes in erster Linie behindern wird. Der Gesetzgeber wollte aber speziell mit der Aufgabe des selektiven Vortatenkataloges und der Einbeziehung aller Straftaten in den Anwendungsbereich Beweiserleichterungen erreichen, damit es häufiger zu Verurteilungen kommt.[700] Die Aufgabe des Erfordernisses, eine konkrete Vortat nachweisen zu müssen, ist unter diesem Aspekt grundsätzlich geeignet, das Ziel der effektiveren Geldwäschestrafverfolgung zu fördern.[701]

c) Erforderlichkeit

Aufgrund des unterschiedlichen Potenzials von Vortaten mit geringen Taterträgen und Vortaten mit vergleichsweise geringer Strafandrohung sind diese Konstellationen im Folgenden getrennt zu untersuchen.

aa) Vortaten mit geringwertigen Taterträgen

Fraglich ist, ob die Einbeziehung von Bagatelldelikten, wie im neuen Geldwäschetatbestand erfolgt, ein erforderliches Mittel ist, um geringe Rechtsgutsverletzungen zu verfolgen.

Vortaten, aus denen nur geringwertige Taterträge hervorgehen, zählen in den meisten Fällen nicht zur Kategorie der Schwerkriminalität und sind aufgrund der Geringwertigkeit der Taterträge auch nicht lukrativ in dem Sinne, dass Gegenstände von erheblichem Wert erlangt werden. Das Ziel des Gesetzgebers ist im Grunde auch nicht die Geldwäsche geringwertiger Gegenstände unter Strafe zu stellen, sondern es geht um Beweiserleichterungen für den Tatbestand.[702] Durch diese Beweiserleichterung will der Gesetzgeber die Verurteilung wegen schwererer Fälle der Geldwäsche mit hohen Beträgen erleichtern.[703] Um dies

---

699 OLG Hamm, NJW 2003, 3145; OLG Frankfurt a.M., NStZ-RR 2008, 311; *Wittig*, in: BeckOK StGB, § 248a Rn. 5; *Heger*, in: Lackner/Kühl/Heger, § 248a Rn. 3; *Hohmann*, in: MüKoStGB, § 248a Rn. 7; für eine Grenzziehung bei 25 €: OLG Jena, BeckRS 2007, 5399; für eine Wertgrenze von 30 €: OLG Oldenburg, NStZ-RR 2005, 111.

700 BT-Drs. 19/24180, S. 12.

701 Dazu bereits in Kapitel 4 B. I. 5.

702 BT-Drs. 19/24180, S. 2, 28.

703 So auch *Bülte*, Stellungnahme zu BT-Drs. 19/24180, S. 3, 21.

zu erreichen wird der Kreis der Vortaten auf alle Straftaten, auch Bagatellvortaten, ausgeweitet.[704] Eine mildere Maßnahme zur Erreichung dieses Ziels wäre die Ergänzung eines Verweises auf das Strafantragserfordernis des § 248a StGB wie es auch bereits in § 259 Abs. 2 StGB und § 257 Abs. 4 S. 2 StGB vorhanden ist.[705] So müsste nicht in allen Fällen ein Ermittlungsverfahren eingeleitet werden und die Strafverfolgungsbehörden wären nicht zusätzlich belastet. Eine weitere Option wäre die Einführung einer Bagatellgrenze in § 261 StGB, durch die der Anwendungsbereich eingeschränkt werden würde.[706] Es müsste dann nicht nachgewiesen werden aus welcher konkreten Vortat der inkriminierte Gegenstand stammt, sondern lediglich sein Wert eine festgelegte Grenze übersteigen.[707] Die angestrebte Beweiserleichterung würde also weiterhin bestehen bleiben. Somit stehen dem Gesetzgeber mildere, gleich geeignete Maßnahmen zur Verfügung, die erstrebten Ziele zu verfolgen und die Rechtsgüter des Geldwäschetatbestandes zu schützen. Die unbeschränkte Einbeziehung von Bagatellvortaten in den § 261 StGB ist daher nicht erforderlich, um die angestrebte Beweiserleichterung zu erreichen.

bb) Vortaten mit vergleichsweise geringer Strafandrohung

Auch wenn eine potentielle Geldwäschevortat ein geringeres Strafmaß aufweist als die Geldwäsche, können die Taterträge einen gewissen, Bagatellgrenzen überschreitenden Umfang haben. Sofern nur Bagatellerträge erlangt werden, kann auf die vorigen Ausführungen verwiesen werden. Lukrative Straftaten jeglicher Art verlieren an Attraktivität, wenn eine Abschöpfung der Taterträge und eine Strafe drohen.[708] Daher ist die Einbeziehung solcher Vortaten leichterer Kriminalität zwar nicht erforderlich zur Bekämpfung der organisierten Kriminalität, aber dies ist, wie schon festgestellt wurde, nicht mehr der einzige Zweck der Geldwäschestrafverfolgung. Wo auch Straftaten leichterer Kriminalität geeignet sind, hohe Taterträge zu generieren, kann eine Einbeziehung in den Tatbestand zum Schutz der Rechtsgüter der Geldwäsche als erforderlich angesehen werden.

---

704 BT-Drs. 19/24180, S. 2, 28.

705 Dafür *Jahn*, Stellungnahme zu BT-Drs. 19/24180, S. 18, 30; ders. Plenarprotokoll 19/193, S. 20; *WisteV*, Stellungnahme zum RefE zur Umsetzung der RiL (EU) 2018/1673, S. 3.

706 Dafür auch *Bülte*, Stellungnahme zu BT-Drs. 19/24180, S. 18; siehe auch bereits *Hund*, ZRP 1997, 180 (181).

707 Ausführlich dazu in Kapitel 5 A. 2.

708 *Schramm*, wistra 2008, 245 (246).

d) *Angemessenheit*

Weiterhin darf die Schwere des Eingriffs in das Individualinteresse des Einzelnen, den jeder Grundrechtseingriff durch Verhängung einer Kriminalstrafe mit sich bringt, nicht außer Verhältnis zu den ihn rechtfertigenden Gründen stehen.[709]

aa) *Vortaten mit geringwertigen Taterträgen*

Wie bereits dargestellt verfolgt der Gesetzgeber die Intention, durch Einführung des All-Crimes-Ansatzes, mit dem die Einbeziehung von Bagatellvortaten in den Tatbestand einhergeht, Beweiserleichterungen zu schaffen. Hierfür nimmt er in Kauf, dass Handlungen mit Kriminalstrafe sanktioniert werden, die erstens nur ein sehr geringes Unrecht verwirklichen und zweitens automatisch in den Anwendungsbereich des Geldwäschegesetzes fallen, welches weitergehende Grundrechtseingriffe ermöglicht.[710] Drittens nennt er für deren Sanktionierung aus einem eigenständigen Sanktionierungsbedürfnis heraus keine Begründung und lehnte dies in der Vergangenheit noch aus Verhältnismäßigkeitsgründen ab.[711] In die Abwägung muss außerdem einfließen, dass die Einbeziehung von Bagatelldelikten wie bereits dargestellt auch aufgrund praktischer Probleme nicht dazu beitragen wird, die mit der Geldwäsche verfolgten Ziele der Bekämpfung von schwerer und lukrativer Kriminalität voranzutreiben.[712] Zwar kann diesbezüglich argumentiert werden, dass dies ein praktisches Problem ist, welches durch eine bessere personelle Ausstattung der Strafverfolgungsbehörden behoben werden muss. Es kann aber nicht von einer sinnvollen Ressourcenallokation gesprochen werden, wenn die Aufstockung erforderlich ist, um die Herkunft einer gestohlenen Tafel Schokolade zurückzuverfolgen. Selbst wenn das Verfahren dann gemäß den §§ 153 ff. StPO eingestellt werden würde, müsste zunächst ein Ermittlungsverfahren eingeleitet werden und eine Prüfung des Falles erfolgen, was Ressourcen erfordert.[713] Somit stellt die

709 BVerfGE 120, 274 (322); *Jahn/Brodowski*, JZ 2016, 969 (978).

710 *Vogel*, Stellungnahme des MPI zum RefE zur Verbesserung der strafrechtlichen Bekämpfung der Geldwäsche 2020, S. 9; *Schindler*, NZWiSt 2020, 457 (468); wohl auch *Gercke u. a.*, StV 2021, 330 (334).

711 *Bundestag*, BT-Drs. 12/2720, S. 3; BT-Drs. 12/5529, S. 2.

712 So auch *El-Ghazi/Laustetter*, NZWiSt 2021, 209 (212); *Gazeas*, NJW 2021, 1041 (1045); *Gercke u. a.*, StV 2021, 330 (340); *Deutsche Kreditwirtschaft*, Stellungnahme zu BT-Drs. 19/24180, S. 2.

713 Hierzu noch einmal vertiefend Kapitel 5 A. I. 1.

Einbeziehung von Bagatellvortaten im Ergebnis auch kein angemessenes Mittel zur Geldwäschebekämpfung dar.

bb) Vortaten mit vergleichsweise geringer Strafandrohung

Geldwäsche verfügt zwar über einen eigenen Unrechtsgehalt, ist aber dennoch als Anschlussdelikt eng mit dem Unrecht der Vortat verbunden. Das bedeutet das Unrecht der Vortat wird durch die Geldwäsche aufrechterhalten und fortgeführt. Aufgrund dieses fortgesetzten Unrechts wäre die Verhängung einer deutlich höheren Strafe wegen Geldwäsche als wegen der Vortat nicht angemessen. Im Falle der Selbstgeldwäsche könnte es zudem durch die höhere Strafandrohung der Geldwäsche zu einer faktischen Strafschärfung kommen, was angesichts des geringen Unrechtsgehalts der Vortat unverhältnismäßig wäre.[714] Diese Problematik hat der Gesetzgeber aber erkannt und Abhilfe geschaffen: Vor der Reform war die Geldwäsche mit einer Freiheitsstrafe von drei Monaten bis fünf Jahren zu bestrafen.[715] Dies bot für die Vortaten mittlerer bis schwerer Kriminalität einen ausreichenden Bemessungsspielraum. Nach der Einführung des All-Crimes-Ansatzes wird eine Freiheitsstrafe aber in Fällen leichterer Vortaten zumeist keine angemessene Strafe darstellen. Damit der Tatbestand durch die Reform nicht mit dem Ultima-ratio-Grundsatz in Konflikt gerät, hat der Gesetzgeber die Mindestfreiheitsstrafe gestrichen.[716] Nach neuer Rechtslage kann auch eine Geldstrafe ergehen. Eine Herabsenkung der Höchstfreiheitsstrafe von fünf Jahren erfolgte jedoch nicht. Aufgrund der Vorgaben der Richtlinie (EU) 2018/1673, welche für die Geldwäsche eine Mindesthöchststrafe von vier Jahren vorschreibt, wäre es auch nicht möglich gewesen, die Höchststrafe wegen der Einbeziehung von Bagatelldelikten und Delikten leichter Kriminalität abzusenken.[717] Dies wäre auch nicht angebracht, da die Geldwäsche auch (und vor allem) in der Lage sein soll, die Verschleierung von Gegenständen aus schweren Straftaten angemessen zu sanktionieren. Bereits die Abschaffung der Mindestfreiheitsstrafe ermöglicht verhältnismäßige Urteile in Fällen, in denen aus Straftaten der Kategorie leichtere Kriminalität Taterträge von so hohem Ausmaß entstehen, dass man nicht mehr von Bagatellbeträgen sprechen kann. Dann ist aufgrund des weiten Strafrahmens eine auch am Unrecht der Vortat orientierte

---

714 Vgl. zur Beihilfe *Hefendehl*, in: FS für Roxin, S. 148 „Je geringer der Unwert der in Frage stehenden Haupttat ist, desto größer muss der Unwert der […] Vorhandlung sein".

715 § 261 Abs. 1 S. 1 StGB a.F.

716 BT-Drs. 19/24180, S. 18.

717 Vgl. Art. 5 Abs. 2 der Richtlinie (EU) 2018/1673.

Verurteilung wegen Geldwäsche möglich. Hierdurch wird für den Fall, dass die Vortat zur leichteren Kriminalität gehört und die Geldwäsche auch aufgrund des Volumens der gewaschenen Erträge strafwürdig ist, eine verhältnismäßige Lösung geschaffen.[718]

4. *Uferlose Ausweitung des Tatbestandes durch Aufgabe des Vortatenkataloges: Verstoß gegen Art. 103 Abs. 2 GG?*

Dem All-Crimes-Ansatz wird zum einen vorgeworfen gegen den Bestimmtheitsgrundsatz verstoßen, weil durch die Abschaffung des Vortatenkataloges jegliche Kontur des Geldwäschetatbestandes verloren gehe.[719] Zum anderen stellt sich die Frage, ob die Norm dem strengen Gesetzesvorbehalt aus Art. 103 Abs. 2 GG noch gerecht werden kann.[720] Denn in der Neufassung werden keine konkreten Delikte mehr aufgezählt, sondern pauschal auf die Begehung einer rechtswidrigen Tat als Vortat verwiesen.

a) *Verstoß gegen den Bestimmtheitsgrundsatz*

Die Ausweitung des Geldwäschetatbestandes könnte gegen den verfassungsrechtlichen Bestimmtheitsgrundsatz des Art. 103 Abs. 2 GG verstoßen. Die Einhaltung wird angezweifelt, da künftig die Begehung (irgend)einer rechtswidrigen Tat als Vortat der Geldwäsche genügen soll.[721]

Ein Aspekt des Bestimmtheitsgrundsatzes liegt im rechtsstaatlichen Schutz der Adressaten von Strafnormen.[722] Eine Norm ist nur dann hinreichend bestimmt, wenn sie für grundsätzlich Jedermann kenntlich macht welche Verhaltensweisen mit Strafe bedroht sind.[723] Durch den Verweis, dass der Gegenstand der Geldwäsche aus (irgend)einer rechtswidrigen Tat stammen muss, könnte für den Normadressaten nicht ersichtlich sein, wann ein Gegenstand inkriminiert ist. Dem ist entgegenzuhalten, dass die rechtswidrige Tat, anders

---

718 Zu dieser Lösung auch *BRAK*, Stellungnahme zum RefE zur Verbesserung der strafrechtlichen Bekämpfung der Geldwäsche 2020, S. 9; *Böse/Jansen*, JZ 2019, 591 (594).

719 BT-Drs. 13/4942, S. 50; *Bernsmann*, StV 1998, 46 (49).

720 Zu diesem Schutzzweck des Art. 103 Abs. 2 GG *Remmert*, in: Dürig/Herzog/Scholz GG, Art. 103 Abs. 2 Rn. 4; *Schulze-Fielitz*, in: Dreier GG, Art. 103 Abs. 2 Rn. 28.

721 So bereits früher *Bernsmann*, StV 1998, 46 (49); *Zöller*, in: FS für Roxin, 1051.

722 BVerfG NJW 1995, 1141 (1141); BVerfG NJW 2010, 3209 (3210); *Remmert*, in: Dürig/Herzog/Scholz GG, Art. 103 Abs. 2 Rn. 4; *Schulze-Fielitz*, in: Dreier GG, Art. 103 Abs. 2 Rn. 28.

723 BVerfG NJW 1995, 1141 (1141); BVerfG NJW 2010, 3209 (3210).

als die meisten ausfüllungsbedürftigen Tatbestandsmerkmale im Strafgesetzbuch sogar in § 11 Abs. 1 Nr. 5 StGB legaldefiniert ist. Es ist dem Normadressaten also möglich den Begriff ohne größeren Aufwand genauer zu bestimmen. Weiterhin hat zumindest der § 261 Abs. 1, 2 StGB durch die Entfernung des unübersichtlichen Vortatenkataloges insgesamt an Anwendungsfreundlichkeit gewonnen. Der Adressat muss sich nicht mehr durch einen Paragraphenwald schlagen, um zu erkennen, ob die Handlung aus der der Gegenstand stammt, zu den tauglichen Vortaten der Geldwäsche gehört.[724] Es ist nun klar geregelt, dass jede rechtswidrige Tat eine taugliche Vortat sein kann. Demnach bleibt dem Adressaten die Klärung einiger Detailfragen erspart und die Norm ist insgesamt sogar für den Laien verständlicher geworden. Damit liegt hinsichtlich dieses Aspektes kein Verstoß gegen den Bestimmtheitsgrundsatz vor.[725]

Durch die Erweiterung des Vortatenkreises auf Delikte leichterer Kriminalität ist die Gefahr gestiegen, dass der Täter der Geldwäsche darüber irrt, wie die Handlung der Vortat rechtlich einzuordnen ist.[726] Sollte der Täter aber die illegale Herkunft des Gegenstandes verkennen, so kann durch die Irrtumsregelungen der §§ 16 und 17 StGB Abhilfe geschaffen werden. Zudem ist für die meisten Tathandlungen eine manipulative Tendenz erforderlich.[727] Diese wird der irrende Täter jedoch nicht haben, wenn er annimmt, dass der Gegenstand aus einer legalen Handlung herrührt.

b) *Verstoß gegen den Vorbehalt des Gesetzes*

Der neue Geldwäschetatbestand könnte aber gegen den Vorbehalt des Gesetzes verstoßen. Aus Art. 103 Abs. 2 GG ergibt sich nämlich die Pflicht des Gesetzgebers, alle normativen Voraussetzungen für die Strafbarkeit festzulegen.[728] Dies muss aufgrund der demokratischen Legitimation der Legislative vorbehalten bleiben und darf nicht durch die Exekutive oder die Judikative festgelegt

724 So auch *Koslowski*, Harmonisierung der Geldwäschestrafbarkeit, S. 268; *Remmers*, Die Entwicklung der Gesetzgebung zur Geldwäsche, S. 72.

725 Vgl. auch *Koslowski*, Harmonisierung der Geldwäschestrafbarkeit, S. 267; *Remmers*, Die Entwicklung der Gesetzgebung zur Geldwäsche, S. 72.

726 *Max-Planck-Institut*, Stellungnahme zum RefE zur Verbesserung der strafrechtlichen Bekämpfung der Geldwäsche 2020, S. 7.

727 Dies gilt für die Tathandlungen „verbergen“ (Abs. 1 Nr. 1), vereiteln (Abs. 1 Nr. 2) und verheimlichen/ verschleiern (Abs. 2).

728 BVerfG NJW 1995, 1141 (1141); BVerfG NJW 2010, 3209 (3210); *Remmert*, in: Dürig/Herzog/Scholz GG, Art. 103 Abs. 2 Rn. 4.

werden.[729] Im vorliegend relevanten Fall hat der Gesetzgeber eindeutig festgelegt, in welchen Fällen die Geldwäsche strafbar ist. Auch wenn nun keine Delikte mehr konkret aufgelistet werden, ist klar: Taten, die den Tatbestand eines Strafgesetzes verwirklichen fallen in den Anwendungsbereich des § 261 StGB.[730]

Aus dem Bestimmtheitsgrundsatz ergibt sich, dass die Anforderungen an die Präzisierung der Strafbarkeitsanforderungen mit der Schwere der angedrohten Strafe steigen.[731] Je invasiver die Maßnahme, desto genauer muss der Tatbestand bestimmt sein.[732] Durch die Streichung der erhöhten Mindeststrafe hat der Gesetzgeber eine geeignete Maßnahme getroffen, um dieser Anforderung gerecht zu werden.[733] Für den besonders schweren Fall gemäß § 261 Abs. 5 StGB ist die Strafbarkeit grundsätzlich auf die Regelbeispiele der gewerbs- oder bandenmäßigen Geldwäsche beschränkt. Hier sind im Einzelfall erhöhte Anforderungen an die Vortatkonkretisierung zu stellen, um eine höhere Strafe zu rechtfertigen.

5. *Verhältnismäßigkeit des Leichtfertigkeitstatbestandes*

Es ist weiterhin fraglich, ob der Tatbestand der leichtfertigen Geldwäsche nach neuer Rechtslage noch verfassungskonform, insbesondere mit dem Verhältnismäßigkeitsgrundsatz vereinbar ist.

a) Legitimer Zweck

Dem Regierungsentwurf lässt sich keine Begründung für die Beibehaltung des Leichtfertigkeitstatbestandes entnehmen. Es wird lediglich auf eine frühere Gesetzesbegründung verwiesen.[734] Demnach verweist der Regierungsentwurf auf die dort aufgeführte Legitimation des Leichtfertigkeitstatbestandes zur Verhinderung von Beweisschwierigkeiten. Zunächst stellt sich die Frage, ob dies eine hinreichende Legitimation für einen Straftatbestand darstellt. Bereits die alte Rechtslage wurde vielfach kritisiert, da eine Leichtfertigkeitsstrafbarkeit allein

729 BVerfG NJW 1995, 1141 (1141); *Remmert*, in: Dürig/Herzog/Scholz GG, Art. 103 Abs. 2 Rn. 77; *Schulze-Fielitz*, in: Dreier GG, Art. 103 Abs. 2 Rn. 28.

730 *Remmers*, Die Entwicklung der Gesetzgebung zur Geldwäsche, S. 71 f.

731 BVerfGE 14, 245 (251); BVerfGE 41, 314 (320); *Schulze-Fielitz*, in: Dreier GG, Art. 103 Abs. 2 Rn. 39.

732 BVerfGE 86, 288 (311); BVerfGE 117, 71 (111).

733 BT-Drs. 19/24180, S. 18.

734 Und zwar auf BT-Drs. 12/989, S. 27, vgl. BT-Drs. 19/24180, S. 33.

aus prozessualen Gründen unzulässig sei.[735] Die Strafbarkeit leichtfertiger Geldwäsche kann aber trotzdem gerechtfertigt sein, wenn sie neben dem Zweck der Beweiserleichterung einen eigenen materiellen Unrechtsgehalt aufweist.[736] Die leichtfertige Geldwäsche hat auch grundsätzlich einen eigenen Unrechtsgehalt, wenn die Augen vor schweren Straftaten verschlossen und sich aufdrängende Fragen nicht gestellt werden.[737] Fraglich ist aber, ob nach der neuen Rechtslage immer noch in allen Fällen leichtfertiger Geldwäsche ein eigener Unrechtsgehalt bejaht werden kann. Dies ist, wie die nachfolgende Untersuchung zeigt, nicht der Fall.

b) Geeignetheit

Zuerst ist jedoch zu klären, ob der Leichtfertigkeitstatbestand nach der Reform überhaupt noch einen Anwendungsbereich hat.[738] Nur dann kann er den Zweck der Beweiserleichterung fördern und strafrechtlich relevantes Unrecht sanktionieren. Dies könnte aufgrund der gestiegenen subjektiven Anforderungen in § 261 Abs. 1 und 2 StGB angezweifelt werden.[739] Die meisten Tathandlungen der Geldwäsche sind mittlerweile durch eine manipulative Tendenz bedingt.[740] Dies gilt für das Verbergen (Abs. 1 Nr. 1), das Vereiteln (Abs. 1 Nr. 2), und das Verheimlichen/Verschleiern (Abs. 2).[741] Die Leichtfertigkeit bezieht sich ausschließlich auf die Herkunft des Geldwäschegegenstandes aus einer rechtswidrigen Tat und nicht auf die Tathandlungen. Es wird aber wohl nicht vorkommen, dass jemand durch manipulatives Vereiteln die Ermittlung der Herkunft eines Gegenstandes verhindern will, wenn er nicht zumindest billigend in Kauf nimmt, dass es sich um einen inkriminierten Gegenstand handelt. Daher setzen die genannten Begehungsvarianten denknotwendig voraus, dass dem Täter die illegale Herkunft des Tatobjektes bekannt war oder er dies zumindest billigend

---

735 *Bottermann*, Untersuchung zu den grundlegenden Problematiken des Geldwäschetatbestandes, S. 134 f.; *Leip*, Der Straftatbestand der Geldwäsche, S. 147 ff.; *Knorz*, Der Unrechtsgehalt des § 261 StGB, S. 194 f.

736 BGH NJW 1997, 3323 (3325); *Lampe*, JZ 1994, 123 (129); *Burr*, Geldwäsche, S. 83; *Leip*, Der Straftatbestand der Geldwäsche, S. 149.

737 *Lampe*, JZ 1994, 123 (129).

738 Diese Frage verneinend *Travers/Michaelis*, NZWiSt 2021, 125 (131).

739 So etwa *Travers/Michaelis*, NZWiSt 2021, 125 (131); *Altenhain/Fleckenstein*, JZ 2020, 1045 (1050).

740 Siehe Kapitel 3 B. II. 1. a).

741 *Ruhmannseder*, in: BeckOK StGB, § 261 Rn. 23 f., 30; *Altenhain/Fleckenstein*, JZ 2020, 1045 (1050); *Gercke u. a.*, StV 2021, 330 (339).

in Kauf nahm.[742] In Fällen des leichtfertigen Verkennens der Herkunft werden diese Tatbestandsvarianten daher nicht erfüllt sein.[743] Diese Überlegungen gelten nicht für die Begehungsvarianten des § 261 Abs. 1 Nr. 3 und 4 StGB, sodass dem Leichtfertigkeitstatbestand ein kleinerer Anwendungsbereich innerhalb des Geldwäschetatbestandes verbleibt. In diesem Anwendungsbereich ist der Leichtfertigkeitstatbestand auch grundsätzlich geeignet, Beweiserleichterungen auf der Ebene des subjektiven Tatbestandes herbeizuführen.[744]

c) *Erforderlichkeit*

Fraglich ist, ob die Senkung der Anforderungen auf der subjektiven Tatseite noch erforderlich ist, wenn eine hinreichende Beweiserleichterung nun durch den All-Crimes-Ansatz erreicht werden kann,[745] und sich die geringen subjektiven Anforderungen auch auf Delikte von leichterer Kriminalität ausdehnen. Dies kann nur dann bejaht werden, wenn die leichtfertige Geldwäsche ein eigenes strafwürdiges Unrecht dergestalt darstellt und der Täter durch die leichtfertige Begehung eine so große Schuld verwirklicht, dass die Ahndung mit einer Kriminalstrafe unabhängig von dem Erfordernis einer Beweiserleichterung erforderlich ist.[746]

Dies ist nach neuer Rechtslage nicht umfassend der Fall. Innerhalb des Anwendungsbereichs des § 261 Abs. 1 Nr. 3, 4 StGB führt der Leichtfertigkeitstatbestand aufgrund der Erweiterung des Kreises geldwäschetauglicher Vortaten zu einer großen Ausweitung des Tatbestandes, die auch Delikte leichterer Kriminalität und Bagatellkriminalität erfasst.[747] Für diese Kategorien von Vortaten, die selbst schon einen geringeren Unrechtsgehalt aufweisen, ist hinsichtlich der Verwahrung, Verwendung oder des Sich Verschaffens dieser Taterträge ohne Vorsatz ein eigener Unrechtsgehalt dergestalt, dass dies die Verhängung einer Kriminalstrafe rechtfertigen würde nicht mehr erkennbar.[748] Dies gilt

---

742 So auch *Altenhain/Fleckenstein*, JZ 2020, 1045 (1050); *Gercke u. a.*, StV 2021, 330 (339).

743 So auch *Bülte*, in: Joecks/Jäger/Randt StGB, § 261 Rn. 164.

744 Dazu *BDK*, Stellungnahme zum RefE eines Gesetzes zur Verbesserung der strafrechtlichen Bekämpfung der Geldwäsche, S. 3; *BVZI*, Stellungnahme zu BR-Drs. 620/20, S. 20.

745 Hierzu vgl. die Feststellungen in Kapitel 4 B. I. 6.

746 Zur Erforderlichkeit schuldangemessenen Strafens beim Leichtfertigkeitstatbestand bereits *Lampe*, JZ 1994, 123 (129); *Leip*, Der Straftatbestand der Geldwäsche, S. 147.

747 *Bülte*, Stellungnahme zu BT-Drs. 19/24180, S. 29; *Jahn*, Stellungnahme zu BT-Drs. 19/24180, S. 23 f.; *Gazeas*, NJW 2021, 1041 (1044 f.).

748 So auch das *BMJV*, RefE Verbesserung strafrechtl. Bekämpfung d. Geldwäsche 2020, S. 19; ähnlich *Gercke u. a.*, StV 2021, 330 (339).

vor allem wenn man die grundsätzliche Neutralität der Tathandlungen des § 261 Abs. 1 S. 1 Nr. 3, 4 StGB betrachtet.[749] Auch die Tatsache, dass es sich bei diesen Tatbestandsvarianten um abstrakte Gefährdungsdelikte handelt, also auch Handlungen erfasst werden, die die Rechtsgüter nicht tatsächlich verletzen, ist bei der Beurteilung der Schuld des Täters zu berücksichtigen. In Fällen, in denen es um vergleichsweise geringe Rechtsgutsverletzungen geht und der Täter neutrale Handlungen an Gegenständen vornimmt, deren Herkunft aus einer kriminellen Handlung er sich nicht positiv bewusst ist, ist die Verhängung einer Kriminalstrafe gemessen an der verwirklichten Schuld nicht erforderlich.[750] Denn das Strafrecht darf nach dem Bundesverfassungsgericht nur als ultima ratio' des Rechtsgüterschutzes eingesetzt werden, „wenn ein bestimmtes Verhalten über sein Verbotensein hinaus in besonderer Weise sozialschädlich und für das geordnete Zusammenleben der Menschen unerträglich, seine Verhinderung daher besonders dringlich ist."[751] Eine solche besondere Sozialschädlichkeit ist in der vorliegenden Konstellation nicht mehr gegeben und wird auch vom Gesetzgeber nicht begründet. Es scheint viel mehr so, als seien zugunsten einer effektiven Geldwäschebekämpfung durch Beweiserleichterungen sämtliche im Referentenentwurf und in der Sachverständigenanhörung des Bundestags geäußerten Bedenken ignoriert worden.[752] Denkbar wäre alternativ eine Ausgestaltung der leichtfertigen Geldwäsche als Ordnungswidrigkeit.[753]

d) *Angemessenheit*

In diesem Zusammenhang muss berücksichtigt werden, dass durch eine Streichung des Leichtfertigkeitstatbestandes auch Fälle künftig straffrei bleiben würden, in denen leichtfertig verkannt wurde, dass der Gegenstand aus einer rechtswidrigen Vortat mittlerer oder schwerer Kriminalität stammt. Diese Fälle der leichtfertigen Geldwäsche wären nach dem ursprünglichen Referentenentwurf straffrei geblieben. Doch dies ändert bei näherer Betrachtung nichts an der

749 Zur Neutralität der Tathandlungen vgl. auch bereits BVerfG NJW 2020, 1351 (1352).

750 So im Ergebnis bereits zur alten Rechtslage *Bottermann*, Untersuchung zu den grundlegenden Problematiken des Geldwäschetatbestandes, S. 136 f.

751 BVerfGE 88, 203 (258).

752 Vgl. *BMJV*, RefE Verbesserung strafrechtl. Bekämpfung d. Geldwäsche 2020, S. 19 f.; derselben Ansicht Bülte, Wortprotokoll der 117. Sitzung des Ausschusses für Recht und Verbraucherschutz, S. 8.

753 Zu dieser Alternative nach altem Recht bereits *Leip*, Der Straftatbestand der Geldwäsche, S. 150; *Bottermann*, Untersuchung zu den grundlegenden Problematiken des Geldwäschetatbestandes, S. 136 f.

Unverhältnismäßigkeit des Leichtfertigkeitstatbestandes. Den Leichtfertigkeitstatbestand zu streichen hätte einerseits zur Folge, dass Handlungen, die grundsätzlich über einen Unrechtsgehalt verfügen, straffrei blieben. Andererseits folgt aus der Beibehaltung, dass Handlungen unter Strafe gestellt werden, die nicht strafwürdig sind. Dies ist mit dem Ultima-ratio-Grundsatz und dem Rechtsstaatsprinzip nicht vereinbar.[754] Auch wird durch Androhung oder Verhängung von Kriminalstrafe in die Freiheitsgrundrechte der Betroffenen eingegriffen. Dieser Eingriff darf nur erfolgen, wenn er zum Schutz hochrangiger Rechtsgüter dient und dieses Schutzbedürfnis überwiegt. Das muss im Falle leichtfertiger Geldwäsche an Erträgen aus Bagatelldelikten verneint werden. Zudem kann das Ziel der Geldwäschebekämpfung durch die Einführung des All-Crimes-Ansatzes und seine Auswirkungen auf die Anforderungen an die Vorsatztat in Zukunft effektiver verfolgt werden, auch ohne den Leichtfertigkeitstatbestand.[755] Daher muss eine Abwägung zugunsten der Streichung des § 261 Abs. 6 StGB ausfallen.

Die Beibehaltung der leichtfertigen Geldwäsche ist daher im Ergebnis unverhältnismäßig und verstößt gegen verfassungsrechtlich verankerte Prinzipien.[756]

6. *Ergebnis: Keine vollständige Verfassungsmäßigkeit der Reform*

Nicht jede Kritik an der Verfassungsmäßigkeit der Geldwäschereform ist gerechtfertigt, dennoch verstößt die Reform in Teilen gegen höherrangiges Recht.

Viel kritisiert wurde die Einführung des All-Crimes-Ansatzes und die damit einhergehende Beweiserleichterung.[757] Der Verweis auf das Abschöpfungsrecht, welches nicht dem Schuldgrundsatz unterliegt, ist in der Tat höchst unglücklich. Dennoch sind die Ausführungen des Gesetzgebers so zu verstehen, dass nur auf Aspekte Bezug genommen wurde, die sowohl mit dem Schuldgrundsatz als auch mit dem Grundsatz in dubio pro reo konform sind.

Weiterhin ermöglicht die Reform keine unverhältnismäßigen Ermittlungsmaßnahmen in Fällen leichter Geldwäsche. Dies wird durch das System der Strafprozessordnung und den Änderungen der §§ 100a, 100b und 100g StPO sichergestellt.

---

754 Vgl. dazu auch die Ausführungen von Bülte, die aber auf die generelle Anwendung des All-Crimes-Ansatzes bezogen sind: *Bülte*, Stellungnahme zu BT-Drs. 19/24180, S. 21.

755 Hierzu Kapitel 4 B. I. 5, 6.

756 Die Unverhältnismäßigkeit bejaht auch *Ruhmannseder*, in: BeckOK StGB, § 261 Rn. 54.2.

757 Siehe zum Beispiel *Bülte*, Stellungnahme zu BT-Drs. 19/24180, S. 15; *Travers/Michaelis*, NZWiSt 2021, 125 (130).

Mangels Erforderlichkeit der Einbeziehung von Bagatellvortaten, aus denen niedrige Gewinne resultieren, ist der neue Geldwäschetatbestand in dieser Hinsicht unverhältnismäßig. Die Einführung einer Bagatellgrenze würde ein wesentlich milderes Mittel darstellen, ohne die Beweiserleichterungszwecke zu beeinträchtigen. Ein Verstoß gegen den Bestimmtheitsgrundsatz durch Einführung des All-Crimes-Ansatzes konnte hingegen nicht festgestellt werden. Durch die Abschaffung des unübersichtlichen Vortatenkataloges wird es in Zukunft klarer sein, welche Delikte taugliche Geldwäschevortat ist. Auch mit dem Vorbehalt des Gesetzes gemäß Art. 103 Abs. 2 GG ist der § 261 Abs. 1, 2 StGB weiterhin vereinbar. Allerdings ist nach Einführung des All-Crimes-Ansatzes auch ohne den Leichtfertigkeitstatbestand eine effektive Geldwäschestrafverfolgung möglich. Die Beibehaltung ist im Ergebnis unverhältnismäßig und verstößt gegen den Ultima-ratio-Grundsatz.

III. Zusammenfassung

Das Kernproblem der weitgehenden Erfolglosigkeit der Geldwäschebekämpfung ist der erforderliche Vortatnachweis.[758] Durch die Einführung des All-Crimes-Ansatzes konnte das Problem zumindest teilweise behoben werden: Nun muss nur noch die Herkunft aus irgendeiner Straftat nachgewiesen werden und nicht mehr die Herkunft aus einer Katalogtat, was eine weitergehende Konkretisierung der Vortat erfordert. Es ist weiterhin ein Nachweis der illegalen Herkunft des Geldwäschegegenstandes zu erbringen. Es ist aber zu erwarten, dass die Beweiserleichterung die Geldwäschebekämpfung in der Praxis vorantreiben wird. Daher ist sie als zweckmäßig zu bewerten. Sicherheit diesbezüglich kann jedoch erst die geplante Evaluation des Geldwäschetatbestandes bringen.[759] Da der Tatbestand nach dem All-Crimes-Ansatz im Grundsatz auch verfassungskonform ist, insbesondere kein Verstoß gegen den Schuldgrundsatz, den Bestimmtheitsgrundsatz, den Vorbehalt des Gesetzes oder den Grundsatz in dubio pro reo festgestellt werden kann, ist die Einführung des All-Crimes-Ansatzes im Vergleich zum Listenansatz die vorzugswürdige Alternative. Die Einbeziehung von Bagatellvortaten in den § 261 StGB ist jedoch teilweise nicht erforderlich und verstößt daher gegen den Verhältnismäßigkeitsgrundsatz sowie

---

758 So auch *Hetzer*, JR 1999, 141 (142); *Kilchling*, wistra 2000, 241 (244); *Kreß*, wistra 1998, 121 (124 f.); *Remmers*, Die Entwicklung der Gesetzgebung zur Geldwäsche, S. 93, 95.

759 Die Evaluation soll etwa fünf Jahre nach Inkrafttreten des Gesetzes erfolgen, also voraussichtlich 2026, vgl. BT-Drs. 19/24180, S. 44.

den Ultima-ratio-Grundsatz.[760] An dieser Stelle besteht daher Nachbesserungsbedarf, beispielsweise durch die Ergänzung einer Bagatellgrenze.

Für die Abschaffung des Vortatenkataloges spricht auch, dass grundsätzlich Taterträge aus allen lukrativen Straftaten geeignet sind, die vom Geldwäschetatbestand geschützten Rechtsgüter zu verletzen. Die organisierte Kriminalität wird zudem in Zukunft keine Ausweichmöglichkeiten auf nicht vom Vortatenkatalog erfasste Delikte mehr haben. Auch wird diese Reform nach dreißig Jahren das Ende der fortlaufenden Erweiterung des § 261 StGB bedeuten, was die Rechtssicherheit erhöht.

Dennoch bedeutet die Reform – vor allem aufgrund der Einbeziehung von Bagatellvortaten – einen erheblichen Mehraufwand für Strafverfolgungsbehörden und Gerichte, dem hoffentlich zeitnah mit entsprechender Personalaufstockung beigekommen werden wird. Ansonsten werden die schweren Fälle der Geldwäsche zwischen den vielen Fällen leichterer Kriminalität untergehen.[761]

Durch die Abschaffung des Vortatenkataloges kommt es weiterhin zu großflächigen Überschneidungen mit den übrigen Anschlussdelikten. Dies ist vor allem im Falle der Hehlerei und der Begünstigung problematisch. Jedoch lässt die Reform hier nur das bereits bestehende Problem der dysfunktionalen Systematik des Einundzwanzigsten Abschnitts des Strafgesetzbuches noch deutlicher hervortreten.[762] Somit bedarf es vielmehr einer grundlegenden Umstrukturierung dieses Abschnitts, um die Problematiken zu beheben.

Die Strafbarkeit der leichtfertigen Geldwäsche, ursprünglich zum Zwecke der Beweiserleichterung eingeführt, musste im Rahmen der Reform überraschenderweise nicht weichen. Durch die Erweiterung des Kreises geldwäschetauglicher Vortaten ist in Fällen leichterer Kriminalität ein eigener Unrechtsgehalt der leichtfertigen Geldwäsche nicht mehr erkennbar.[763] Demnach ist es nicht mehr verhältnismäßig die leichtfertige Geldwäsche unter Strafe zu stellen. Weiterhin ist die effektive Geldwäschebekämpfung durch den Wegfall des Erfordernisses, den objektiven Vortatnachweis auf eine Katalogtat beziehen zu müssen, in Verbindung mit der Möglichkeit der selbstständigen Einziehung von Taterträgen gemäß § 76a Abs. 4 StGB hinreichend sichergestellt. Die Beibehaltung

760 Zu diesem Ergebnis kommen auch *Jahn*, Stellungnahme zu BT-Drs. 19/24180, S. 17; *Gercke u. a.*, StV 2021, 330 (334).

761 Siehe *Spitzer*, ZRP 2020, 216 (216); *Gercke u. a.*, StV 2021, 330 (334).

762 So bereits *Koslowski*, Harmonisierung der Geldwäschestrafbarkeit, S. 320 f.

763 Vgl. Kapitel 4 B. II. 5.

der Leichtfertigkeitsstrafbarkeit ist daher nach der Reform weder gerecht noch zweckmäßig und folglich nicht mehr strafwürdig.

Somit bleibt im Ergebnis festzuhalten, dass die Einführung des All-Crimes-Ansatzes Probleme mit sich bringt, die einer Lösung bedürfen.[764] Es wurde jedoch auch ein übersichtlicherer § 261 Abs. 1 und 2 StGB geschaffen, der nicht mehr anfällig für Erweiterungsbedürfnisse ist.

C. Auslandstaten als Vortaten, § 261 Abs. 9 StGB

I. Ausgangssituation

Grundsätzlich sind rechtswidrige Taten im Sinne des § 11 Abs. 1 Nr. 5 StGB solche, die einen deutschen Straftatbestand verwirklichen.[765] Bei Anschlussdelikten können aber auch im Ausland verübte Vortaten rechtswidrige Taten in diesem Sinne sein, sofern die Handlung den Tatbestand eines deutschen Strafgesetzes erfüllt und der Schutzzweck des Anschlussdeliktes die Einbeziehung der Taten gebietet.[766] Bereits bei der Einführung des Geldwäschetatbestandes war die Relevanz der Einbeziehung von Auslandsvortaten in den § 261 StGB erkannt worden. Von diesem Zeitpunkt an bis zu der Reform, die Gegenstand dieser Arbeit ist, waren die Auslandsvortaten in § 261 Abs. 8 StGB geregelt. Ausgangspunkt der Regelung war – und ist bis auf die Ausnahmen des neuen § 261 Abs. 9 Nr. 2 StGB weiterhin – das Erfordernis der doppelten Strafbarkeit.[767] Das bedeutet die Auslandstat muss sowohl nach hypothetischer Anwendbarkeit deutschen Rechts als auch nach dem Recht des Tatortstaates eine Straftat darstellen.[768] Das Prinzip der doppelten Strafbarkeit wurde durch die Umsetzung der EU-Richtlinie über die strafrechtliche Bekämpfung der Geldwäsche durch den neuen § 261 Abs. 9 Nr. 2 StGB durchbrochen.[769] Dies wirft Fragen nach der völkerrechtlichen Vereinbarkeit sowie der Vereinbarkeit mit dem deutschen Grundgesetz auf.[770] Die neue Regelung darf nicht gegen

764 Hierzu näher in Kapitel 5.

765 *Saliger*, in: NK-StGB, § 11 Rn. 53 f.; *Radtke*, in: MüKoStGB, § 11 Rn. 130; *Hecker*, in: FS für Heinz, S. 715.

766 *Hecker*, in: FS für Heinz, S. 715, 719.

767 Vgl. auch *Ruhmannseder*, in: BeckOK StGB, § 261 Rn. 14; *Nestler*, Jura 2022, 1154 (1154).

768 *Fischer*, in: Fischer, § 261 Rn. 13; *Ruhmannseder*, in: BeckOK StGB, § 261 Rn. 14.

769 RiL (EU) 2018/1673; so auch *Ruhmannseder*, in: BeckOK StGB, § 261 Rn. 14.

770 Vgl. auch *Böse/Jansen*, JZ 2019, 591 (596).

das völkerrechtliche Interventionsverbot oder den „Nullum crimen sine lege"-Grundsatz aus Art. 103 Abs. 2 GG verstoßen.

Geldwäsche ist und war schon immer ein transnationales Problem. Auch im Ausland illegal erworbene Gewinne sind geeignet, den legalen Wirtschafts- und Finanzkreislauf im Inland zu verunreinigen und ebenso werden durch strafbare Vortaten im Ausland Rechtsgüter verletzt.[771] Daher ist es wichtig, im Ausland begangene Straftaten in den Anwendungsbereich des § 261 Abs. 1 StGB einzubeziehen.

Es wird angenommen, dass mindestens die Hälfte der in Deutschland und anderen Industrieländern gewaschenen inkriminierten Gelder aus Schwellenländern und Ländern der Dritten Welt stammen.[772] Der Geldwäschestudie[773] aus dem Jahr 2019 zufolge stammen jedoch nur 9,3 Prozent der Vermögenswerte, die Gegenstand der in Deutschland verfolgten Geldwäschestraftaten sind, aus dem Ausland.[774] Im Rahmen dieser Studie wurden größtenteils Verurteilungen ausgewertet.[775] Aus diesen Zahlen lässt sich schließen, dass die Verschleierung inkriminierter Vermögenswerte aus dem Ausland zwar die Hälfte aller Geldwäschehandlungen darstellt, die deutsche Strafverfolgung aber dennoch nicht in der Lage zu sein scheint, diese Taten erfolgreich aufzuklären.[776] Es stellt sich daher die Frage, wieso die Strafverfolgungsbehörden keine höhere Aufklärungsquote vorweisen können. Die Europäische Union sieht das Problem in dem doppelten Strafbarkeitserfordernis. Die Richtlinie zur Geldwäschebekämpfung argumentiert, dass eine Strafverfolgung der Geldwäsche nicht durch die Begehung der Vortat in einem Drittstaat beeinträchtigt werden dürfe.[777] Andere sehen das Problem in der Praxis. Nicht fehlender gesetzlicher Spielraum, sondern Personalmangel bei den Staatsanwaltschaften und mangelnde Kooperation bei internationalen Rechtshilfeersuchen sorgen dafür, dass die Ermittlung von Auslandsvortaten oftmals

---

771 *Höreth*, Die Bekämpfung der Geldwäsche, S. 203; *Hecker*, in: FS für Heinz, S. 714, 717.

772 *Bussmann*, Geldwäscheprävention im Markt, S. 103.

773 „Geldwäschestudie II" der „Nationalen Risikoanalyse Bekämpfung von Geldwäsche u. Terrorismusfinanzierung – Ermittlungs- u. Strafverfahren wg. Geldwäsche in DEU von 2014–2016", Abschlussbericht abrufbar unter https://bussmann.jura.uni-halle.de/forschung/abgeschlossene_projekte/geldwaeschestudie_ii/.

774 *Bussmann/Veljovic*, NZWiSt 2020, 417 (418).

775 *Bussmann/Veljovic*, NZWiSt 2020, 417 (417).

776 So auch *Bussmann/Veljovic*, NZWiSt 2020, 417 (419).

777 RiL (EU) 2018/1673, S. 24; so schon während des vorangegangenen Verfahrens zur Konstituierung der Richtlinie das Rats-Dok. 9718/17 v. 30.05.2017, S. 6.

scheitert.[778] Denn bei Sachverhalten mit Auslandsbezug müssen häufig internationale Rechtshilfeersuchen gestellt werden.[779] Hier zeigt sich die andere Seite oftmals nicht oder nur wenig kooperativ.[780] Die Schweiz leistet beispielsweise erst dann Rechtshilfe, wenn konkrete Tatumstände zu der in Frage stehenden Vortat beigebracht werden können.[781] Gerade diese sollen aber durch die Rechtshilfe ermittelt werden.[782] Dies ist ein großes Problem, denn das deutsche Gericht muss zu der Überzeugung gelangen, dass der Gegenstand aus einer der Katalogtaten des § 261 Abs. 9 Nr. 2 StGB stammt.[783] Um hierfür Beweise zu sammeln, wird die Staatsanwaltschaft im internationalen Kontext auf die Unterstützung der mutmaßlichen Begehungsländer der Vortaten angewiesen sein. Folglich stellt sich die Frage, ob die Reformierung des Geldwäschetatbestandes bezüglich der Auslandsvortaten überhaupt ein geeignetes Mittel ist, um die Strafverfolgung zu erleichtern und die Bekämpfung der Geldwäsche voranzutreiben.

Auf Grundlage dieser Erwägungen wird sich der folgende Abschnitt mit der Frage auseinandersetzen, ob gegen den Verzicht auf die Tatortstrafbarkeit völkerrechtliche oder verfassungsrechtliche Bedenken bestehen. Im Rahmen einer Verhältnismäßigkeitsprüfung ist zu klären, ob der Entfall des doppelten Strafbarkeitserfordernisses ein legitimes Mittel zur Geldwäschebekämpfung ist.

---

778 *Bussmann/Veljovic*, NZWiSt 2020, 417 (419); *Schnabl*, in: Wabnitz/Janovsky, Hdb. Wirtschafts- u. SteuerstrafR, Kapitel 6, G., III., Rn. 64b; zu einem erheblichen Koordinierungsaufwand für die Strafverfolgungsbehörden auch schon *Mansdörfer*, HRRS 2009, 252 (253); *Scherp*, Kriminalistik 1998, 458 (460).

779 *Bussmann*, Geldwäschestudie II, S. 65.

780 *Bussmann/Veljovic*, NZWiSt 2020, 417 (419); *Schnabl*, in: Wabnitz/Janovsky, Hdb. Wirtschafts- u. SteuerstrafR, Kapitel 6, G. III. Rn. 64a; *Siska*, Die Geldwäsche und ihre Bekämpfung, S. 217; *Scherp*, Kriminalistik 1998, 458 (460); Vgl. auch *Bottermann*, Untersuchung zu den grundlegenden Problematiken des Geldwäschetatbestandes, S. 50.

781 *Schnabl*, in: Wabnitz/Janovsky, Hdb. Wirtschafts- u. SteuerstrafR, Kapitel 6, G. III. Rn. 64b.

782 *Schnabl*, in: Wabnitz/Janovsky, Hdb. Wirtschafts- u. SteuerstrafR, Kapitel 6, G. III. Rn. 64b.

783 Vgl. zum Vortatenkatalog des § 261 Abs. 1 StGB nach alter Rechtslage *Altenhain*, in: NK-StGB, § 261 Rn. 50; *Hecker*, in: Schönke/Schröder, § 261 Rn. 8; *Lütke*, wistra 2001, 85 (86).

II. Die Vorgaben der Richtlinie (EU) 2018/1673

Der partielle Entfall der Möglichkeit, die Qualifikation von Auslandstaten als Vortaten der Geldwäsche von einer Tatortstrafbarkeit abhängig zu machen, stellt eine bedeutende Veränderung im Vorgehen gegen Geldwäsche dar. Dies wurde von einigen Mitgliedstaaten nicht positiv aufgenommen. Nach der ersten Lesung des Entwurfs zur neuen Richtlinie gab Deutschland gemeinsam mit Tschechien, Slowenien und Griechenland eine diesbezügliche Erklärung ab.[784] Da durch die Neuregelung auch im Ausland legal erworbenes Vermögen taugliches Tatobjekt der Geldwäsche wurde, hatten die genannten Staaten ernsthafte Bedenken hinsichtlich der Verhältnismäßigkeit des Strafens nach dieser Regelung und der Vereinbarkeit der Regelung mit Art. 49 der Grundrechtecharta der Europäischen Union.[785] Daher hielten es die Staaten für erforderlich, an dem Prinzip des doppelten Strafbarkeitserfordernisses festzuhalten.[786] Diese Bedenken wurden vom Europäischen Parlament und der Mehrheit des Rates offenbar nicht geteilt. Art. 3 Abs. 4 Richtlinie (EU) 2018/1673 statuiert einen Entfall des doppelten Strafbarkeitserfordernisses zwingend für die folgenden Fallgruppen des Art. 2 Nr. 1 der Richtlinie (EU) 2018/1673: Beteiligung an einer organisierten kriminellen Vereinigung, Terrorismus, Menschenhandel und Schleusung von Migranten, sexuelle Ausbeutung einschließlich des sexuellen Missbrauchs und der sexuellen Ausbeutung von Kindern sowie Kinderpornografie, illegaler Drogenhandel, Korruption unter Beteiligung von Beamten sowie Bestechung im privaten Sektor.

III. Umsetzung in Deutschland

Da die Bundesrepublik Deutschland als Mitgliedstaat der Europäischen Union zur Umsetzung der Richtlinie (EU) 2018/1673 verpflichtet ist, wurde die Regelung zum Entfall der doppelten Strafbarkeit im Zuge der Reformierung des § 261 StGB übernommen.[787] Allerdings machte der deutsche Gesetzgeber in der Gesetzesbegründung deutlich, dass die Änderungen nur in dem zur Erfüllung der Umsetzungsverpflichtung „zwingend erforderlichen Umfang" übernommen werden sollten.[788]

784 Erklärung v. 05.10.2018 zum Verfahren 2016/0414 (COD).

785 Erklärung v. 05.10.2018 zum Verfahren 2016/0414 (COD), S. 2.

786 Erklärung v. 05.10.2018 zum Verfahren 2016/0414 (COD), S. 2.

787 Vgl. BGBl. I 2021, 327.

788 BT-Drs. 19/24180, S. 15.

1. *Vereinbarkeit mit völkerrechtlichen und nationalen Rechtsgrundsätzen*

Vor der Beantwortung der Frage, ob die neue Regelung ein verhältnismäßiges Mittel zur Bekämpfung der Geldwäsche auf internationaler Ebene darstellt, muss zunächst geklärt werden, ob dem neuen § 261 Abs. 9 Nr. 2 StGB das völkerrechtliche Interventionsverbot, der Nullum crimen sine lege-Grundsatz oder der Schuldgrundsatz entgegenstehen.

a) Völkerrechtliches Interventionsverbot

Aufgrund der Souveränität der einzelnen Nationen (Art. 2 Nr. 1 UN-Charta) verbietet das Völkerrecht die Einmischung von Staaten in die nationalen Angelegenheiten anderer Staaten.[789] Das völkerrechtliche Interventionsverbot, auch Nichteinmischungsgrundsatz genannt, zeigt so der nationalen Strafgewalt ihre Grenzen auf.[790] Dadurch soll verhindert werden, dass sich Nationen anmaßen, auf fremdem Staatsgebiet Sanktionen zu verhängen oder zu vollstrecken.[791]

Nun ist die Geldwäsche ein Anschlussdelikt, welches die Aufrechterhaltung einer durch eine Straftat geschaffenen rechtswidrigen Vermögenslage verhindern will.[792] Durch den neuen § 261 Abs. 9 StGB ist die Klassifizierung der Vortat als Straftat aber nicht mehr in jedem Fall eindeutig gegeben. Hier sind nun zwei Fälle zu unterscheiden: Nach § 261 Abs. 9 Nr. 1 StGB muss die Tat auch am Tatort mit Strafe bedroht sein. Dieser Fall ist relativ unproblematisch, denn die Vortat muss sowohl nach dem Recht des Tatortes als auch nach deutschem Recht eine strafbare Handlung darstellen. Folglich liegt nach beiden Rechtsordnungen ein strafrechtlich relevanter Zustand vor, der durch die Geldwäschestrafbarkeit und die Einziehung der inkriminierten Vermögenswerte aufgehoben werden soll. Die neu eingeführte Regelung des § 261 Abs. 9 Nr. 2 StGB legt hingegen für bestimmte Handlungen fest, dass diese unabhängig von dem Recht des Tatortes geldwäschetaugliche Vortaten darstellen. Ausschlaggebend soll nur die Strafwürdigkeit nach ausgewählten Richtlinien und Rahmenbeschlüssen der Europäischen Union sein. Somit kommt unweigerlich die Frage auf, ob es innerhalb der Befugnisse der deutschen Strafgewalt liegt, die Aufrechterhaltung von Vermögensverhältnissen, die nach dem Recht des „Tatortes" legal begründet

---

789 *Böse*, in: NK-StGB, vor §§ 3 ff. Rn. 12.

790 *Ambos*, in: MüKoStGB, Vor § 3 Rn. 14.

791 *Böse*, in: NK-StGB, vor §§ 3 ff. Rn. 12.

792 Vgl. Kapitel 3 A. II. 3.

wurden, als rechtswidrig zu betiteln und Handlungen die diesen Zweck verfolgen unter Strafe zu stellen.

Diese Frage ist zu bejahen. Durch die Neuregelung maßt sich Deutschland keineswegs an, auf fremdem Staatsgebiet Sanktionen für Taten zu verhängen die dort legal sind. Der Gesetzgeber beschränkt die Strafverfolgung auf Geldwäschehandlungen, die im Inland begangen wurden. Der Vortäter im Ausland ist nur den dortigen Gesetzen unterworfen. Demnach wird nur bestraft, wer auf deutschem Boden eine nach inländischem Recht strafbare Handlung vornimmt.[793] Und dies unterfällt nach dem Territorialitätsprinzip, welches auch in den §§ 3, 9 StGB verankert ist, unstreitig der deutschen Strafgewalt.[794] Weiterhin handelt es sich bei den in § 261 Abs. 9 Nr. 2 StGB aufgelisteten Vortaten um Verhaltensweisen, durch die nach europäischem und deutschem Rechtsempfinden unrechtmäßige Vermögenslagen geschaffen werden, die nicht nur deshalb privilegiert werden sollten, weil die Strafwürdigkeit am Tatort der Vortat anders beurteilt wird.

b) Nullum crimen sine lege, Art. 103 Abs. 2 GG

Für den Grundsatz, dass es keine Strafe ohne Gesetz geben kann gilt der gleiche Grundgedanke, der zum völkerrechtlichen Interventionsverbot ausgeführt wurde: Am Ende wird die Geldwäsche sanktioniert, nicht die Vortat.[795] Das Vertrauen des Handelnden wird nicht dadurch verletzt, dass keine Tatortstrafbarkeit der Vortat besteht, denn es wird nur das Vertrauen in die bestehende Rechtsordnung am Ort der Tathandlung – hier der Geldwäschehandlung – geschützt.[796]

c) Schuldgrundsatz

Der Grundsatz, dass es keine Strafe ohne Schuld geben darf (nulla poena sine culpa), ist einer der Grundpfeiler des deutschen Strafrechts.[797] Vorliegend relevant ist die Frage, ob eine Strafbegründungsschuld vorliegt, wenn der Täter verkennt, dass auch im Ausland verübte – dort legale – Handlungen taugliche

---

793 *Böse/Jansen*, JZ 2019, 591 (596).

794 *Ambos*, in: MüKoStGB, Vor § 3 Rn. 18; *Eser/Weißer*, in: Schönke/Schröder StGB, Vor §§ 3–9, Rn. 17; *Böse/Jansen*, JZ 2019, 591 (596); *Pfaffendorf*, NZWiSt 2012, 377 (378).

795 So auch *Böse/Jansen*, JZ 2019, 591 (596).

796 Vgl. auch *Böse/Jansen*, JZ 2019, 591 (596).

797 BVerfGE 9, 167 (169); BVerfGE 120, 224 (241); BVerfGE 123, 267 (413); kritisch *Marlie*, ZJS 2008, 41; *Hörnle*, Kriminalstrafe ohne Schuldvorwurf, S. 13 ff.; *Frister*, JuS 2013, 1057 (1061); *Kargl*, Kritik des Schuldprinzips, S. 198 ff.

Vortaten des § 261 StGB darstellen können und die Vornahme von Geldwäschehandlungen an Gegenständen aus solchen Vortaten strafbar ist.[798]

In einem solchen Fall irrt der Täter der Geldwäsche über die strafrechtliche Vorwerfbarkeit seiner Handlung. Denn er weiß, woher der Vermögensgegenstand stammt den er in Verwahrung nimmt, ist aber der irrtümlichen Auffassung, dies könne nicht als Geldwäschehandlung qualifiziert werden. Der Täter verkennt damit die Reichweite des § 261 StGB. Hierbei handelt es sich um einen Verbotsirrtum im Sinne des § 17 StGB. Das heißt die Schuld des Täters entfällt nur, wenn der Irrtum unvermeidbar ist (§ 17 S. 1 StGB). Da dem Täter also nur die Einsicht fehlt, Unrecht zu tun, liegt im Falle der Vermeidbarkeit dieses Irrglaubens eine Strafbegründungsschuld vor. Wobei Unvermeidbarkeit – was vor allem bei grenzüberschreitenden Sachverhalten relevant wird – nicht allein deshalb anzunehmen ist, weil die Erlangung von Informationen aufgrund einer Sprachbarriere erschwert wird.[799]

Denn hier wurde trotz des Irrtums ein Unrecht verwirklicht. Dieses liegt, wie bereits herausgearbeitet wurde, in der Begehung der Geldwäschehandlung, die nach deutschem Strafrecht als Unrecht qualifiziert wird. Das gilt auch, wenn die Vortat in bestimmten Fällen am Tatort nicht mit Strafe bedroht ist. Diese Überlegungen gelten ebenfalls für Fälle der Selbstgeldwäsche, denn der Täter wird nicht für die Begehung der Vortat, sondern für die Geldwäschehandlung auf deutschem Boden bestraft.

d) Zwischenergebnis

Im Ergebnis verstößt der Verzicht auf das doppelte Strafbarkeitserfordernis weder gegen das völkerrechtliche Interventionsverbot, noch gegen die verfassungsrechtlichen Grundsätze „nulla poena sine lege“ und „nulla poena sine culpa“.

Offen ist aber weiterhin die Frage nach der Legitimität einer Strafbarkeit für fortgesetztes Unrecht, wenn nach dem Recht des Tatortstaates gar kein unrechtmäßiger Zustand geschaffen wurde. Es ist zu untersuchen, ob die Kriminalisierung der Geldwäschehandlung in solchen Konstellationen verhältnismäßig ist. Maßgeblich ist, ob die Verhaltensweise unter den Schutzzweck der Norm fällt

---

798 Näher zur Strafbegründungsschuld und der Unterscheidung zur Strafzumessungsschuld *Radtke*, in: MüKoStGB, Vor § 38 Rn. 15; *Roxin/Greco*, StrafR AT I § 19 Rn. 54 f. *Achenbach*, Grundlagen der strafrechtssystematischen Schuldlehre, S. 3 ff.

799 *Böse*, in: Böse/Meyer/Schneider, Conflicts II, S. 114.

und das durch die Norm geschützte Rechtsgut verletzt.[800] Wenn die Vortat selbst nicht strafbar ist, muss die Frage gestellt werden, ob es für die Erreichung der mit dem Geldwäschetatbestand verfolgten Ziele erforderlich und angemessen ist, diese Handlungen unter Strafe zu stellen. Gleichsam relevant ist die Frage nach der Geeignetheit der konkreten Maßnahmen.

Also ist die Kernproblematik die Frage nach der Verhältnismäßigkeit der neuen Regelungen.[801]

2. *Verhältnismäßigkeit*

Der deutsche Gesetzgeber verfolgt mit der Reform des Geldwäschetatbestandes unter anderem das durchaus legitime Ziel, die praktische Handhabbarkeit des Geldwäschetatbestandes zu verbessern.[802] Gleichzeitig will er den vom Unionsgesetzgeber angeordneten Entfall des doppelten Strafbarkeitserfordernisses nur in dem Umfang umsetzen, der nach der Richtlinie (EU) 2018/1673 zwingend erforderlich ist.[803] Ansonsten schweigen sich die Gesetzgebungsmaterialien zu dem Grund der Änderung aus. Folglich ist davon auszugehen, dass der deutsche Gesetzgeber das doppelte Strafbarkeitserfordernis in den Fällen des Abs. 9 Nr. 2 nur aufhebt, weil er dazu unionsrechtlich verpflichtet ist (Art. 288 Abs. 3 in Verbindung mit Art. 291 Abs. 1 AEUV).[804] Demnach muss bei der Suche nach dem Zweck auf die der Vorgabe zugrunde liegende Richtlinie (EU) 2018/1673 zurückgegriffen werden.

Diese will mit der Regelung die Bekämpfung der organisierten Kriminalität vorantreiben, die Integrität und Stabilität des Finanzsektors sowie die innere Sicherheit der Europäischen Union schützen, durch die Harmonisierung der Strafvorschriften Strafbarkeits- und Durchsetzungslücken schließen

800 So auch *Böse/Jansen*, JZ 2019, 591 (596); *Hecker*, in: FS für Heinz, S. 716; zu § 370 Abs. 7 AO *Hadamitzky/Senge*, in: Erbs/Kohlhaas AO, § 370 Rn. 60.

801 Zum Verhältnis von Schuldgrundsatz zu Verhältnismäßigkeitsgrundsatz allgemein vgl. *Frisch*, NStZ 2013, 249.

802 BT-Drs. 19/24180, S. 11.

803 BT-Drs. 19/24180, S. 15.

804 Dafür spricht auch, dass Deutschland im Vorfeld zur RiL (EU) 2018/1673 nachdrückliche Bedenken gegen die Streichung des doppelten Strafbarkeitserfordernisses geäußert hatte, vgl. Erklärung der Tschechischen Republik, der Bundesrepublik Deutschland, der Hellenischen Republik und der Republik Slowenien zum Verfahren 2016/0414(COD).

sowie die strafrechtliche Verfolgbarkeit der Geldwäsche in den Mitgliedstaaten ausweiten.[805]

a) Geeignetheit zur Verfolgung der Ziele der Geldwäschebekämpfung

Durch den Entfall des doppelten Strafbarkeitserfordernisses kann die deutsche Justiz in Zukunft einige Taten als Geldwäschehandlungen ahnden, deren Verfolgung ihr vor der Reform nicht möglich war. In bestimmten Fällen wird der deutsche Staat nicht mehr an der Hürde scheitern, dass andere Nationen die Strafbarkeit von bestimmten (Vor)Taten nicht festgelegt haben. Dadurch werden kriminellen Organisationen Schlupflöcher verschlossen, durch die bis dahin legale Investitionen innerhalb der Europäischen Union möglich waren.[806] Dies schadet den kriminellen Organisationen und fördert zugleich die Integrität des europäischen Finanzsektors. Dadurch werden zudem theoretisch einige Strafbarkeitslücken verschlossen und die Strafverfolgung wird in Deutschland in mehr Konstellationen aufgenommen als bisher.

Die gesetzliche Reformierung im Bereich der Auslandsvortaten wird aber in der Praxis nicht dazu beitragen, die bereits dargestellten Probleme bei der praktischen Umsetzung, namentlich unterbesetzte Staatsanwaltschaften und mangelnde Kooperation bei internationalen Rechtshilfeersuchen, zu lösen.[807] Eher im Gegenteil wird die erneute Ausdehnung die Staatsanwaltschaften zusätzlich belasten.[808] Hier braucht es vor allem strukturelle Neuerungen.

Auch Rechtshilfeersuchen bei Drittstaaten werden durch die Neuregelung wohl nicht erfolgreicher werden. Die ausländischen Staaten werden noch weniger Anreiz verspüren, die deutschen Behörden bei ihren Ermittlungen zu unterstützen, wenn die in Frage stehenden Handlungen nach ihrer Rechtsordnung keine Straftaten darstellen. Unter Umständen könnten Anfragen die betreffende Nation sogar brüskieren, wenn sie die Legitimität ihrer Rechtsordnung in Frage gestellt sehen. Folglich ist die Reform auf den Aspekt der Rechtshilfe bezogen

---

805 Änderungsantrag 12 der Stellungnahme des Entwicklungsausschusses zu dem Vorschlag für eine Richtlinie des Europäischen Parlaments und des Rates über die strafrechtliche Bekämpfung der Geldwäsche vom 13.10.2017 (DEVE_AD(2017)608037); RiL (EU) 2018/1673, ABl. L 284/22, S. 24; Erwägungsgründe 1, 4 der RiL (EU) 2018/1673 v. 23.10.18.

806 Vgl. Änderungsantrag 12 der Stellungnahme des Entwicklungsausschusses

807 Siehe Kapitel 4 C. I.

808 Die Ermittlungen erfordern einen hohen Koordinierungs- und Ermittlungsaufwand im In- und Ausland, vgl. *Mansdörfer*, HRRS 2009, 252 (253).

zunächst kein geeignetes Mittel, die Bekämpfung der Geldwäsche und der damit einhergehenden organisierten Kriminalität voranzutreiben.

Ein weiteres Problem der Neuregelung ist die Akzessorietät des Geldwäschetatbestandes.[809] Der Nachweis einer rechtswidrigen Vortat stellt eines der größten Probleme der Geldwäschestrafverfolgung dar. Hier kann die Abschaffung des doppelten Strafbarkeitserfordernisses keine Abhilfe schaffen, da eine Handlung im Ausland nachgewiesen werden muss, die nach deutschem Recht als Straftat zu qualifizieren ist. Auch die Erbringung des Nachweises für eine strafbare Handlung im Sinne des § 261 Abs. 9 Nr. 2 StGB wird schwer sein. Der Vortatenkatalog des § 261 Abs. 1 StGB wurde im Rahmen derselben Reform abgeschafft, damit nicht mehr konkret die Begehung einer Katalogtat nachgewiesen werden muss.[810] Der neue § 261 Abs. 9 Nr. 2 StGB statuiert jedoch gerade einen solchen Vortatenkatalog für Auslandsvortaten. Demnach bedarf es des Nachweises der Tatumstände eines der aufgelisteten Delikte, damit eine Strafbarkeit festgestellt werden kann. Dies ist aber bereits bei in Deutschland begangenen Vortaten nicht einfach.[811] Hinzu kommen bei Auslandsvortaten die bereits angesprochenen Schwierigkeiten bei Rechtshilfeersuchen. Folglich wird es bei der Beweisbarkeit der Vortat immer Probleme geben, solange die Geldwäsche zumindest von der Begehung einer Vortat nach deutschem Recht abhängt. Vorgeschlagen wurde zur Abschwächung dieser Problematik den Entfall des doppelten Strafbarkeitserfordernisses auf alle in Betracht kommenden Vortaten, also alle Straftaten auszudehnen.[812] Jedoch würde dies die praktischen Probleme weiter verschärfen und den Kreis der geldwäschetauglichen Vortaten noch einmal erheblich erweitern. Weiterhin muss zunächst einmal geklärt werden, ob die bereits erfolgten Ausdehnungen verhältnismäßig sind. Nur falls dies festgestellt werden kann und nur falls die ersten Evaluationen zur Abschaffung des Vortatenkataloges in § 261 Abs. 1 StGB diese Änderung positiv bewerten, wäre es lohnenswert sich mit diesem Ansatz intensiver auseinanderzusetzen.

Zunächst bleibt demnach festzustellen, dass solange die praktischen Probleme nicht behoben sind, auch ein Entfall des doppelten Strafbarkeitserfordernisses die strafrechtliche Verfolgung der Geldwäsche nicht erfolgreicher machen kann. Die Hürden der Strafverfolgung sind zu groß.[813] Das bedeutet aber nicht,

---

809 *Bussmann/Veljovic*, NZWiSt 2020, 417 (419).

810 Vgl. BT-Drs. 19/24180, S. 2, 12.

811 Vgl. zu dieser Problematik Kapitel 4 B. I. 3.

812 *Bülte*, Stellungnahme zu BT-Drs. 19/24180, S. 13.

813 Ähnlich auch *Mansdörfer*, HRRS 2009, 252 (253); *Schnabl*, in: Wabnitz/Janovsky, Hdb. Wirtschafts- u. SteuerstrafR, Kapitel 6, G. III. Rn. 64.

dass der Schritt des Gesetzgebers grundlegend falsch ist, er kommt lediglich zu früh beziehungsweise er verkennt die primär zu lösenden Problematiken. Zunächst muss eine Verbesserung der internationalen Rechtshilfe auf völkerrechtlicher Ebene vorangetrieben und mehr Ressourcen bei den deutschen Staatsanwaltschaften geschaffen werden, inklusive geldwäschebezogener Fortbildungsangebote oder der Einrichtung von Schwerpunkt-Staatsanwaltschaften.[814] Bis dahin ist die Regelung nur eine zusätzliche Belastung in der Praxis der Geldwäschestrafverfolgung. Jedoch wird auch eine Verbesserung internationaler Zusammenarbeit und eine Stärkung der personellen Ressourcen nichts an der beschriebenen Beweisproblematik hinsichtlich der Auslandsvortat ändern, weshalb der neue § 261 Abs. 9 Nr. 2 StGB aller Voraussicht nach zu wenigen Verurteilungen führen wird.

Da der Entfall des doppelten Strafbarkeitserfordernisses aber wie dargestellt nicht grundsätzlich ungeeignet ist, soll im Folgenden auch auf die weiteren Voraussetzungen einer Verhältnismäßigkeit eingegangen werden unter der Prämisse, dass die praktischen Hindernisse behoben werden.

b) Kernaspekt: Erforderlichkeit zum Schutz der Rechtsgüter

Der Entfall des doppelten Strafbarkeitserfordernisses in den Fällen des § 261 Abs. 9 Nr. 2 StGB muss in erster Linie ein legitimes Mittel zur Geldwäschebekämpfung darstellen. Dies ist nur gegeben, wenn der Entfall notwendig ist, um die Rechtsgüter des § 261 StGB zu schützen. Sollte dies nicht der Fall sein, ist die Erfassung von Auslandsvortaten, die an ihrem Begehungsort nicht strafbar sind, kein geeignetes und erforderliches Mittel, um etwaige Strafbarkeitslücken zu schließen. Denn eine Strafbarkeitslücke kann überhaupt erst entstehen, wenn die geschützten Rechtsgüter durch straffreie Handlungsvarianten angegriffen werden können.[815]

aa) Die staatliche Rechtspflege

Ein Schutzgut des Geldwäschetatbestandes ist die staatliche Rechtspflege.[816] Ziel ist die Rückverfolgung der durch die Geldwäschehandlungen hinterlassenen Papierspur zum Täter der Vortat sowie die Beseitigung der Auswirkungen dieser Straftat. Es besteht ein legitimes Interesse der Strafverfolgungsbehörden an

---

814 *Bussmann/Veljovic*, NZWiSt 2020, 417 (425); dies ist wohl auch in Planung, vgl. *BMF*, Strategie gegen Geldwäsche und Terrorismusfinanzierung 2019, S. 17.

815 *Böse/Jansen*, JZ 2019, 591 (595).

816 Vgl. oben Kapitel 3 A. II.

der Wiederherstellung des rechtmäßigen Ausgangszustandes vor Begehung der rechtswidrigen Vortat. Die Beseitigung der Auswirkungen und die Wiederherstellung des rechtmäßigen Zustandes sind den deutschen Strafverfolgungsbehörden im Ausland unabhängig vom Tatortrecht aber nur dann möglich, wenn die Auslandsvortat von der deutschen Strafgewalt erfasst wird. Der Geltungsbereich deutschen Strafrechts im Ausland wird von den §§ 4 ff. StGB festgelegt:

In § 4 StGB ist der völkerrechtlich anerkannte Flaggengrundsatz kodifiziert.[817] Demnach ist das Schutzgut der staatlichen Rechtspflege immer dann betroffen, wenn die Vortat der Geldwäsche auf einem Schiff oder in einem Luftfahrzeug stattgefunden hat, das dem deutschen Staat angehörig ist.

Nach dem Staatsschutzprinzip in der Form des Realprinzips ist jede Nation berechtigt, Handlungen zu verfolgen die im Ausland begangen wurden, wenn durch die Handlung ein inländisches Rechtsgut bedroht wird.[818] Das Staatsschutzprinzip ist völkergewohnheitsrechtlich anerkannt.[819] Seine Legitimation ergibt sich aus dem Umstand, dass die Rechtsordnungen der meisten Staaten ausländische Rechtsgüter nicht oder nicht ausreichend schützen und daher angegriffene Staaten selbst zu ihrem Schutz tätig werden müssen.[820] Die Strafbarkeit der betreffenden Tat im Begehungsland ist nicht erforderlich.[821] Da auf Grundlage des Staatsschutzprinzips Eingriffe in die Hoheitsgewalt fremder Nationen möglich sind, kann dies aber nur im Falle der Bedrohung wichtiger innerstaatlicher Rechtsgüter legitim sein.[822] Folglich ist die Berufung darauf auf Fälle beschränkt, in denen Rechtsgüter angegriffen werden, die für den Bestand und die Sicherheit in dem betroffenen Staat von großer Bedeutung sind.[823] Daneben ist auch der aktive Personalitätsgrundsatz völkerrechtlich anerkannt.[824] Danach

---

817 *Ambos*, in: MüKoStGB, § 4 Rn. 1.

818 *Böse*, in: NK-StGB, Vor §§ 3 ff. Rn. 19; *Ambos*, in: MüKoStGB, Vor § 3 Rn. 35 f.; *Eser/Weißer*, in: Schönke/Schröder, Vor §§ 3–9 Rn. 23.

819 BVerfGE 92, 277 (321); *Safferling*, Internationales Strafrecht, S. 26; *Böse*, in: NK-StGB, Vor §§ 3 ff. Rn. 19.

820 *Böse*, in: NK-StGB, §§ 3 ff. Rn. 19; *Safferling*, Internationales Strafrecht, S. 26; *Ambos*, in: MüKoStGB, Vor § 3 Rn. 36.

821 *Safferling*, Internationales Strafrecht, S. 26; *Böse*, in: NK-StGB, §§ 3 ff. Rn. 19; *Hecker*, Europäisches Strafrecht, S. 46 f.

822 *Werle/Jeßberger*, JuS 2001, 35 (37); *Böse*, in: NK-StGB, Vor §§ 3 ff. Rn. 19; *Ambos*, in: MüKoStGB, Vor § 3 Rn. 37.

823 BVerfGE 92, 277 (321); *Böse*, in: NK-StGB, Vor § 3 Rn. 19; *Ambos*, in: MüKoStGB, Vor § 3 Rn. 37.

824 *Böse/Meyer/Schneider*, in: Böse/Meyer/Schneider, Conflicts I, 415; *Ambos*, in: MüKoStGB, Vor § 3 Rn. 28; *Holthausen*, NStZ 1992, 268 (269).

besteht die Strafgewalt eines Staates unabhängig vom Tatort, wenn der Täter inländischer Staatsangehöriger ist.[825]

Durch § 5 StGB wird die deutsche Strafgewalt auf Grundlage dieser Prinzipien kodifiziert.[826] Unter anderem wird die Strafgewalt auf den sexuellen Missbrauch und die sexuelle Ausbeutung von Kindern und Jugendlichen ausgedehnt, wenn der Täter deutscher Staatsangehöriger ist.[827] Damit wird ein Teilbereich des § 261 Abs. 9 Nr. 2 lit. g StGB erfasst. Auch die Bestechung unter Beteiligung von Beamten (§ 261 Abs. 9 Nr. 2 lit. a StGB) wird eingeschränkt von § 5 Nr. 15 StGB erfasst.[828]

Einige der Deliktsgruppen in § 261 Abs. 9 Nr. 2 StGB sind weiterhin vom Weltrechtsprinzip als Ausnahme vom völkerrechtlichen Interventionsverbot erfasst.[829] Das Weltrechtsprinzip ist teilweise in § 6 StGB verankert. In § 6 Nr. 2–8 StGB sind konkrete Straftatbestände genannt, deren Begehung unabhängig vom Tatortrecht verfolgt wird. § 6 Nr. 9 StGB dehnt den Anwendungsbereich auf Taten aus, zu deren Verfolgung sich Deutschland in einem verbindlichen zwischenstaatlichen Abkommen verpflichtet hat.

Das Weltrechtsprinzip erlaubt die Strafverfolgung gegen eine im Ausland begangene Tat, ohne die Zustimmung des Tatortstaates vorauszusetzen.[830] Es ist nicht erforderlich, dass die Handlung am Begehungsort strafbewehrt ist und auch die Nationalität des Täters ist unerheblich.[831] Da Strafverfolgungsmaßnahmen auf Grundlage des Weltrechtsprinzips die Souveränität anderer Nationen tangieren, muss jeder Eingriff dadurch gerechtfertigt werden, dass das

825 *Ambos*, in: MüKoStGB, Vor § 3 Rn. 28; *Eser/Weißer*, in: Schönke/Schröder, Vor §§ 3–9 Rn. 20.

826 *Ambos*, in: MüKoStGB, § 5 Rn. 1,2; *Heger*, in: Lackner/Kühl/Heger, § 5 Rn. 1; *Böse*, in: NK-StGB, § 5 Rn. 1.

827 Zum Schutz von Kindern vor sexuellem Missbrauch und sexueller Ausbeutung hat sich Deutschland auf völkerrechtlicher Ebene durch die Ratifizierung des UN-Übereinkommens über die Rechte des Kindes verpflichtet (vgl. Art. 34 des Übereinkommens), BGBl. II 1992, S. 122.

828 So fordert § 5 Nr. 15 lit. b einschränkend, dass der Täter seine Dienststelle zum Zeitpunkt der Tat in Deutschland hat. Soweit Nr. 15 lit. b und d an Europäische Amtsträger anknüpfen, so ist das Realprinzip als eigentlich staatlicher Grundsatz auch auf die Europäische Union übertragbar, vgl. dazu *Ambos*, in: MüKoStGB, Vor § 3 Rn. 38. mwN.

829 Vgl. Kapitel 4 C. III. 2. b) aa).

830 *Ambos*, in: MüKoStGB, Vor § 3 Rn. 46; *Böse*, in: NK-StGB, vor §§ 3 ff. Rn. 21.

831 BVerfG NJW 2001, 1848 (1852); *Ambos*, in: MüKoStGB, Vor § 3 Rn. 46.

Sicherheitsinteresse der Staatengemeinschaft betroffen ist.[832] Die Strafverfolgung ist nur erlaubt, wenn die Sicherheit der Staatengemeinschaft nicht anders bewahrt werden kann.[833]

Zu den vom Weltrechtsprinzip umfassten Deliktskategorien gehören: internationaler Terrorismus,[834] Betäubungsmitteldelikte,[835] sowie Menschenhandel.[836] Aufgrund der Vielzahl der Unterzeichnungen des Zusatzprotokolls gegen die Schleusung von Migranten zum UN-Übereinkommen gegen grenzüberschreitende organisierte Kriminalität ist davon auszugehen, dass auch die organisierte Schleusung von Migranten völkergewohnheitsrechtlich vom Weltrechtsprinzip erfasst ist.[837] Ob sich die sexuelle Ausbeutung von Kindern und die Kinderpornographie in diese Aufzählung einreihen lassen, ist nicht unumstritten, jedoch ist aufgrund des Zweiten Fakultativprotokolls zum UN-Übereinkommen über die Rechte des Kindes[838] ein völkerrechtlicher Konsens diesbezüglich zu bejahen

---

832 BVerfG NJW 2001, 1848 (1852); *Hilgendorf*, in: FS 600 Jahre Würzburger Juristenfakultät, S. 347; Ders., JR 2002, 79 (83); *Weißer*, GA 2012, 416 (418); *Ambos*, in: MüKoStGB, Vor § 3 Rn. 46; *Böse*, in: NK-StGB, Vor §§ 3 ff. Rn. 21; *Eser/Weißer*, in: Schönke/Schröder, Vor §§ 3–9 Rn. 25.

833 *Ambos*, in: MüKoStGB, Vor § 3 Rn. 46; *Böse*, in: NK-StGB, Vor §§ 3 ff. Rn. 21.

834 *Böse*, in: NK-StGB, Vor §§ 3 ff. Rn. 24; *Böse/Meyer/Schneider*, in: Böse/Meyer/Schneider, Conflicts I, S. 423; *Ambos*, in: MüKoStGB, Vor § 3 Rn. 54; anders *Weigend*, in: FS für Eser, S. 972; differenzierend *Werle/Jeßberger*, in: LK-StGB, Vor §§ 3 ff. Rn. 263. Zur Verfolgung von Terrorismus ist Deutschland auch im Rahmen der folgenden zwischenstaatlichen Abkommen verpflichtet: Art. 6 Abs. 1 Europäisches Übereinkommen zur Bekämpfung von Terrorismus; Art. 3 Abs. 1, 2 der Diplomatenschutzkonvention (BGBl. II 1976, S. 1745); Art. 5 Abs. 1, 2 der Geiselnahmekonvention (BGBl. II 1980, S. 1361); Art. 10 Abs. 1, 4 des Übereinkommens über die Sicherheit von Personal der Vereinten Nationen (BGBl. II 1997, S. 230); Art. 7 Abs. 1, 4 des Übereinkommens zur Bekämpfung der Terrorismusfinanzierung (BGBl. II 2003, S. 1923).

835 *Böse*, in: NK-StGB, Vor §§ 3 ff. Rn. 26; *Ambos*, in: MüKoStGB, Vor § 3 Rn. 56 mwN.; vgl. auch § 6 Nr. 5 StGB: a.A. wohl *Werle/Jeßberger*, in: LK-StGB, Vor §§ 3 ff. Rn. 106.

836 Menschenhandel wird aus historischen Gründen mit Sklaverei gleichgesetzt, vgl. *Böse*, in: NK-StGB, Vor §§ 3 ff. Rn. 25; The Princeton Principles on Universal Jurisdiction, Art. 2 Nr. 1; *Amnesty International*, Universal Jurisdiction, S. 9 ff.; *Böse/Meyer/Schneider*, in: Böse/Meyer/Schneider, Conflicts I, S. 423; siehe auch § 6 Nr. 4 StGB.

837 Zur Ratifizierung siehe BGBl. II 2005, 954. Das Zusatzprotokoll hat 149 Mitgliedstaaten (https://treaties.un.org/pages/ViewDetails.aspx?src=TREATY&mtdsg_no=XVIII-12-b&chapter=18&clang=_en, letzter Zugriff: 21.02.2023).

838 Gesetz zu dem Fakultativprotokoll vom 25.05.2000 zum Übereinkommen über die Rechte des Kindes, ratifiziert durch BGBl. II 2008, 1222. 177 Staaten haben das Zweite Fakultativprotokoll ratifiziert. Die UN-Kinderrechtskonvention selbst ist mit

und mithin auch eine Anwendbarkeit des Weltrechtsprinzips für die durch dieses Abkommen festgelegte Reichweite.[839]

Durch die Begehung eines solchen Deliktes wird die gemeinsame Wertegrundlage der Völkergemeinschaft angegriffen und damit auch die Werte der Bundesrepublik Deutschland. Folglich liegt es im Interesse der deutschen Strafverfolgungsbehörden, diese zu verteidigen und zu ihrem Schutz die begangene Tat zu verfolgen.

In den genannten Konstellationen ist die staatliche Rechtspflege betroffen.

Nicht vom Weltrechtsprinzip umfasst sind die folgenden Deliktskategorien des § 261 Abs. 9 Nr. 2 StGB: die Bestechung unter Beteiligung von Beamten und im privaten Sektor (lit. a und c);[840] bei der Beteiligung an einer organisierten kriminellen Vereinigung (lit. e) wird es auf ein grenzüberschreitendes Vorgehen und die Schwere der Straftaten ankommen, zu deren Begehung sich die Gruppierung gebildet hat;[841] Terrorismusbekämpfung (lit. h) unterfällt nur dem Weltrechtsprinzip, sofern der Terrorismus einen internationalen Bezug aufweist, was von der Richtlinie (EU) 2017/541 nicht gefordert wird. Die sexuelle Ausbeutung von Kindern und die Kinderpornographie (lit. g) ist in der Reichweite des Zweiten Fakultativprotokolls zum UN-Übereinkommen über die Rechte des Kindes vom 25.05.2000 vom Weltrechtsprinzip erfasst.[842] Daher dient die Einbeziehung dieser Delikte in den § 261 Abs. 9 Nr. 2 StGB nicht dem Schutz der staatlichen Rechtspflege, wenn auch der Flaggengrundsatz nicht greift und im Falle der Bestechung unter Beteiligungen von Beamten oder sexuellen Ausbeutung von Kindern nicht die in § 5 StGB genannten Bedingungen vorliegen.

---

196 Ratifizierungen das Menschenrechtsübereinkommen mit der höchsten Zustimmung, vgl. https://www.bmz.de/de/service/lexikon/uebereinkommen-ueber-die-rechte-des-kindes-60262#:~:text=Die%20Kinderrechtskonvention%20hat%20die%20gr%C3%B6%C3%9Fte,ratifiziert%20(Stand%20April%202021), zuletzt abgerufen am 16.01.2023.

839 *Böse*, in: NK-StGB, Vor §§ 3 ff. Rn. 27; wohl auch *Eser/Weißer*, in: Schönke/Schröder, § 6 Rn. 7; *Böse/Jansen*, JZ 2019, 591 (597); ablehnend: *Ambos*, in: MüKoStGB, § 6 Rn. 14; *Werle/Jeßberger*, in: LK-StGB, § 6 Rn. 86 ff.

840 Ein das Weltrechtsprinzip begründendes Übereinkommen im Sinne des § 6 Nr. 9 StGB gibt es für diese Delikte nicht.

841 Vgl. Reichweite der Übereinkommen der Vereinten Nationen vom 15. November 2000 gegen grenzüberschreitende organisierte Kriminalität, BGBl. II 2005, 954.

842 Das bedeutet der sexuelle Missbrauch von Kindern, der nicht mit einer Ausbeutung einhergeht sowie die Kontaktaufnahme zu Kindern für sexuelle Zwecke sind zwar von der RiL 2011/93/EU erfasst, aber nicht vom Weltrechtsprinzip.

Im Falle von Auslandsvortaten, die weder am Tatort strafbar sind noch deren Strafverfolgung völkerrechtlich legitimiert ist, kann also durch die Verfolgung der Geldwäsche der rechtmäßige Ausgangszustand nicht wiederhergestellt werden. Denn in der vorliegend beachtlichen Konstellation, also in den Varianten des § 261 Abs. 9 Nr. 2 StGB, die nicht bereits völkerrechtlich legitimiert sind, verbietet das völkerrechtliche Interventionsverbot eine Strafverfolgung der Vortat.[843] Diese unterliegt nicht der deutschen Gerichtsbarkeit. Da die Vortaten am Begehungsort nicht mit Strafe bedroht sind, kann Deutschland auch nicht im Rahmen einer stellvertretenden Strafrechtspflege tätig werden.[844] Folglich würde eine Rückverfolgung der Papierspur nichts bringen, denn der Vortäter bliebe in jedem Fall straffrei. Demnach besteht an der Verfolgung und Aufklärung der im Ausland begangenen Taten kein nationales öffentliches Interesse, sodass die inländische Rechtspflege in den Fällen, in denen die Vortat am Tatort nicht strafbar ist, auch nicht betroffen ist.[845]

bb) Das verletzte Rechtsgut der Vortat

Bezeichnend für die Statuierung einer Strafbarkeit der Geldwäsche im Falle von Vortaten, die am Tatort nicht mit Strafe bedroht sind ist, dass das in Frage stehende Rechtsgut am Begehungsort der Vortat wohl nicht als schützenswert angesehen wird. Die Rechtsgutsverletzung durch Begehung einer rechtswidrigen Vortat ist aber eigentlich Voraussetzung der Geldwäschestrafbarkeit.[846] In einigen Konstellationen des neuen Kataloges an Auslandsvortaten sind Rechtsgüter von so hohem Rang betroffen, dass über ihre Schutzwürdigkeit völkerrechtlicher Konsens besteht. Ist dies der Fall, so ist auch die Bundesrepublik Deutschland auf Grundlage des Weltrechtsprinzips zum Schutz dieser Rechtsgüter im Ausland berufen.

Ist die Tat am Tatort straffrei, wurde aber ein hochrangiges deutsches Rechtsgut oder ein Rechtsgut von einem deutschen Täter verletzt, so kann durch die Verfolgung der Geldwäschestraftat dazu beigetragen werden, das durch die Vortat

---

843 Vgl. die „Lotus-Entscheidung" PCIJ Series A No. 10; *Böse*, in: NK-StGB, Vor §§ 3 ff. Rn. 12; *Ambos*, in: MüKoStGB, Vor § 3 Rn. 14; *Eser/Weißer*, in: Schönke/Schröder, Vor §§ 3–9 Rn. 12.

844 Ausführlich *Böse/Jansen*, JZ 2019, 591 (596 f.); zum Begriff der stellvertretenden Strafrechtspflege *Werle/Jeßberger*, JuS 2001, 35 (37).

845 So auch *Böse/Jansen*, JZ 2019, 591 (596).

846 *El-Ghazi*, in: Herzog GwG, § 261 StGB Rn. 35; *Hecker*, in: Schönke/Schröder, StGB, § 261 Rn, 4 f.; *Altenhain*, in: NK-StGB, § 261 Rn. 24; *Hoyer*, in: SK-StGB, § 261 Rn. 5; *Vogel*, ZRP 2020, 111 (112).

betroffene Rechtsgut zu schützen. Daran hat die Bundesrepublik Deutschland aufgrund der Auswirkungen der Rechtsgutsverletzung auf die inneren Angelegenheiten des Staates auch ein legitimes Interesse.

In allen anderen Konstellationen, in denen keine völkerrechtliche Grundlage beziehungsweise eine nach den §§ 3 ff. StGB besteht ist fraglich, inwiefern eine Strafverfolgung der Geldwäsche in Deutschland unter dem Gesichtspunkt des Rechtsgüterschutzes erforderlich ist. Es wäre daran zu denken, dass zumindest durch die Verhinderung der Aufrechterhaltung des hier pönalisierten Zustandes Gerechtigkeit für das am Tatort nicht geschützte Rechtsgut geübt werden kann. Ein solcher Gerechtigkeitsgedanke würde aber die weitestgehende Wiederherstellung des ursprünglichen Zustands vor der „Verletzung" des Rechtsguts voraussetzen. Dies wird allerdings auf internationaler Ebene oftmals schwer oder gar nicht möglich sein, da erst der oder die (nach hiesiger Rechtsauffassung) Geschädigte der Vortat ausfindig gemacht und gegebenenfalls in die Hoheitsgewalt anderer Staaten eingegriffen werden müsste. Durch die Strafbarkeit der Geldwäsche in dieser Konstellation könnte allerdings ein präventiver Schutz der Rechtsgüter etwaiger Vortaten erzielt werden. Wenn kriminelle Organisationen und andere Vortäter die Taterträge aus der nicht strafbaren Auslandsvortat nicht mehr in anderen Ländern investieren können, dann wird ihnen dadurch ein Anreiz zur Begehung weiterer Taten dieser Art in den in Frage kommenden Ländern genommen.[847] Zwar ist eine deutschlandweite Pönalisierung, beziehungsweise eine Pönalisierung innerhalb der Europäischen Union allein zur Erreichung dieses Ziels wohl noch nicht ausreichend, aber zumindest ein Anfang. Insbesondere da es innerhalb der Europäischen Union einige wirtschaftsstarke Nationen gibt, die für Anlagen und Investitionen besonders attraktiv sind.

An dieser Stelle kann der Gedanke aufkommen, dass es sich bei Deutschland und der Europäischen Union aber nicht um eine Art Weltpolizei handelt, die anderen Nationen durch derartige Regelungen indirekt ihre Werte aufzwingen muss. Es stellt sich die Frage, ob es erforderlich ist Verhaltensweisen in anderen Nationen indirekt zu pönalisieren, über deren Strafbarkeit kein völkerrechtlicher Konsens besteht.

Zwar besitzt jede Nation staatliche Souveränität dahingehend, ihre eigenen rechtlichen Wertvorstellungen auf ihrem Hoheitsgebiet durchzusetzen.[848] Das

---

847 Grundsätzlich zu dieser Funktion des Geldwäschetatbestandes *Hoyer*, in: SK-StGB, § 261 Rn. 2; *Salditt*, StraFo 1992, 121 (122); *Hefendehl*, in: FS für Roxin, S. 153; *Leip*, Der Straftatbestand der Geldwäsche, S. 54 f.

848 Aber Begrenzung durch das Völkerrecht, *Streinz*, in: Sachs GG, Art. 25 Rn. 54; *Herdegen*, in: Dürig/Herzog/Scholz GG, Art. 25 Rn. 51, 54; *Herdegen*, Völkerrecht, S. 198.

bedeutet der deutsche Staat muss nicht zur Aufrechterhaltung von Vermögenszuordnungen beitragen, deren Entstehung dem innerstaatlichen Rechtsempfinden zuwiderläuft. Diese Überlegungen ändern jedoch nichts an der Tatsache, dass Deutschland nur ein begrenztes Interesse daran haben kann, durch die innerstaatliche Rechtsordnung auch Rechtsgüter in anderen Nationen, deren Rechtsordnungen von unserer unabhängig sind, zu schützen und dies wohl auch nicht wesentlich zur Bekämpfung lukrativer Kriminalität im Inland beitragen wird. Zudem sind die Möglichkeiten des deutschen Staates, die Verletzung ausländischer Rechtsgüter im Ausland zu beseitigen nicht zuletzt aufgrund des völkerrechtlichen Interventionsverbotes sehr begrenzt. Der Entfall des doppelten Strafbarkeitserfordernisses ist mithin zum Schutz verletzter Vortatrechtsgüter weder geeignet noch erforderlich.

cc) Legitimer Wirtschafts- und Finanzkreislauf

Geldwäschehandlungen schädigen den legalen Wirtschafts- und Finanzkreislauf.[849] Durch die Einschleusung illegal erlangter Gelder werden Konsum- und Anlageentscheidungen verzerrt, das Wirtschaftswachstum beeinträchtigt und die Stabilität des Finanzsystems gefährdet.[850] Im Falle der Straflosigkeit der Auslandsvortat werden jedoch legal erlangte Gelder in Umlauf gebracht. Demnach liegt die Annahme nahe, dass keine Verunreinigung durch die Investition legal erworbener Vermögenswerte stattfinden kann.

Hier verhält es sich aber so, dass Gelder in den deutschen Finanzkreislauf gelangen, die dort nach dem inländischen Rechtsempfinden nicht hingehören und durch die Art und Weise ihrer Erlangung als bemakelt betrachtet werden. Weiterhin entstehen den im Ausland agierenden Investoren Wettbewerbsvorteile, die inländische Investoren nicht haben, da die Beschaffung von finanziellen Mitteln durch Handlungen im Sinne des § 261 Abs. 9 Nr. 2 StGB hier strafbar wäre.[851] Dadurch wird nach der inländischen Rechtsordnung legal erlangtes Geld entwertet und den Auslandstätern entstehen unlautere Vorteile.[852] So

849 *Lampe*, JZ 1994, 123 (125); *Hecker*, in: FS für Heinz, 717; zweifelnd *Schindler*, NZWiSt 2020, 457 (459).

850 Vgl. Kapitel 3 A. II. 2.

851 *Findeisen*, wistra 1997, 121 (126); *Unger u. a.*, The Amounts and Effects of Money Laundering, S. 83.

852 *Unger u. a.*, The Amounts and Effects of Money Laundering, S. 85, vgl. auch https://www.br.de/nachrichten/bayern/mafia-kaeufe-lassen-immobilienpreise-explodieren,QncOpLh, zuletzt aufgerufen am 24.02.2023; *Siska*, Die Geldwäsche und ihre

können solche Gruppierungen auch hierzulande Einfluss auf Wirtschaft und Gesellschaft gewinnen.[853] Wenn solche Verbindungen und Konstellationen publik werden, kann dies zudem das öffentliche Vertrauen in die betroffenen Unternehmen schwerwiegend schädigen.[854] Niemand hätte ein gutes Gefühl dabei zu wissen, dass einer der Großaktionäre der eigenen Hausbank in anderen Ländern Handlungen vornimmt, die man hierzulande Korruption nennt. Eine Hinnahme dieses Ergebnisses, vor allem mit Blick auf die Schwere der in § 261 Abs. 9 Nr. 2 StGB aufgeführten Delikte und der Beeinträchtigung des Wirtschaftswachstums, mithin der Schädigung der Gesellschaft durch solche Investitionen, kann nicht sachgerecht sein.[855] Folglich ist es für den Schutz des Wirtschafts- und Finanzkreislaufs erforderlich, dass Auslandsstraftaten auch ohne Rücksicht auf ihre Strafbarkeit am Tatort durch den Geldwäschetatbestand erfasst werden.

dd) Zwischenergebnis

Zum Schutz der staatlichen Rechtspflege und des durch die Vortat verletzten Rechtsguts ist die Abschaffung des doppelten Strafbarkeitserfordernisses bei Auslandsvortaten weder geeignet noch erforderlich. Diese Rechtsgüter werden durch Vortaten, die am Tatort nicht strafbar sind nicht tangiert. An dieser Stelle sei betont, dass es nur um die Fälle des § 261 Abs. 9 Nr. 2 StGB geht, die nicht aufgrund des Weltrechtsprinzips, des Staatsschutzprinzips oder des aktiven Personalitätsgrundsatzes der deutschen Gerichtsbarkeit unterfallen. Zum Schutz des legitimen Wirtschafts- und Finanzkreislaufs ist die Abschaffung des Strafbarkeitserfordernisses der Tat am ausländischen Tatort jedoch erforderlich. Geklärt werden muss demnach nun die Frage der Angemessenheit dieser Regelung.

c) Angemessenheit

Es besteht ein großes Interesse daran, den Wirtschafts- und Finanzkreislauf zu schützen, damit die inländische Ökonomie nicht beeinträchtigt wird, ein gerechter Leistungswettbewerb möglich bleibt und kriminelle Organisationen nicht durch Marktvorteile am inländischen Markt profitieren können.[856] Wenn eine

---

Bekämpfung, S. 51; *Koslowski*, Harmonisierung der Geldwäschestrafbarkeit, S. 52; *Sieber/Bögel*, Logistik der Organisierten Kriminalität, S. 356.

853 *Bottke*, wistra 1995, 121 (126); *Unger u. a.*, The Amounts and Effects of Money Laundering, S. 86 m.w.N.; *Koslowski*, Harmonisierung der Geldwäschestrafbarkeit, S. 52.

854 So auch *Gentzik*, Europäisierung des deut. und eng. Geldwäschestrafrechts, S. 32.

855 Vgl. auch *Schneider u. a.*, Geldwäsche – Formen, Akteure, Größenordnung, S. 140.

856 *Findeisen*, wistra 1997, 121 (126); *Bottke*, wistra 1995, 121 (124).

solche Situation nicht verhindert wird, bestünde unter Umständen zudem die Gefahr, dass bislang redliche Marktteilnehmer ihrerseits zu unlauteren Mitteln greifen könnten, um wettbewerbsfähig zu bleiben.[857]

Jedoch kann potentiell schädlicher Einfluss auf den legalen Wirtschafts- und Finanzkreislauf nur durch Anleger oder Anlegergruppierungen verübt werden, die hohe Beträge umstrittener Herkunft in den deutschen Finanzkreislauf einspeisen.[858] Das bedeutet, der Katalog des § 261 Abs. 9 Nr. 2 StGB stellt nur insoweit ein angemessenes Mittel zum Schutz des Wirtschafts- und Finanzkreislaufes dar, als er Akteure daran hindert, größere Investitionen mit inkriminiertem Geld in Deutschland oder der Europäischen Union zu tätigen und so das Gefüge des legalen Wirtschafts- und Finanzkreislaufes schützt.[859]

Vor allem die vom Katalog erfassten Handlungen, die typischerweise in organisierter Begehungsweise erfolgen, werden beträchtliche Erträge erwirtschaften, die dann investiert werden und somit die Voraussetzung für die Angemessenheit der Geldwäschestrafbarkeit erfüllen. Jedoch muss die Sanktionierung für jede individuelle Geldwäschehandlung angemessen sein. Deshalb muss innerhalb der Deliktskategorien immer im Einzelfall betrachtet werden, ob für die konkrete Tat eine völkerrechtliche Legitimation besteht oder die erwirtschafteten Taterträge so hoch sind, dass der legale Wirtschafts- und Finanzkreislauf gefährdet oder verletzt wird. Eine verhältnismäßige Geldwäschestrafbarkeit auf Grundlage des neuen § 261 Abs. 9 Nr. 2 StGB kann nicht pauschal für alle Deliktsgruppen festgestellt werden.

d) Ergebnis

Die Abkehr vom doppelten Strafbarkeitserfordernis durch § 261 Abs. 9 Nr. 2 StGB ist im Ergebnis nur dann zulässig und verhältnismäßig, wenn eine völkerrechtliche Legitimation besteht oder das Rechtsgut des legalen Wirtschafts- und Finanzkreislaufs verletzt wird. Hier muss die Einschränkung vorgenommen werden, dass das genannte Rechtsgut nur dann gefährdet sein kann, wenn größere Mengen an Vermögenswerten in Umlauf gebracht werden. Dies ist immer einzelfallabhängig und kann nicht für alle aufgelisteten Deliktskategorien pauschal bejaht werden.

---

857 So auch *Koslowski*, Harmonisierung der Geldwäschestrafbarkeit, S. 52, es entsteht eine „Sogwirkung“.

858 *Vogel*, ZRP 2020, 111 (113).

859 Ab welcher Summe die Voraussetzung für eine solche „größere“ Investition erfüllt ist, wird im nächsten Kapitel untersucht, Kapitel 5 A. III. 2.

Daneben bleibt zu bedenken, dass zunächst die praktischen Probleme hinsichtlich der Rechtshilfeersuchen und der personellen Ressourcen in den Strafverfolgungsbehörden behoben werden müssen, damit die neue Regelung des § 261 Abs. 9 Nr. 2 StGB überhaupt Aussicht auf Erfolg haben kann.

3. *Formale Umsetzung: Liste der Übereinkommen in § 261 Abs. 9 Nr. 2 StGB*

Der deutsche Gesetzgeber hat sich dazu entschieden, in § 261 Abs. 9 Nr. 2 StGB n.F. die in der Richtlinie (EU) 2018/1673 genannten zwingenden Ausnahmen vom doppelten Strafbarkeitserfordernis in Form der Nennung der einschlägigen Vorschriften und Übereinkommen der Europäischen Union darzustellen. Das Ziel der Verbesserung der praktischen Handhabbarkeit des Tatbestandes kann durch diesen unübersichtlichen Katalog der Auslandsvortaten in jedem Fall nicht gefördert werden.[860] Der österreichische Geldwäschetatbestand geht noch weiter und verweist lediglich auf Art. 2 Nr. 1 lit. a bis e und h der Richtlinie (EU) 2018/1673.[861] Dies mag auf den ersten Blick übersichtlicher wirken, verlängert für den Rechtsanwender aber nur den Weg zu den einschlägigen Normen. Abgeordnete der damaligen Oppositionsparteien FDP und Bündnis 90/Die Grünen äußerten bereits Bedenken in einer der Plenarsitzungen, in denen im deutschen Bundestag über den Regierungsentwurf zum neuen Geldwäschetatbestand diskutiert wurde.[862] Hierdurch werde die Rechtsanwendung erheblich erschwert.[863] Weiterhin sei die Vereinbarkeit von „Kaskadenverweisungen“ mit dem Bestimmtheitsgrundsatz zweifelhaft.[864]

Diese Bedenken sind nicht unbegründet. Bei Geldwäsche handelt es sich um ein Allgemeindelikt.[865] Daher muss auch der juristische Laie dem Gesetz in zumutbarer Art und Weise entnehmen können, was strafbar ist und was

---

860 Vgl. auch *Bülte*, Stellungnahme zu BT-Drs. 19/24180, S. 13; *BDK*, Stellungnahme zum RefE eines Gesetzes zur Verbesserung der strafrechtlichen Bekämpfung der Geldwäsche, S. 6; *Altenhain/Fleckenstein*, JZ 2020, 1045 (1047); *Travers/Michaelis*, NZWiSt 2021, 125 (127); *Gazeas*, NJW 2021, 1041 (1042); zur Unübersichtlichkeit der Neuregelung auch *Ruhmannseder*, in: BeckOK StGB, § 261 Rn. 14.

861 Siehe § 165 Abs. 5 Nr. 2 des österreichischen Strafgesetzbuches.

862 *Deutscher Bundestag*, Plenarprotokoll 19/209, S. 26415 f.

863 Ebenso *Gazeas*, NJW 2021, 1041 (1042).

864 So Abgeordneter Martens (FDP) *Deutscher Bundestag*, Plenarprotokoll 19/209, S. 26416.

865 BVerfGE 110, 226 (248).

nicht. Im Falle des reformierten § 261 Abs. 9 Nr. 2 StGB wird nicht auf Tatbestände des Strafgesetzbuches verwiesen. Dadurch ist für die Konkretisierung der strafrechtlich relevanten Vortaten ein erhöhter Rechercheaufwand notwendig. Dennoch sind dem Bundesverfassungsgericht zufolge solche statischen Verweisungen[866] auf andere Rechtsvorschriften – und hierzu gehört auch Unionsrecht – grundsätzlich zulässig.[867] Weiterhin sind die Übereinkommen in § 261 Abs. 9 Nr. 2 StGB auch mit ihrer vollständigen Bezeichnung sowie der einschlägigen Vorschriften gelistet und frei zugänglich.[868] Beispielsweise wird in § 261 Abs. 9 Nr. 2 lit. d StGB auf den Rahmenbeschluss 2004/757/JI verwiesen, in dem strafbare Handlungen im Zusammenhang mit Drogenhandel genannt werden.[869] Dieser Rahmenbeschluss verweist seinerseits zu Begriffsbestimmung von „Drogen" und „Grundstoffen" auf drei UN-Übereinkommen.[870] Die Vereinbarkeit solcher Regelungskaskaden mit dem Bestimmtheitsgrundsatz wird in der Literatur kritisch gesehen.[871] Nach dem Bundesgerichtshof liegt allerdings kein Verstoß gegen Art. 103 Abs. 2 GG vor, wenn die Vorschrift auf die verwiesen wird ihrerseits den Anforderungen des Art. 103 Abs. 2 GG genügt.[872] Dies ist im Falle der strafbaren Handlungen im Zusammenhang mit Drogenhandel der Fall. Zudem ist im Katalog des § 261 Abs. 9 StGB durch die ausführliche Bezeichnung der Übereinkommen zumindest erkennbar, um welche Fallgruppen es sich handelt. Daher wird ein Verstoß gegen den Bestimmtheitsgrundsatz im Ergebnis abzulehnen sein. Dennoch ist eine solch umständliche Aufzählung über mehrstufige Verweisungen nicht erforderlich. Alle aufgezählten Rahmenbeschlüsse und Richtlinien sind in nationales Recht übernommen, also sind alle in den unionsrechtlichen Vorschriften enthaltenen strafbaren Handlungen als Pendant im deutschen Strafrecht zu finden. Daher wäre es übersichtlicher und für den Rechtsanwender transparenter, statt der EU-Vorschriften und Übereinkommen

---

866 Statische Verweisung meint den Verweis auf feststehendes Recht, wohingegen dynamische Verweisungen auch dann noch gelten, wenn die betreffende Norm geändert wird.

867 BVerfG NJW 2016, 3648 (3650); BVerfG NJW 1970, 2155 (2156); BVerfG NJW 1978, 1475 (1476); BVerfG NJW 1982, 2859 (2860).

868 Zu diesen Voraussetzungen BVerfG NJW 1978, 1475 (1476); *Heintschel-Heinegg*, in: BeckOK StGB, § 1 Rn. 12.1.

869 Siehe hierzu *Deutscher Bundestag*, Plenarprotokoll 19/209, S. 26415.

870 Vgl. Art. 1 Nr. 1, 2 des Rahmenbeschlusses 2004/757/JI.

871 *Sandkuhl/Bellinghausen*, in: MAH AgrarR, § 24 Rn. 123; *Pananis*, in: MüKoStGB, § 119 WpHG Rn. 4.

872 BGH NZWiSt 2017, 146 (147).

die Normen des deutschen Strafrechts aufzulisten, die diesen entsprechen.[873] Dadurch würde der Katalog insgesamt an Übersichtlichkeit gewinnen.[874]

IV. Zusammenfassung und Endergebnis

Zu dem Entfall des doppelten Strafbarkeitserfordernisses in dem Vortatenkatalog des neuen § 261 Abs. 9 StGB lassen sich abschließend die folgenden Aussagen treffen: Die Streichung der Notwendigkeit, dass die Vortat der Geldwäsche auch am Tatort strafbar ist, verstößt nicht gegen das völkerrechtliche Interventionsverbot und auch nicht gegen den Nullum crimen sine lege-Grundsatz oder das Schuldprinzip. Ein Verstoß gegen diese tragenden Rechtsgrundsätze kann damit verneint werden.

Der Entfall des doppelten Strafbarkeitserfordernisses wird die effektivere Geldwäschebekämpfung nicht signifikant fördern, da keine hinreichenden Ressourcen vorhanden sind und das bekannte Problem des Vortatnachweises bei Katalogtaten besteht.

Auch wenn kein Verstoß gegen höherrangiges Recht vorliegt, kann der neue Katalog nur dann legitim sein, wenn die Strafverfolgung der Vortat durch Deutschland zum Schutz des von § 261 StGB geschützten Rechtsgüter geeignet, erforderlich und angemessen ist. Der Schutzbereich der staatlichen Rechtspflege und des durch die Vortat verletzten Rechtsgutes sind im Falle von Auslandsvortaten grundsätzlich nicht betroffen.[875] Zum Schutz des legitimen Finanz- und Wirtschaftskreislaufes ist eine Abkehr von der Bedingung der Strafbarkeit am Tatort erforderlich. Jedoch kann dies nur verhältnismäßig sein, wenn die Kreisläufe auch wirklich Schaden nehmen könnten. Das ist nur dann der Fall, wenn durch die Straftaten erhebliche Summen erwirtschaftet werden, die in den Wirtschafts- und Finanzkreislauf eingespeist werden.[876]

---

873 So auch *Bülte*, Stellungnahme zu BT-Drs. 19/24180, S. 13; andere Ansicht *Altenhain/Fleckenstein*, JZ 2020, 1045 (1047) die die Nennung von „EU-Delikten" als notwendig ansehen, da die Richtlinie nur im zwingend erforderlichen Umfang umgesetzt werden soll.

874 *Bülte*, Stellungnahme zu BT-Drs. 19/24180, S. 13; *BDK*, Stellungnahme zum RefE eines Gesetzes zur Verbesserung der strafrechtlichen Bekämpfung der Geldwäsche, S. 6.

875 Zur staatlichen Rechtspflege so auch *Böse/Jansen*, JZ 2019, 591 (596 f.).

876 Ab welchem Betrag eine solche erhebliche Summe bejaht werden kann wird im folgenden Kapitel näher untersucht.

Im Ergebnis ist die Verfolgung von Geldwäschefällen, in denen die Mittel aus Vortaten der in § 261 Abs. 9 Nr. 2 StGB bezeichneten Konstellationen stammen in den folgenden zwei Fällen legitim:

Erstens die deutsche Strafgewalt wird unter völkerrechtlicher Legitimierung auf das Ausland ausgeweitet. In diesen Fällen dient die Verfolgung der Geldwäsche der staatlichen Rechtspflege. Dies ist bei Terrorismus mit internationalem Bezug; sexueller Ausbeutung von Kindern und Kinderpornographie, soweit die Bestimmungen der Richtlinie 2011/93/EU nicht über die des Zweiten Fakultativprotokolls zur EU-Kinderrechtskonvention hinausgehen; Schleusung von Migranten; Menschenhandel; Drogendelikten; Beteiligung an kriminellen Vereinigungen in grenzüberschreitenden Fällen und in einigen Konstellationen der Bestechung unter Beteiligung von Beamten gegeben.

Zweitens wenn im Einzelfall derart hohe Beträge gewaschen werden, dass der Wirtschafts- und Finanzkreislauf verunreinigt wird.

D. Abschließende Bewertung der Reform

Es ist zu konstatieren, dass sich der Geldwäschetatbestand nach dem Listenansatz als dysfunktional erwiesen hat. Nach drei Jahrzehnten stetiger Erweiterungen und „Optimierungen" kam es im Jahr 2019 nur bei zwei Prozent der eingeleiteten Ermittlungsverfahren zu einer Verurteilung.[877] Eine grundlegende Reform des § 261 StGB war dringend erforderlich und überfällig.

Durch die Einführung des All-Crimes-Ansatzes gewinnt § 261 Abs. 1 StGB in jedem Fall an Übersichtlichkeit.[878] Nun muss keine lange Liste von geldwäschetauglichen Vortaten mehr durchforstet werden. Der Straftatbestand bringt so vor allem für den juristischen Laien mehr Rechtssicherheit. In welchem Ausmaß durch den All-Crimes-Ansatz tatsächlich das Kernproblem des schwierigen Vortatnachweises gelöst werden kann, wird sich erst durch die praktische Anwendung zeigen. Auch der neue Tatbestand verlangt den Nachweis, dass das Tatobjekt der Geldwäsche aus einer rechtswidrigen Vortat herrührt. Jedoch müssen nicht mehr einzelne Komponenten einer Katalogtat, vor allem keine gewerbs- oder bandenmäßige Begehung festgestellt werden. Bei einem Tatbestand nach dem Herkunftsprinzip wird es immer gewisse Probleme hinsichtlich des Vortatnachweises geben. Ein gewichtiges Indiz dafür, dass die Reformierung des Tatbestandes eine Verbesserung mit sich bringen wird ist aber, dass vor allem

877 Vgl. oben Kapitel 4 A. I. 2. d).

878 So auch *Fischer*, in: Fischer, § 261 Rn. 11.

Praktiker der Ansicht sind, der Tatbestand nach dem All-Crimes-Ansatz werde für eine erfolgreichere Geldwäschebekämpfung sorgen.[879]

Weiterhin werden durch die Einbeziehung sämtlicher Straftaten in den Anwendungsbereich der Norm etwaige noch bestehende Strafbarkeitslücken geschlossen. Zudem werden nach der Reformierung nun alle lukrativen Straftaten gleichbehandelt, die geeignet sind die Rechtsgüter des § 261 StGB zu verletzen.

Die Einbeziehung von Bagatellvortaten hat sich jedoch teilweise als unverhältnismäßig und aufgrund der Belastung für die Strafverfolgungsbehörden als nicht zweckmäßig erwiesen. Weiterhin ist die Beibehaltung des Leichtfertigkeitstatbestandes aufgrund der Erweiterung des objektiven Tatbestandes aus kriminalpolitischer Sicht nicht mehr zweckmäßig und es wird im Falle von Vortaten der leichteren Kriminalität kein Unrecht mehr verwirklicht, für das die Verhängung von Kriminalstrafe erforderlich ist. Es lässt sich somit konstatieren, dass Geldwäsche an geringen Erträgen aus Bagatellvortaten und leichtfertige Geldwäsche nicht strafwürdig sind.

Neben den Vortaten des § 261 Abs. 1 StGB wurden auch die Auslandsvortaten des § 261 Abs. 9 StGB n.F. signifikanten Änderungen unterworfen. Durch die jüngste EU-Richtlinie war der deutsche Gesetzgeber gezwungen, für einige ausgewählte Auslandsvortaten das doppelte Strafbarkeitserfordernis abzuschaffen. Da die Bundesrepublik Deutschland Bedenken hinsichtlich dieser Regelung hat, wurden die Anforderungen nur im „zwingend erforderlichen Umfang" umgesetzt.[880] Die formale Umsetzung ist jedoch sehr unübersichtlich und kann daher nur als missglückt bezeichnet werden. Durch die Nennung entsprechender deutscher Strafnormen statt einer Auflistung von EU-Übereinkommen wäre der neue § 261 Abs. 9 Nr. 2 StGB um einiges anwendungsfreundlicher geworden. Auch verkannte der Gesetzgeber, dass nicht alle der Delikte und Deliktskategorien die vom Geldwäschetatbestand geschützten Rechtsgüter verletzen können und daher keine strafwürdigen Vortaten sind. Dadurch ist auch diese Neuregelung im Ergebnis nicht vollständig verhältnismäßig.

---

879 Vgl. *DRB*, Stellungnahme zum RefE zur Verbesserung der strafrechtlichen Bekämpfung der Geldwäsche 2020, S. 1 f.; für die Generalstaatsanwaltschaft München *Ruhland*, Stellungnahme zu BT-Drs. 19/24180, S. 2; *Deutsche Zoll- und Finanzgewerkschaft*, Stellungnahme zu BT-Drs. 19/24180, S. 2; BGH-Richter Köhler, Wortprotokoll der 117. Sitzung des Ausschusses für Recht und Verbraucherschutz, S. 11.

880 Siehe oben unter Kapitel 4 C. III.

Es ist daher festzustellen, dass die Abschaffung des Vortatenkataloges die richtige Entscheidung war. Der Geldwäschetatbestand nach dem All-Crimes-Ansatz ist in vielerlei Hinsicht im Vergleich zum Listenansatz besser geeignet, eine effektive Geldwäschebekämpfung zu ermöglichen und die Rechtsgüter zu schützen. Damit der Tatbestand verfassungsgemäß und die Geldwäschestrafverfolgung zweckmäßig wird, müssen für die Problembereiche Bagatellvortaten, leichtfertige Geldwäsche und Auslandsvortaten noch Lösungen gefunden werden. Damit wird sich das nachfolgende Kapitel befassen.

Kapitel 5: Lösungsansätze und Alternativen

Es konnte herausgearbeitet werden, dass durch die Reform rechtlich problematische Änderungen eingetreten sind. Für diese sollen Lösungsansätze aufgezeigt werden. Im Anschluss werden alternative Reformierungsmöglichkeiten für den Geldwäschetatbestand näher betrachtet. Dies soll zeigen, ob der Gesetzgeber mit der Entscheidung für den All-Crimes-Ansatz die beste Alternative für die Reformierung des § 261 StGB gewählt hat.

A. Lösungsmöglichkeiten für die Problematiken

Die Analyse der Geldwäschestrafrechtsreform hat ergeben, dass die Erfassung von Bagatelldelikten durch den neuen Geldwäschetatbestand nicht mit dem Verhältnismäßigkeitsgrundsatz vereinbar ist. Weiterhin hat sich die Beibehaltung des Leichtfertigkeitstatbestandes in dieser Form als nicht verfassungskonform erwiesen.[881] Der Entfall des doppelten Strafbarkeitserfordernisses ist für bestimmte Deliktsgruppen ebenfalls unverhältnismäßig. Im Folgenden sollen Lösungsansätze für den neuen § 261 StGB aufgezeigt werden, um eine verfassungskonforme Anwendung des neuen Tatbestandes zu ermöglichen.

I. Bagatellvortaten

Die Untersuchung der Ausweitung des Kreises der geldwäschetauglichen Vortaten auf Bagatellvortaten hat ergeben, dass deren vorbehaltlose Einbeziehung dann unverhältnismäßig ist, wenn es sich um Straftaten handelt, aus denen nur geringwertige Taterträge hervorgehen. In solchen Fällen wird das Ziel der Bekämpfung lukrativer Kriminalität und Schwerkriminalität nicht mehr gefördert, aufgrund der praktischen Probleme sogar behindert. Weiterhin handelt es sich um Geldwäschehandlungen mit sehr geringem Unrechtsgehalt, die auch der Gesetzgeber nicht einbezieht, weil er sie für strafwürdig hält, sondern um das Kernproblem des Vortatnachweises zu schmälern. Hierfür stehen dem Gesetzgeber durch Eingrenzung des Tatbestandes mittels Bagatellklauseln aber mildere Mittel zur Verfügung.

---

881 Vgl. Kapitel 4 B. II. 5.

1. *Kurzfristige Lösungsansätze für den Status quo*

Solange der Tatbestand in seiner aktuellen Form fortbesteht, wäre an eine teleologische Reduktion zur Einschränkung des Anwendungsbereichs des Geldwäschetatbestandes zu denken. Bagatellvortaten sind vom neuen Gesetzeswortlaut eindeutig erfasst, dennoch könnte genau dies dem Sinn und Zweck des § 261 Abs. 1, 2 StGB widersprechen. Sinn und Zweck der Vorschrift ist dem Gesetzgeber zufolge auch nach der Einführung des All-Crimes-Ansatzes insbesondere die Bekämpfung der organisierten Kriminalität und der Schwerkriminalität.[882] Die Streichung des Vortatenkataloges diente nicht gezielt dem Zweck, Bagatellvortaten in den Anwendungsbereich aufzunehmen, sondern sollte vielmehr die Beweisführung erleichtern und eine einheitliche Systematik der Anschlussdelikte schaffen.[883] Mithin verfolgt der Tatbestand auch nach der Gesetzesbegründung nicht das Ziel, das Waschen von Bagatelldelikten zu sanktionieren. Dies stünde wegen des zu befürchtenden Anstiegs von Ermittlungsverfahren und der drohenden Überlastung der Strafverfolgungsbehörden sogar dem ausdrücklichen Gesetzeszweck entgegen. Gegen eine teleologische Reduktion könnte aber sprechen, dass der Gesetzgeber die Problematik um die Erfassung weniger schwerwiegender Vortaten erkannt hat.[884] Auch wollte er eine Verurteilung in diesen Fällen eindeutig nicht verhindern, sondern hat stattdessen den Strafrahmen des Geldwäschetatbestandes herabgesetzt, mit dem Ziel Urteile mit verhältnismäßiger Strafzumessung zu ermöglichen.[885] Zudem wurde in den Stellungnahmen zum Gesetzesentwurf mehrfach auf die materiellrechtlichen und praxisbezogenen Bedenken in Bezug auf Bagatellvortaten hingewiesen.[886] Diese Einwände hat der Gesetzgeber ignoriert. Es ist aber davon auszugehen, dass man mit der Einführung des All-Crimes-Ansatzes primär der Beweisproblematik beikommen wollte und die Erfassung von Bagatellvortaten ein notwendiges Nebenprodukt dieser Bestrebung und nicht ein eigenständiges Ziel war.[887] Hierbei hat der Gesetzgeber verkannt, dass eine Streichung der Mindestfreiheitsstrafe nicht ausreichend ist, um dem Problem beizukommen.

---

882 BT-Drs. 19/24180, S. 1 f.

883 BT-Drs. 19/24180, S. 2, 15; so auch *El-Ghazi/Laustetter*, NZWiSt 2021, 209 (211 f.).

884 BT-Drs. 19/24180, S. 18.

885 BT-Drs. 19/24180, S. 18.

886 *Bülte*, Stellungnahme zu BT-Drs. 19/24180, S. 9, 18; *Jahn*, Stellungnahme zu BT-Drs. 19/24180, S. 14, 17, 30; *BRAK*, Stellungnahme zum RefE eines Gesetzes zur Verbesserung der strafrechtlichen Bekämpfung der Geldwäsche, S. 7.

887 Dieser Ansicht ist auch *Bülte*, Stellungnahme zu BT-Drs. 19/24180, S. 21.

Zudem wurde der Gesetzesentwurf in vielen Punkten kontrovers diskutiert und unter großem Zeitdruck beschlossen, sodass diesem Aspekt nicht ausreichend Beachtung geschenkt wurde.[888] Daher wäre eine teleologische Reduktion ein gangbarer Weg.

Eine weitere Möglichkeit die vorbehaltlose Einbeziehung zu korrigieren wäre, das Ermittlungsverfahren in solchen Fällen wegen Geringfügigkeit gemäß § 153 StPO einzustellen.[889] Um unverhältnismäßige Strafen zu vermeiden, wird diese Option mit Sicherheit mittlerweile in der Praxis angewendet. Diese Vorgehensweise bringt allerdings Nachteile mit sich, da die Einstellung des Ermittlungsverfahrens vom Ermessen der Staatsanwaltschaft abhängt.[890] Dies hat erstens den Nachteil, dass zunächst ein Ermittlungsverfahren wegen Geldwäsche eingeleitet werden muss.[891] Auch solche Maßnahmen belasten die Strafverfolgungsbehörden, wenn auch nicht in gleichem Maße wie die vollständige Durchführung eines Ermittlungsverfahrens. Zweitens stellt die Einleitung eines Ermittlungsverfahrens für den Betroffenen bereits eine grundrechtsrelevante Belastung dar, die vor diesem Hintergrund gerechtfertigt sein muss.[892] Eine diesbezügliche Rechtfertigung ist dann zweifelhaft, wenn der Gesetzgeber in der Gesetzesbegründung die Einstellung des Verfahrens für Bagatelltaten als Regelfall vorgibt. Drittens werden die Staatsanwaltschaften von dieser Möglichkeit nicht einheitlich Gebrauch machen, sodass diese Vorgehensweise nicht zur Steigerung der Rechtssicherheit beiträgt.[893] Daher kann diese Abhilfe auf prozessualer Ebene keine dauerhaft befriedigende Lösung für die aufgezeigte Problematik darstellen. Es ist Aufgabe des Gesetzgebers, eine einheitlich verbindliche

888 Die Reform trat am 18. März 2021 in Kraft. Die Umsetzungsfrist für die Richtlinie (EU) 2018/1673 war bereits am 3. Dezember 2020 abgelaufen; für eine überhastete Entscheidung unter Zeitdruck spricht auch, dass der Bundestag die Reform am 11. Februar 2021 – nur wenige Tage nach einer Aufforderung der EU gem. Art. 258 AEUV – beschloss, vgl. INFR(2021)0026 v. 03.02.21.

889 Für diese Lösung *Köhler*, Stellungnahme zu BT-Drs. 19/24180, S. 5; zur Möglichkeit, diesen Weg zu gehen, vgl. BVerfG NJW 2020, 2953 (2955); anders *Bülte*, GWuR 2021, 8 (8), der die Einstellungslösung als untaugliches Mittel zur Wahrung der Verhältnismäßigkeit bewertet; ebenfalls ablehnend *Gercke u. a.*, StV 2021, 330 (334 f.).

890 Strittig, dafür: *Beukelmann*, in: BeckOK StPO, § 153 Rn. 1; *Diemer*, in: KK-StPO, § 153 Rn. 17; *Peters*, in: MüKoStPO, § 153 Rn. 7.

891 *Diemer*, in: KK-StPO, § 153 Rn. 4.

892 Sondervotum Sommer zu BVerfGE 90, 145 (225).

893 So bereits Sommer im Sondervotum zu BVerfGE 90, 145 (224); vgl. auch *Böse*, ZJS 2021, 224 (228).

Regelung im materiellen Strafrecht zu schaffen.[894] Daher ist auf eine Änderung durch den Gesetzgeber zu hoffen.[895]

2. *Langfristige Lösung: Ergänzung des Tatbestandes um eine Bagatellgrenze*

Die Einführung eines All-Crimes-Ansatzes in Kombination mit einem monetären Schwellenwert wurde in der Literatur schon lange als Alternative zum Katalogtatensystem vorgeschlagen.[896] Die sehr weite Ausdehnung des Tatbestandes durch Einbeziehung sämtlicher Straftaten kann durch eine Bagatellgrenze eingegrenzt werden.[897] Es werden zwei unterschiedliche Ausgestaltungen vorgeschlagen: Einige Stimmen in der Literatur wollen die Festlegung eines konkreten monetären Grenzwertes im Gesetz, der sich an denen des Geldwäschegesetzes orientiert.[898] Erst bei Überschreitung dieser monetären Grenze soll ein Gegenstand geldwäschetauglich sein. *Koslowski* schlägt vor, die Grenze zwischen 10.000 € und 15.000 € anzusetzen.[899] *Hund* hält dagegen eine Grenze zwischen 2.000 DM und 20.000 DM (zwischen 1.000 € und 10.000 €) für sachgerecht.[900] Die andere Möglichkeit wäre eine Bagatellgrenze wie in § 248a StGB beziehungsweise ein Verweis auf diese Norm.[901] Dann wäre die Verfolgung der Geldwäsche von geringwertigen Gegenständen nur möglich, wenn ein Strafantrag von dem Verletzten der Vortat gestellt wird oder an der Strafverfolgung ein besonderes öffentliches Interesse besteht. Die erste Alternative hätte den Vorteil, dass der Geldwäscher, der nur ein geringes Unrecht verwirklicht hat, nicht der Vielzahl an grundrechtsinvasiven Maßnahmen des Geldwäschegesetzes ausgesetzt wird, die im Verhältnis zu dem verwirklichten Unrecht unverhältnismäßig in

---

894 So auch Sommer im Sondervotum zu BVerfGE 90, 145 (224 ff.); *Gercke u. a.*, StV 2021, 330 (335).

895 Konkrete Vorschläge werden in Kapitel 5 B. vorgestellt.

896 So bereits *Hund*, ZRP 1996, 163 (163); *Ders.* ZRP 1997, 180 (181); *Remmers*, Die Entwicklung der Gesetzgebung zur Geldwäsche, S. 73; *Werner*, Die Bekämpfung der Geldwäsche in der Kreditwirtschaft, S. 262; *Kreß*, wistra 1998, 121 (124).

897 *Neuheuser*, in: MüKoStGB, § 261 Rn. 32f.; *Koslowski*, Harmonisierung der Geldwäschestrafbarkeit, S. 350 f.

898 *Koslowski*, Harmonisierung der Geldwäschestrafbarkeit, S. 318 ff.

899 *Koslowski*, Harmonisierung der Geldwäschestrafbarkeit, S. 326.

900 *Hund*, ZRP 1996, 163 (166); Ders., ZRP 1997, 180 (181).

901 *Remmers*, Die Entwicklung der Gesetzgebung zur Geldwäsche, S. 73; *Aschke*, Der Straftatbestand der Geldwäsche, S. 171; *WisteV*, Stellungnahme zum RefE zur Umsetzung der RiL (EU) 2018/1673, S. 3; *Gercke u. a.*, StV 2021, 330 (334).

die Grundrechte eingreifen würden.[902] Weiterhin wären die Anwendungsvoraussetzungen für den ohnehin komplexen Tatbestand klarer. Die zweite Alternative bietet den Vorteil, dass sie aufgrund des Verzichts auf die Nennung einer konkreten monetären Grenze über längere Zeiträume hinweg flexibler wäre.[903] Dadurch bedarf es zumindest keinen regelmäßigen inflationsbedingten Anpassungen durch den Gesetzgeber. Jedoch ist zu bedenken, dass sich die Konkretisierung des „geringwertigen Gegenstandes" durch die Rechtsprechung immer wieder anpassen muss. Daher erscheint im Ergebnis für den Geldwäschetatbestand die erste Variante vorzugswürdiger. Da sich nach der hier vertretenen Auffassung Bagatellvortaten durch den geringen Wert der erlangten Gegenstände auszeichnen, sind die in der Literatur genannten Grenzen zudem zu hoch angesetzt.[904]

a) Mögliche Einschränkung der Bagatellgrenze

Fraglich ist, ob von dem Anwendungsbereich der Bagatellgrenze Vortaten ausgenommen werden sollten, durch die ein Unrecht verwirklicht wird, welches eine gewisse Erheblichkeitsschwelle überschreitet. Denn wie bereits festgestellt hängt das Unrecht der Geldwäsche auch vom Vortatunrecht ab. Für eine solche Begrenzung sind unterschiedliche Ausgestaltungen denkbar. Möglich wäre zunächst, von der Anwendung typische Straftaten der organisierten Kriminalität auszunehmen. Dies hat den Nachteil, dass wieder definiert werden müsste, welche Straftaten typisch für kriminelle Organisationen sind, und es würde erneut ein Erweiterungspotential für den Tatbestand geschaffen werden. Auch müsste eine Liste erstellt werden, was eine weitergehende Unübersichtlichkeit des Tatbestandes zur Folge hätte. Diese Option ist also abzulehnen. Eine gangbare Lösung wäre die Differenzierung nach dem Mindeststrafmaß der Vortat. Nach diesem Modell könnten von einer Bagatellklausel Straftaten ausgenommen werden, deren Strafrahmen eine Mindestfreiheitsstrafe von sechs Monaten oder

---

902 So differenziert die Verdachtsmeldepflicht gemäß § 43 Abs. 1 GwG ausdrücklich nicht nach dem Wert des Vermögensgegenstandes. Weiterhin hat die Zentralstelle für Finanztransaktionsuntersuchungen weitreichende Datenzugriffs- und Datenverarbeitungsrechte, die in das Recht auf informationelle Selbstbestimmung eingreifen. Eingehender dazu *Vogel*, Stellungnahme des MPI zum RefE zur Verbesserung der strafrechtlichen Bekämpfung der Geldwäsche 2020, S. 9; *Gercke u. a.*, StV 2021, 330 (334); *Schindler*, NZWiSt 2020, 457 (468).

903 § 248a verwendet den Begriff „geringwertige Sachen", ohne einen konkreten Betrag als Grenze zu nennen.

904 Hierzu im Weiteren noch ausführlicher.

mehr vorsieht. Dadurch würden einige schwere Vermögensdelikte, die typische Vortaten der Geldwäsche sind, von dem Anwendungsbereich der Bagatellklausel ausgenommen werden. In einigen Fällen wären so auch die Alternativen der gewerbs- und/oder bandenmäßigen Begehung von Straftaten erfasst, was die Zielsetzung der Verfolgung der organisierten Kriminalität fördern würde.[905] Auch würde dieser Ansatz dem Mindestmaßkriterium der Richtlinie (EU) 2018/1673 entsprechen.[906] Daneben ist eine Begrenzung der Ausnahme nur auf Verbrechen denkbar, da bei Verwirklichung eines Verbrechenstatbestandes ohne jeden Zweifel ein erhebliches Unrecht verwirklicht wird.

Die Einschränkung der Bagatellklausel hätte natürlich den bekannten Nachteil des erhöhten Beweiserfordernisses. Um eine Ausnahme von der Bagatellklausel bejahen zu können, müsste im Prozess nachgewiesen werden, dass der inkriminierte Gegenstand aus einer Vortat stammt, der nicht in den Anwendungsbereich der Bagatellklausel fällt. Weiterhin sollten diese Ausnahmen auf Vorsatztaten beschränkt sein, also auf Fälle, in denen der Geldwäschetäter von der Herkunft des Gegenstandes aus einer Ausnahmevortat Kenntnis hatte. Nur dann verwirklicht der Geldwäschetäter auch subjektiv durch die Geldwäschehandlung ein so großes Unrecht, dass die Ausnahme gerechtfertigt ist. Aufgrund dieser Überlegungen ist zu konstatieren, dass eine solche Einschränkung der Bagatellklausel durchaus möglich wäre, aber aufgrund der bekannten Beweisprobleme hinsichtlich der Konkretisierung der Vortat die praktische Anwendbarkeit voraussichtlich eher gering wäre. Daher scheint eine Ausgestaltung der Bagatellklausel ohne Ausnahmen aus kriminalpolitischer Sicht die vorzugswürdige Alternative zu sein.

b) Gefahr der Umgehung der Bagatellgrenze

Allerdings könnte eine solche monetäre Begrenzung in der Praxis durch „Smurfing" umgangen werden.[907] Als Smurfing wird die Zerstückelung größerer Beträge in kleinere Teilbeträge bezeichnet, um unauffällige Transaktionen

905 Beispielsweise § 244 StGB, § 244a StGB, § 250 Abs. 1 Nr. 2 StGB, § 263 Abs. 3 StGB, § 266a Abs. 4 S. 2 Nr. 3, 4 StGB, § 29 Abs. 3 StGB.

906 Gemäß Art. 2 Nr. 1 der RiL (EU) 2018/1673 können kriminelle Tätigkeiten als solche definiert werden, die mit einer Freiheitsstrafe im Mindestmaß von mehr als sechs Monaten geahndet werden können. Damit würde Deutschland diese Definitionsmöglichkeit mit der Möglichkeit der Verhängung einer Freiheitsstrafe von genau sechs Monaten sogar mehr als gerecht werden.

907 Dazu auch *Koslowski*, Harmonisierung der Geldwäschestrafbarkeit, S. 283; *Aschke*, Der Straftatbestand der Geldwäsche, S. 172.

unterhalb einer bestimmten Schwelle durchführen zu können.[908] Vortäter oder Geldwäscher könnten also Geldbeträge oder sonstige Vermögenswerte wie Schmuck aufteilen, um Vermögenswerte zu schaffen die unterhalb der Bagatellgrenze liegen, mit dem Ziel diese zu umgehen. Hierzu wird von *Koslowski* vertreten, dass dies hinzunehmen sei, da Personen, die in Unkenntnis der vorigen Zerstückelung Beträge weiterleiten, kein Unrecht verwirklichen. Das Unrecht verwirkliche vielmehr der Vortäter, der die Zerstückelung vornimmt.[909] Gegen diese Argumentation lässt sich vorbringen, dass vor allem bei komplexen mehrstufigen Geldwäschevorgängen der Geldwäscher zumindest billigend in Kauf nimmt, dass die erhaltenen Kleinbeträge Teil einer größeren Beute sind. Durch die Mithilfe und Mitgestaltung derartiger Verschleierungsprozesse großer Geldbeträge verwirklicht der Geldwäscher ein weitergehendes strafwürdiges Unrecht. *Aschke* hingegen hält die Einführung einer Bagatellgrenze aufgrund dieser Umgehungsmöglichkeit allgemein für untauglich.[910]

Die Problematik der Umgehungsmöglichkeiten von monetären Schwellenwerten durch Smurfing ist bereits aus dem Gefahrenabwehrrecht bekannt. Im Geldwäschegesetz wurden daher bereits Lösungsansätze entwickelt, um die Umgehung von Sorgfaltspflichten auf diese Weise zu verhindern.[911] Wenn mehrere Personen gleichartige Transaktionen zur selben Zeit vornehmen oder eine Person mehrere gleichartige Transaktionen in einem zeitlich begrenzten Rahmen durchführt und durch die Gesamtschau der Umstande offenkundig ersichtlich wird, beziehungsweise nachweisbar ist, dass die Transaktionen in Zusammenhang miteinander stehen, dann werden die Einzelbeträge summiert.[912] Die Summe ist dann maßgebend dafür, ob der Schwellenwert überschritten wird. Ähnliche Anforderungen können auch zur Problemlösung für § 261 StGB herangezogen werden.

Neben des Ausschlusses geringwertiger Gegenstände aus dem Anwendungsbereich des Geldwäschetatbestandes müsste der ergänzende Absatz daher in

---

908 BT-Drs. 18/11555, S. 102; *Aschke*, Der Straftatbestand der Geldwäsche, S. 172; *Figura*, in: Herzog GwG, § 10 Rn. 88.

909 *Koslowski*, Harmonisierung der Geldwäschestrafbarkeit, S. 283.

910 *Aschke*, Der Straftatbestand der Geldwäsche, S. 172.

911 *Häberle*, in: Erbs/Kohlhaas GwG, § 10 Rn. 14. Vgl. auch § 1 Abs. 5 S. 1 GwG.

912 *BaFin*, Auslegungs- und Anwendungshinweise zum Geldwäschegesetz, Stand Oktober 2021, 4.2.4, abrufbar unter https://www.bafin.de/SharedDocs/Downloads/DE/Auslegungsentscheidung/dl_ae_auas_gw.pdf?__blob=publicationFile&v=17; *Figura*, in: Herzog GwG, § 10 Rn. 89; *Mülhausen*, in: Herzog/Mülhausen GwHdb, § 41 Rn. 38; *Gittfried/Lienke*, in: Gehra/Gittfried/Lienke, Kapitel 3, B. I. 1. b) dd) Rn. 27.

einem Satz 2 klarstellen, dass dann keine Geringwertigkeit anzunehmen ist, wenn eine Person mehrere gleichartige Tathandlungen mit geringen Beträgen vornimmt oder mehrere Personen gleichzeitig gleiche Tathandlungen vornehmen, wenn aufgrund der Umstände des Einzelfalls mit an Sicherheit grenzender Wahrscheinlichkeit davon ausgegangen werden kann, dass es sich ursprünglich um einen Gesamtbetrag handelte, der künstlich gesplittet wurde, um die Bagatellschwelle zu umgehen. Zudem müssen viele Kleinbeträge aus gleichen Straftaten zusammengerechnet werden können. Dies wird beispielsweise bei Drogenhandel relevant, wo der Dealer viele Male unerlaubt mit Betäubungsmitteln handelt (§ 29 Abs. 1 Nr. 1 BtMG) und immer kleine Geldbeträge von seinen Kunden erhält, welche sich dann zu einem geldwäscheerheblichen Betrag summieren.

c) Konkrete Ausgestaltung der Bagatellgrenze

Die Ergänzung des Geldwäschetatbestandes nach dem All-Crimes-Ansatz um eine monetäre Grenze würde den Tatbestand also auf Verhaltensweisen beschränken, die strafwürdig sind und ist folglich eine gute Lösung, um Bagatellvortaten aus dem Anwendungsbereich auszuschließen und dem Tatbestand so zu Verfassungskonformität zu verhelfen.[913] Daher sollte hinter § 261 Abs. 4 StGB ein weiterer Absatz mit einer Bagatellgrenze eingefügt werden.[914] Hinsichtlich des konkreten Grenzwertes wäre eine Orientierung an den Schwellenwerten des Geldwäschegesetzes möglich. Allerdings erscheinen diese Schwellenwerte für den Straftatbestand als zu hoch. Die Grenze für den Geldwäschetatbestand ist dort zu ziehen, wo Gegenstände regelmäßig im Vermögen auffallen und daher auch zur Verschleierung einer Vortat oder um Ermittlungen zu behindern umgewandelt werden. Dieses Potential besteht bereits bei Beträgen zwischen 100 € und 1.000 €. Je nach Einkommen einer Person ist das Auftauchen von Beträgen in dieser Spanne im Vermögen bereits auffällig und erklärungsbedürftig.

---

913 Ebenso *Hund*, ZRP 1997, 180 (181); *Remmers*, Die Entwicklung der Gesetzgebung zur Geldwäsche, S. 73; *Koslowski*, Harmonisierung der Geldwäschestrafbarkeit, S. 350 f.; *WisteV*, Stellungnahme zum RefE zur Umsetzung der RiL (EU) 2018/1673, S. 3; *Jahn*, Stellungnahme zu BT-Drs. 19/24180, S. 18; *Bülte*, Stellungnahme zu BT-Drs. 19/24180, S. 18.

914 Ähnlich *Jahn*, Stellungnahme zu BT-Drs. 19/24180, S. 18.

II. Leichtfertigkeitstatbestand

Durch die Einführung des All-Crimes-Ansatzes ist die Beibehaltung des Leichtfertigkeitstatbestandes nicht mehr strafwürdig. Bei leichter Kriminalität besteht schon kein materieller Unrechtsgehalt im Falle des leichtfertigen Verkennens, dass ein Gegenstand aus einer rechtswidrigen Tat herrührt. Weiterhin muss nicht mehr nachgewiesen werden, dass der Vorsatz sich auf das Herrühren des Geldwäschegegenstandes aus einer Katalogtat bezieht. Durch die Beweiserleichterungen für den objektiven Tatbestand ist auch für den Fall, dass kein Vorsatznachweis erbracht werden kann die Einziehung der Taterträge vereinfacht möglich. Somit ist auch ohne Verurteilung des Geldwäschers eine effektive Geldwäschebekämpfung möglich.

Es bleibt zu konstatieren, dass die Regelung des § 261 Abs. 6 S. 1 StGB nicht in dieser Form bestehen bleiben kann. Der Gesetzgeber wird hier nachjustieren müssen, falls das Bundesverfassungsgericht die Verfassungswidrigkeit der Norm ebenfalls feststellt. Hierfür stehen dem Gesetzgeber grundsätzlich mehrere Optionen offen:

1. *Wegfall der leichtfertigen Geldwäsche*

Zunächst könnte der Leichtfertigkeitstatbestand des § 261 Abs. 6 S. 1 StGB ersatzlos gestrichen werden.[915] Dies ist eine im Rahmen der aktuellen Reformierung des Geldwäschetatbestandes oftmals gestellte Forderung.[916] Hierdurch würde die Leichtfertigkeitsstrafbarkeit auch in schweren Fällen entfallen, in denen kein Vorsatznachweis für die Kenntnis des Herrührens aus irgendeiner Straftat erbracht werden kann. Dennoch wären einerseits alle verfassungsrechtlichen Bedenken ausgeräumt und andererseits wäre durch § 76a Abs. 4 StGB die Einziehung der Taterträge weiterhin möglich, wodurch dem Täter die Früchte der Tat entzogen oder zumindest die Weiterverwertung der Taterträge erschwert wird. Dadurch wird der Anreiz für die Begehung weiterer Straftaten genommen.[917]

---

915 In diesem Fall würde auch § 261 Abs. 6 S. 2 StGB, das „Strafverteidigerprivileg", seinen Anwendungsbereich verlieren und der gesamte § 261 Abs. 6 StGB würde entfallen. Hierdurch würden sich auch Meinungsstreitigkeiten um ein gleichartiges Privileg für Finanzdienstleister, Notare und andere Berufsträger auflösen.

916 Siehe hierzu bereits das *BMJV*, RefE Verbesserung strafrechtl. Bekämpfung d. Geldwäsche 2020, S. 19 f.; ebenso *Gazeas*, NJW 2021, 1041 (1044 f.); *Travers/Michaelis*, NZWiSt 2021, 125 (131); *Bülte*, Stellungnahme zu BT-Drs. 19/24180, S. 30.

917 Vgl. dazu Kapitel 4 B. I. 6.

2. *Streichung des All-Crimes-Ansatzes*

Die leichtfertige Geldwäsche wurde erst durch die Einführung des All-Crimes-Ansatzes verfassungswidrig.[918] Vorher wurde der objektive Tatbestand durch den Vortatenkatalog begrenzt, wodurch der weite subjektive Tatbestand verhältnismäßig blieb. Aufgrund der Umstellung des Tatbestandes weg vom Listenansatz gibt es nun einen weiten objektiven und durch die Möglichkeit der leichtfertigen Begehung einen weiten subjektiven Tatbestand. Durch diese Kombination hat der Tatbestand uferlose Ausmaße erreicht. Dass der Gesetzgeber den All-Crimes-Ansatz allein für die Möglichkeit einer leichtfertigen Begehung aufgibt, ist aber zum einen äußerst unwahrscheinlich und wäre auch nicht sinnvoll. Zwar würden durch die Wiederherstellung des Katalogtatensystems die verfassungsrechtlichen Bedenken zerstreut werden.[919] Jedoch entschied man sich gerade für den All-Crimes-Ansatz, da der Listenansatz – trotz des Leichtfertigkeitstatbestandes in § 261 Abs. 5 StGB a.F. – für die Geldwäschebekämpfung versagt hatte.[920] Weiterhin wird durch die Beweiserleichterung auf objektiver Tatseite auch die selbstständige Einziehung gemäß § 76a Abs. 4 StGB künftig öfter greifen, was die effektive Geldwäschebekämpfung fördert. Die Beweiserleichterung auf objektiver Tatseite durch den All-Crimes-Ansatz ist essentiell für eine Verbesserung der Geldwäschebekämpfung. Die Beibehaltung des Leichtfertigkeitstatbestandes unter Eingrenzung des Tatbestandes auf objektiver Tatseite wäre verfehlt. Denn Beweiserleichterungen auf subjektiver Tatseite sind nur dann zielfördernd, wenn zuerst der objektive Tatbestand – hier das Herrühren des Gegenstandes aus einer rechtswidrigen Tat – bewiesen werden kann.

3. *Begrenzung des Leichtfertigkeitstatbestandes*

Eine weitere Option besteht in der Beschränkung des Leichtfertigkeitstatbestandes auf Vortaten der schweren Kriminalität.[921] Hierzu könnte ein Katalog

---

918 Siehe ausführlich Kapitel 4 B. II. 5.

919 Stimmen zur Verfassungswidrigkeit der leichtfertigen Geldwäsche vor der Reform: *Bülte*, JZ 2014, 603 (607); *Bottermann*, Untersuchung zu den grundlegenden Problematiken des Geldwäschetatbestandes, S. 130 ff.; *Flatten*, Zur Strafbarkeit von Bankangestellten bei der Geldwäsche, S. 111; *Knorz*, Der Unrechtsgehalt des § 261 StGB, S. 193 ff.

920 Hierzu eingehend Kapitel 4 A.

921 Zu diesem Vorschlag *DRB*, Stellungnahme zum RefE zur Verbesserung der strafrechtlichen Bekämpfung der Geldwäsche 2020, S. 3.

entsprechender Straftaten erstellt werden.[922] Dagegen spricht aber bereits, dass der Geldwäschetatbestand, würde man den Absatz 6 um einen Katalog von „schweren Straftaten“ ergänzen, an Unübersichtlichkeit wohl kaum noch zu überbieten wäre.

Fraglich ist, welche Auswirkungen die Einführung einer Bagatellklausel nach dem hier favorisierten Modell auf die Beurteilung der leichtfertigen Geldwäsche hätte.[923] Eine monetäre Bagatellgrenze würde den Tatbestand in seiner Reichweite begrenzen. Es wäre keine (leichtfertige) Geldwäsche an Gegenständen aus Bagatellvortaten mehr möglich. Durch die Beibehaltung des Leichtfertigkeitstatbestandes in dieser Konstellation würde wieder der Zweck der Bekämpfung der lukrativen Kriminalität in den Vordergrund treten und gefördert werden.

Die Beibehaltung des Leichtfertigkeitstatbestandes nach Einführung des All-Crimes-Ansatzes wurde als nicht mehr verfassungskonform bewertet, weil die Vornahme von neutralen Handlungen an Gegenständen, die aus Vortaten der leichten und Bagatellkriminalität herrühren ohne zumindest dolus eventualis hinsichtlich der illegalen Herkunft kein strafwürdiges Unrecht mehr darstellt.[924] Bei Ergänzung des Geldwäschetatbestandes um eine Bagatellgrenze in der beschriebenen Form wären Straftaten der leichten Kriminalität weiterhin geldwäschetaugliche Vortaten. Jedoch würde eine Eingrenzung insoweit stattfinden, als dass alle Vortaten, aus denen nur Bagatellerträge hervorgehen, nicht mehr vom Tatbestand erfasst wären. Aufgrund der beschriebenen erhöhten Rechtsgutsgefährdung, die von Geldwäsche an Taterträgen, die die Bagatellgrenze überschreiten ausgeht, wäre auch eine erhöhte Sozialschädlichkeit vorhanden, die die Strafbarkeit der leichtfertigen Geldwäsche unter Beachtung des Ultima-ratio-Grundsatzes rechtfertigen kann. Der Unwert der Tat wird auch insofern gesteigert, als dass sich bei höherwertigen Gegenständen die Frage nach der Herkunft mehr aufdrängt als bei Bagatellbeträgen, sodass auch bei Vornahme von neutralen Handlungen das Nichtstellen aufdrängender Fragen nach der Herkunft ein anderes Potential aufweist.[925] Insoweit trägt auch das Argument, dass die Taterträge aus Delikten leichter Kriminalität stammen könnten nicht

922 Der deutsche Richterbund beispielsweise schlägt eine Orientierung am Katalog des § 100a StPO vor, vgl. *DRB*, Stellungnahme zum RefE zur Verbesserung der strafrechtlichen Bekämpfung der Geldwäsche 2020, S. 3.

923 Bewertung der derzeitigen Rechtlage in Kapitel 4 B. I. 6 und II. 5.

924 Siehe Kapitel 4 B. II. 5.

925 Vorm Grundgedanken her ähnlich *Krause*, in: LK-StGB, § 261 Rn. 32; *Hecker*, in: Schönke/Schröder, § 261 Rn. 28.

mehr hinreichend, da der leichtfertig handelnde Geldwäscher, der keine sichere Kenntnis von der illegalen Herkunft des Tatobjekts hat, demnach auch keine Kenntnis von der Schwere der Vortat hat. Hier liegt das gesteigerte Verschulden gerade darin, sich bei höheren Beträgen geradezu aufdrängende Fragen nicht zu stellen und die Möglichkeit der illegalen Herkunft aus einer (möglicherweise schweren) Straftat bewusst zu ignorieren. Daher wird man im Ergebnis die Kombination aus monetärer Bagatellgrenze und Leichtfertigkeitstatbestand in vorsatznaher Auslegung als verfassungskonform bewerten können.

Daneben müsste der Leichtfertigkeitstatbestand aus kriminalpolitischer Sicht eine sinnvolle Ergänzung zu einer Bagatellgrenze darstellen. Auch nach Abschaffung des Vortatenkataloges können durch den Leichtfertigkeitstatbestand Beweiserleichterungen auf subjektiver Tatbestandsseite geschaffen werden. Dies ist aber nicht mehr in gleichem Maße notwendig, um eine effektive Geldwäschestrafverfolgung zu gewährleisten, weil nun der Nachweis auf objektiver Tatseite erleichtert wurde und daneben die Möglichkeit der selbstständigen Einziehung gemäß § 76a Abs. 4 StGB die effektive Geldwäschebekämpfung fördert. Auch würde die Streichung dazu beitragen, den Anwendungsbereich des Tatbestandes einzugrenzen und ihm mehr Kontur zu verleihen. Dieses Gegenargument trägt jedoch bei Begrenzung des Tatbestandes durch eine monetäre Bagatellschwelle nicht mehr in gleichem Maße.

Leichtfertige Geldwäsche ist geeignet, die geschützten Rechtsgüter der Geldwäsche zu verletzen und weist im Falle des Waschens von Tatobjekten eines gewissen Werts auch einen erhöhten Unrechtsgehalt auf. Nach der Einführung des All-Crimes-Ansatzes ist der Tatbestand zwar nicht mehr in gleichem Maße erforderlich, aber dennoch förderlich zur effektiven Geldwäschebekämpfung. Da auch das Gegenargument der uferlosen Tatbestandsausdehnung im Falle einer Bagatellgrenze an Bedeutung verliert, wäre die Beibehaltung des Leichtfertigkeitstatbestandes in dieser Konstellation nicht zu beanstanden.

III. Auslandsvortaten

Hinsichtlich der Auslandsvortaten, genauer gesagt den Ausnahmen vom doppelten Strafbarkeitserfordernis in § 261 Abs. 9 Nr. 2 StGB n.F., ist herausgearbeitet worden, dass diese nicht gegen völkerrechtliche Rechtsgrundsätze oder den Schuldgrundsatz verstoßen. Jedoch liegt bei Begehung der genannten Delikte im Ausland und anschließender Geldwäsche in Deutschland nicht in allen Fällen eine Verletzung der durch den Geldwäschetatbestand geschützten Rechtsgüter vor.[926] Daher genügt der neue Abs. 9 Nr. 2 in Teilen nicht dem Grundsatz der Verhältnismäßigkeit und bedarf einer Korrektur. Weiterhin wurde bereits festgestellt, dass eine Aufzählung in Form deutscher, den EU-Vorschriften entsprechender Tatbestände sachgerechter ist als die Nennung von EU-Übereinkommen und Richtlinien.

1. *Teleologische Reduktion auf vom Weltrechtsprinzip erfasste Vortatenkategorien*

Bereits bevor der Referentenentwurf zur grundlegenden Reformierung des Geldwäschetatbestandes vorgestellt wurde, schlugen *Böse* und *Jansen* eine begrenzte Umsetzung der Richtlinie (EU) 2018/1673 im Hinblick auf die Ausnahmen vom doppelten Strafbarkeitserfordernis vor.[927] Angeraten wird eine teleologische Reduktion des Art. 3 Abs. 4 der Richtlinie (EU) 2018/1673 dahingehend, dass die aufgeführten Deliktskategorien nur insoweit übernommen werden sollen, als sie vom Weltrechtsprinzip erfasst sind, beziehungsweise soweit sie in den §§ 4–6 StGB aufgeführt sind.[928] Anders lasse sich die Ausdehnung der deutschen Strafgewalt nicht rechtfertigen. Nach diesem Vorschlag müssten die folgenden Fallgruppen teleologisch reduziert werden: Bestechung unter Beteiligung von Beamten im privaten Sektor, Beteiligung an einer organisierten kriminellen Vereinigung sowie Terrorismusbekämpfung in bestimmten Fällen und weiterhin der sexuelle Kindesmissbrauch und die Kontaktaufnahme zu Kindern für sexuelle Zwecke, da diese Tatbestände über das Fakultativprotokoll zum Übereinkommen über Rechte des Kindes hinausgehen.[929]

Eine solche teleologische Reduktion ist ein gangbarer Weg, um eine verfassungskonforme Ausgestaltung des § 261 Abs. 9 StGB zu verwirklichen. Auch für den Fall, dass der Katalog künftig noch von der Europäischen Union erweitert werden sollte. Diese Variante würde aber nicht die Fallgruppen einbeziehen, die zwar nicht vom Weltrechtsprinzip erfasst sind, durch die aber dennoch das geschützte Rechtsgut des legalen Wirtschafts- und Finanzkreislaufs verletzt

---

926 Ausführlich oben, Kapitel 4 C. III. 2. b).

927 *Böse/Jansen*, JZ 2019, 591 (597 f.).

928 *Böse/Jansen*, JZ 2019, 591 (598).

929 Vgl. konkreter Kapitel 4 C. III. 2. b) aa).

wird.[930] Daher soll im Folgenden eine weitere Möglichkeit der Abänderung des § 261 Abs. 9 Nr. 2 StGB aufgezeigt werden.

2. *Teleologische Reduktion und Begrenzung auf verletzende Fallgruppen*

Eine Strafwürdigkeit der Geldwäsche an Gegenständen, die durch Taten im Ausland erlangt wurden, besteht unabhängig von der Tatortstrafbarkeit der Vortat, wenn eines der Rechtsgüter des Geldwäschetatbestandes verletzt wird. Die staatliche Rechtspflege und das Rechtsgut der Vortat werden bei Auslandsvortaten, die am Tatort nicht strafbar sind, grundsätzlich nicht verletzt. Anders ist dies nur in den Fällen zu beurteilen, in denen Straftaten über die §§ 4–6 StGB in den Geltungsbereich deutschen Strafrechts einbezogen werden. Zusätzlich wird der inländische Wirtschafts- und Finanzkreislauf verunreinigt und geschädigt, wenn nach deutscher Rechtsauffassung illegitime Vermögenswerte eingespeist werden.[931] Jedoch bedarf es einer Verunreinigung nicht unerheblichen Ausmaßes, also der Überschreitung einer Erheblichkeitsschwelle, um für den konkreten Geldwäschefall eine Gefährdung oder Schädigung des legalen Wirtschafts- und Finanzkreislaufes durch die Handlung bejahen zu können.

Insoweit wird hier der Lehre der Einzelerfolgszurechnung gefolgt, nach der jeder nur für die Folgen verantwortlich gemacht werden kann, die er selbst durch seine konkrete Handlung verursacht hat.[932] Die Einspeisung von Kleinstbeträgen in den legalen Wirtschafts- und Finanzkreislauf führt noch nicht zu einer Gefährdung oder Schädigung desselben. Den Einzeltäter für den durch die Summierung mit den Handlungen anderer Täter entstandenen Schaden mitverantwortlich zu machen, würde den Grundsätzen der Mittäterschaft widersprechen,

---

930 *Böse/Jansen* erkennen den legalen Wirtschafts- und Finanzkreislauf nicht als geschütztes Rechtsgut des § 261 StGB an. Zur in dieser Arbeit vertretenen Ansicht siehe Kapitel 3 A. II.

931 Vgl. ausführlich Kapitel 4 C. III. 2. b) cc), c).

932 Dafür auch *Linke*, ZJS 2021, 749 (755); *Schmitz*, in: MüKoStGB, Vorb. zu § 324 Rn. 33 ff.; *Samson*, ZStW 1987, 617 (629 f); ausführlich zur Thematik *Sammüller-Gradl*, Die Zurechnungsproblematik als Effektivitätshindernis, S. 142 ff.; *Daxenberger*, Kumulationseffekte, S. 87 ff.; aA anhand Diskussion des Umweltstrafrechts *Kuhlen*, GA 1986, 389 (399, 403 ff.); und *Heghmanns*, in: LK-StGB, Vor § 324 Rn. 47 f., die als Vertreter der Gesamterfolgszurechnung auch einen Einzelbeitrag als tatbestandsmäßig ansehen, wenn dieser in Kumulation mit Tathandlungen anderer dazu beiträgt, den tatbestandlichen Erfolg zu verwirklichen; differenzierend *Schröder*, JZ 1972, 651 (652 f.); sowie *Möhrenschlager*, WiVerw 1984, 47 (63 f.).

weil es insoweit bereits an einem gemeinsamen Tatplan fehlt.[933] Zudem muss das Gefährdungspotential der eigenen Tat den Maßstab für das Erfolgsunrecht setzen.[934] Welche weiteren summierenden Effekte durch weitere Täter entstehen, kann der Ersttäter weder wissen, noch kann ihm dies zugerechnet werden.[935] Eine andere Beurteilung würde auch die Figur des abstrakten Gefährdungsdelikts überdehnen.

Denn nach der herrschenden Meinung muss auch bei abstrakten Gefährdungsdelikten eine Erheblichkeitsschwelle überschritten werden, was erst dann der Fall ist, wenn die Handlung geeignet ist, einen merklichen Beitrag auf dem Weg zur Rechtsgutsverletzung zu leisten.[936] Solche Auswirkungen können im Hinblick auf die Verunreinigung des deutschen Wirtschafts- und Finanzkreislaufs vor allem Taten haben, die in gewerblicher oder organisierter Form verübt werden oder andere, die hinreichend lukrativ sind. Daher sollte die Bedingung, dass die Auslandsvortaten des § 261 Abs. 9 Nr. 2 StGB dem Weltrechtsprinzip sowie den §§ 4–6 StGB unterfallen für die davon nicht erfassten Deliktskategorien um eine Erheblichkeitsschwelle ergänzt werden. Hinsichtlich der Ausgestaltung könnte zum einen angedacht werden, auf die gleiche Eingrenzung wie der ehemalige Vortatenkatalog des § 261 Abs. 1 S. 2 Nr. 4 StGB a.F. zurückzugreifen und die Strafbarkeit unter die Bedingung der gewerbs- und bandenmäßigen Begehung zu stellen.[937] Jedoch kommt hier zum einen wieder die Nachweisproblematik ins Spiel, die bei Auslandsvortaten ohnehin schon in gesteigertem Ausmaß besteht. Zum anderen können auch durch Taten, die nicht gewerbs- und bandenmäßig begangen wurden, große Gewinne entstehen, die geeignet sind den Wirtschafts- und Finanzkreislauf zu schädigen. Dafür bedarf es eines Betrages, der Investitionen in den inländischen Markt ermöglicht, die hoch genug sind, um den Investor potentiell zu einem ernstlichen Konkurrenten redlicher Investoren zu machen, beispielsweise beim Erwerb von Grundstücken oder bereits kleiner bis mittelständischer Unternehmen, wie auch größerer Aktienpakete an großen Unternehmen. Denn solche Transaktionen haben Einfluss auf den Markt und dadurch auf das Wirtschafts- und

---

933 *Sammüller-Gradl*, Die Zurechnungsproblematik als Effektivitätshindernis, S. 142 f.

934 *Ransiek*, in: NK-StGB, § 324 Rn. 12.

935 *Schmitz*, in: MüKoStGB, Vorb. zu § 324 Rn. 37.

936 BGH NStZ 1991, 281 (282); zum Meinungsstand *Sammüller-Gradl*, Die Zurechnungsproblematik als Effektivitätshindernis, S. 145 ff.; vgl. auch *Ransiek*, in: NK-StGB, § 324 Rn. 12; *Roxin/Greco*, StrafR AT I § 2 Rn. 80 ff.

937 Gemeint ist die Fassung nach dem Verbrechensbekämpfungsgesetz 1994, BT-Drs. 12/6784.

Finanzsystem. Die Ermittlung eines konkreten Schwellenwertes würde eine Marktanalyse des deutschen Investitionsmarktes erfordern, um herauszufinden, ab welchen Beträgen eine merkbare Verunreinigung entstehen kann.[938] Daher scheint die Festlegung einer monetären Grenze im Ergebnis zweckdienlicher. Zu denken wäre an einen monetären Schwellenwert, der sich an der geplanten Bargeldobergrenze der Europäischen Union orientiert, die mit der neuen Geldwäscheverordnung erwartet wird.[939] Die Kommission und der Rat haben sich für eine Bargeldobergrenze in Höhe von 10.000 € ausgesprochen, unter anderem da ab dieser Schwelle eine Verzerrung der Wettbewerbsgleichheit droht.[940] Die monetäre Begrenzung der in der Richtlinie (EU) 2018/1673 genannten Delikte, für die kein doppeltes Strafbarkeitserfordernis gelten soll, hätte mehrere Vorteile: Erstens würde weiterhin der Zweck der aktuellen Geldwäscherichtlinie verfolgt werden, Geldwäsche mit Erträgen aus Auslandstaten zu verfolgen, die nach dem gemeinsamen Verständnis der Staatengemeinschaft Straftaten darstellen. Zweitens würde durch die Orientierung an der Bargeldobergrenze gewährleistet sein, dass der Schwellenwert mit dem von der Europäischen Union angedachten Wert konform geht, ab dem Zahlungen als potentiell gemeinschädlich angesehen werden und ab dem nach diesem Verständnis eine besondere Anfälligkeit für die Verwendung zur Geldwäsche besteht.[941] Drittens wäre der Bezug zu den nach deutschem Recht geschützten Rechtsgütern der Geldwäsche, konkret der Unversehrtheit des legalen Wirtschafts- und Finanzkreislaufs, gewahrt. Viertens würde durch die Einführung eines monetären Schwellenwertes auch im Falle eines künftigen Bedürfnisses der Erweiterung um zusätzliche Delikte die Vereinbarkeit mit deutschem Recht gewährleistet bleiben. Es wird daher vorgeschlagen, den § 261 Abs. 9 Nr. 2 StGB so auszugestalten, dass Geldwäsche an Erträgen der gelisteten Auslandsvortaten strafbar ist, wenn die Auslandsvortaten über das Weltrechtsprinzip und die §§ 4–6 StGB in den Anwendungsbereich des deutschen Strafrechts einbezogen werden oder die gewaschenen Erträge einen Wert von mindestens 10.000 € haben. Diese Bedingungen würden natürlich wieder zur

---

938 Anders *Vogel*, ZRP 2020, 111 (113), der aufgrund möglicher Kumulationseffekte lediglich Beträge ausschließen will, die vorrangig einer „konsumtiven Mittelverwendung" dienen.

939 Vgl. ErwG 14 des Ratsvorschlags, *Rat der Europäischen Union*, 2021/0239(COD) v. 05.12.2022; Vorschlag für eine Sechste Geldwäscherichtlinie, COM(2016) 826 v. 21.12.2016, S. 9.

940 COM(2016) 826 v. 21.12.2016, S. 9; *Rat der Europäischen Union*, 2021/0239(COD) v. 05.12.2022, ErwG 94.

941 Vgl. *Rat der Europäischen Union*, 2021/0239(COD) v. 05.12.2022 ErwG 94.

Unübersichtlichkeit und Komplexität des Tatbestandes beitragen. Dies könnte aber dadurch kompensiert werden, statt der Liste an Übereinkommen die entsprechenden deutschen Straftatbestände aufzulisten, was den Absatz 9 im Vergleich zur jetzigen Darstellung wesentlich verständlicher machen würde.

B. Alternative Reformierungsmöglichkeiten

Im Verlauf dieser Arbeit wurde ein dringendes Reformierungsbedürfnis für den Geldwäschetatbestand festgestellt, da der Listenansatz sich als dysfunktional erwiesen hatte. Die Untersuchung hat ergeben, dass die Einführung des All-Crimes-Ansatzes nicht alle Probleme lösen kann, welche die Ausgestaltung des Tatbestandes nach dem Herkunftsprinzip mit sich bringt. Es hat sich jedoch auch gezeigt, dass der All-Crimes-Ansatz im Vergleich zum Katalogtatenprinzip besser geeignet ist, eine effektive Geldwäschebekämpfung zu ermöglichen. Dennoch sind die Erfassung von Bagatellvortaten, das Festhalten am Leichtfertigkeitstatbestand sowie die Neuregelung der Auslandsvortaten in dieser Form nicht tragbar. Es wurden bereits Wege aufgezeigt, diese Mängel zu beheben, sodass der Geldwäschetatbestand nach dem All-Crimes-Ansatz grundsätzlich durchaus bestandsfähig erscheint. Abschließend sollen dennoch einige alternative Gestaltungsmöglichkeiten eines Geldwäschetatbestandes aufgezeigt und auf ihre Tauglichkeit hin untersucht werden.

I. Das Höchstmaßkriterium des Art. 2 Nr. 1 S. 1 der Richtlinie (EU) 2018/1673 in Verbindung mit dem Listenansatz

Als Alternative zum klassischen Listenansatz des § 261 Abs. 1 S. 2 StGB a.F. stellten *Schröder, Bergmann* und *Pfaff* eine Variation mit einem quantitativen Schwellenwert-Definitionsansatz vor.[942]

1. Ausgestaltung

Art. 2 Nr. 1 S. 1 der Richtlinie (EU) 2018/1673 definiert „kriminelle Tätigkeiten", die Vortaten der Geldwäsche sein sollen. Der EU-Gesetzgeber differenziert hierbei nach quantitativen Schwellenwerten. Eine kriminelle Tätigkeit kann „jede Form der kriminellen Beteiligung an Straftaten, die gemäß dem nationalen Recht mit einer Freiheitsstrafe oder mit Freiheitsentzug im Höchstmaß von mehr als einem Jahr oder – in Mitgliedstaaten, deren Rechtssystem ein Mindestmaß für

942 *Schröder u. a.*, Lösungsvorschläge für das Geldwäschestrafrecht, S. 17 ff.

Straftaten vorsieht – mit einer Freiheitsstrafe oder einer die Freiheit beschränkenden Maßnahme im Mindestmaß von mehr als sechs Monaten geahndet werden können“[943] sein.[944] In der Literatur ist höchst umstritten, ob für Deutschland das Höchstmaß- oder das Mindestmaßkriterium oder beides maßgeblich ist, da das deutsche Strafrecht sowohl mit Höchst- als auch mit Mindestfreiheitsstrafen arbeitet.[945] Dem Mindestmaßkriterium entsprach der deutsche Geldwäschetatbestand schon immer. Da das deutsche Strafrecht keine Mindestfreiheitsstrafen zwischen sieben und elf Monaten kennt, sondern nur bis sechs Monaten und ab mindestens einem Jahr, ist diesem Ansatz allein durch die Erfassung von Verbrechen bereits Genüge getan.[946]

Würde man die geldwäschetauglichen Vortaten nach dem Höchstmaßkriterium differenzieren, könnte ein langer Vortatenkatalog und gleichzeitig der ausufernde All-Crimes-Ansatz vermieden werden. Geldwäschetaugliche Vortaten wären demnach alle Straftaten, die mit einer Freiheitsstrafe im Höchstmaß von mehr als einem Jahr bedroht sind.[947] Dies würde sehr viele der Tatbestände im Strafgesetzbuch erfassen.[948] Es wäre dennoch eine ergänzende Liste von Straftaten nötig, die unter dieser Schwelle liegen aber taugliche Vortaten der Geldwäsche sein müssen, weil die europäischen Richtlinien sie in ihren Kategorien von Straftaten listen, die in jedem Fall eine Vortat der Geldwäsche sein müssen.[949] Zu diesen Straftaten gehören: § 108b UrhG; §§ 129, 129a auch in Verbindung mit § 129b StGB;[950] § 326 Abs. 5 Nr. 2 StGB; § 277 StGB und § 119 Abs. 7 WpHG.

2. *Bewertung der Alternative*

Ein Aufbau des Geldwäschetatbestandes nach dem Höchstmaßkriterium in Verbindung mit dem Listenansatz hätte den Vorteil, dass der Tatbestand

943 Art. 2 Nr. 1 S. 1 RiL (EU) 2018/1673.

944 Ganz ähnliche Definitionen nannten bereits Art. 3 Nr. 4 lit. f der RiL (EU) 2015/849 (Vierte Geldwäscherichtlinie) und Art. 3 Nr. 5 lit. f der RiL (EU) 2005/60/EG (Dritte Geldwäscherichtlinie, dort noch „schwere Straftaten“ statt „kriminelle Tätigkeit“).

945 Ausführlich zum Streitstand *Schröder u. a.*, Lösungsvorschläge für das Geldwäschestrafrecht, S. 20 ff.; *El-Ghazi/Laustetter*, NZWiSt 2021, 209 (210 f.).

946 *El-Ghazi/Laustetter*, NZWiSt 2021, 209 (211); *Schröder u. a.*, Lösungsvorschläge für das Geldwäschestrafrecht, S. 23 f.

947 *Schröder u. a.*, Lösungsvorschläge für das Geldwäschestrafrecht, S. 39.

948 Vgl. *Schröder u. a.*, Lösungsvorschläge für das Geldwäschestrafrecht, S. 35, von über 550 Straftatbeständen des Strafgesetzbuches wären lediglich 43 Delikte ausgeschlossen.

949 Vgl. Art. 2 Nr. 1 S. 2 der RiL (EU) 2018/1673.

950 *Schröder u. a.*, Lösungsvorschläge für das Geldwäschestrafrecht, S. 40.

übersichtlicher werden würde, da neben den Straftaten, welche vom Höchstmaßkriterium erfasst sind, nur noch eine kleine Liste an zusätzlich zu nennenden Straftaten verbleiben würde.[951] Jedoch gelten die übrigen Kritikpunkte, die schon zum Listenansatz ausgeführt wurden, ebenso für diese Variante: Auch dieser Vortatenkatalog wäre nie vollständig, es könnte immer das Bedürfnis entstehen, die Liste von geldwäschetauglichen Vortaten, deren Strafandrohung sich im Höchstmaß ein Jahr oder weniger beläuft zu erweitern.[952] Zudem wäre die Beweisproblematik nicht entschärft. Es müsste nachgewiesen werden, dass die Vortat eine solche ist, die mit einer Freiheitsstrafe im Höchstmaß von mehr als einem Jahr bedroht ist oder eine der zusätzlich aufgelisteten Straftaten verwirklicht wurde. Die Bagatelltatenproblematik würde ebenfalls nicht vollständig gelöst werden. Zwar sind leichtere Delikte wie Hausfriedensbruch und das Erschleichen von Leistungen nicht erfasst.[953] Da aber beispielsweise der Diebstahl geringwertiger Sachen gemäß § 242 StGB in Verbindung mit § 248a StGB eine taugliche Geldwäschevortat darstellen würde, bliebe die Problematik weiterhin bestehen. Im Ergebnis kommen auch *Schröder*, *Bergmann* und *Pfaff* zu dem Ergebnis, dass dieser Ansatz nicht zielführend ist und stattdessen die Einführung des All-Crimes-Ansatzes erwogen werden könnte.[954]

II. Differenzierung nach dem Organisationsprinzip

Eine weitere Alternative wäre der Aufbau des Geldwäschetatbestandes nach dem Organisationsprinzip. Dies würde eine vollständige Loslösung von dem Herkunftsprinzip bedeuten. Eine Geldwäschehandlung wäre dann nicht mehr von der Bedingung abhängig, dass der Gegenstand aus einer rechtswidrigen Vortat herrührt. Voraussetzung wäre stattdessen die Verfügungsgewalt einer organisierten kriminellen Vereinigung über die Gegenstände. Eine Ausgestaltung nach dem Organisationsprinzip wurde bereits vor der Einführung des ersten Geldwäschetatbestandes diskutiert und im deutschen Bundestag insbesondere von *Stratenwerth* befürwortet.[955] Für diese Alternative sprach in erster Linie der direkte Bezug zur organisierten Kriminalität, deren Bekämpfung

951 *Schröder u. a.*, Lösungsvorschläge für das Geldwäschestrafrecht, S. 40.
952 So auch *Schröder u. a.*, Lösungsvorschläge für das Geldwäschestrafrecht, S. 40.
953 Vgl. *Schröder u. a.*, Lösungsvorschläge für das Geldwäschestrafrecht, S. 24 sowie § 123 Abs. 1 StGB und § 265a Abs. 1 StGB.
954 *Schröder u. a.*, Lösungsvorschläge für das Geldwäschestrafrecht, S. 41.
955 Siehe BT Rechtsausschuss Sitzung 11/75 am 15.03.1990.

der Geldwäschetatbestand vorrangig dienen sollte.[956] Dennoch entschied sich der Gesetzgeber letztlich für das Herkunftsprinzip und eine Ausgestaltung nach dem Listenansatz.[957] Im Weiteren soll nun der Frage nachgegangen werden, ob ein Geldwäschetatbestand nach dem Organisationsprinzip eine erfolgreichere Geldwäschebekämpfung ermöglichen würde.

1. *Definitionsversuche für die „organisierte Kriminalität"*

In einem Geldwäschetatbestand nach dem Organisationsprinzip wäre die „organisierte Kriminalität"[958] ein Tatbestandsmerkmal. In der Literatur hat es im Laufe der Jahre viele Versuche gegeben, die organisierte Kriminalität einer einheitlichen Definition zuzuführen.

Die *Gemeinsame Arbeitsgruppe Justiz/Polizei zur Strafverfolgung der Organisierten Kriminalität 1990* entwickelte folgende Definition, welche mit leicht geändertem Wortlaut auch in den Regierungsentwurf zum OrgKG 1991[959] übernommen wurde: „Organisierte Kriminalität ist die von Gewinn- und Machtstreben bestimmte planmäßige Begehung von Straftaten, die einzeln oder in ihrer Gesamtheit von erheblicher Bedeutung sind, wenn mehr als zwei Beteiligte auf längere oder unbestimmte Dauer arbeitsteilig

a) unter Verwendung gewerblicher oder geschäftsähnlicher Strukturen,

b) unter Anwendung von Gewalt oder anderer zur Einschüchterung geeigneter Mittel oder

c) unter Einflussnahme auf Politik, Medien, öffentliche Verwaltung, Justiz oder Wirtschaft zusammenwirken."[960]

---

956 Vgl. *Stratenwerth*, BT Rechtsausschuss Sitzung 11/75, S. 21; Ders. in: Pieth: Bekämpfung der Geldwäscherei, S. 119.

957 Als Begründung wurde angegeben, die Konturen der organisierten Begehungsweise seien für die Ausgestaltung als Tatbestandsmerkmal noch nicht ausreichend gefestigt, BT-Drs. 12/989, S. 24; vgl. zur Gesetzgebung auch Kapitel 2 B. II. 1.

958 Möglich wäre auch „kriminelle Organisation" bzw. „organisierte kriminelle Vereinigung", was aber auf dieselben Definitionsmerkmale hinausläuft.

959 BT-Drs. 12/989, S. 24.

960 „Gemeinsame Richtlinien der Justizminister/-senatoren und der Innenminister/-senatoren der Länder über die Zusammenarbeit von Staatsanwaltschaft und Polizei bei der Verfolgung von organisierter Kriminalität." Abgedruckt in: BT-Drs. 13/4942, S. 3 f.; *BKA*, Bundeslagebild – Organisierte Kriminalität 2019, S. 11; *Burr*, Geldwäsche, S. 41; *Höreth*, Die Bekämpfung der Geldwäsche, S. 4; *Siska*, Die Geldwäsche und ihre Bekämpfung, S. 25; *Spiske*, Pecunia olet?, S. 31; *Suendorf*, Geldwäsche, S. 25.

Das *United Nations Office on Drugs and Crime (UNODC)* definiert die organisierte kriminelle Gruppe als „eine strukturierte Gruppe von drei oder mehr Personen, die eine gewisse Zeit lang besteht und gemeinsam mit dem Ziel vorgeht, eine oder mehrere schwere Straftaten oder in Übereinstimmung mit diesem Übereinkommen umschriebene Straftaten zu begehen, um sich unmittelbar oder mittelbar einen finanziellen oder sonstigen materiellen Vorteil zu verschaffen“.[961]

Spiske nennt einige Merkmale, an denen die organisierte Kriminalität bestimmt werden soll:[962]

- Auf Dauer angelegter Zusammenschluss einer Personenmehrheit
- Planmäßiges und arbeitsteiliges Vorgehen
- Verknüpfung von legalen und illegalen Geschäften
- Arbeit auf Bestellung
- Hohe Investitionen aus nicht erkennbaren Quellen
- Hierarchischer Aufbau
- Internationalität

Als weitere Merkmale wurden im Laufe der Zeit zudem beispielsweise eine „mafiaähnliche Parallelgesellschaft“[963] und „hochprofessionell und arbeitsteilig angelegt“[964] genannt. Von der Literatur wurde eine Vielzahl von weiteren Definitionen und Merkmallisten entwickelt, eine umfangreiche Darstellung würde jedoch den Rahmen dieser Arbeit sprengen.[965] Die genannten Definitionen und Merkmale zeigen jedoch, dass bereits hinsichtlich der Mindestanzahl an Mitgliedern Uneinigkeit besteht. Auch an die Mittel beziehungsweise die Art der Vorgehensweise sowie an Struktur und den Organisationsgrad der Vereinigungen werden ganz unterschiedliche Anforderungen gestellt. Es herrscht Uneinigkeit, ob bereits die Zielsetzung mehrerer Personen ausreicht, eine oder mehrere Straftaten zu begehen oder ob es einer komplexen Organisationsstruktur bedarf, die einer mafiaähnlichen Parallelgesellschaft gleicht.

---

961 Art. 2 lit. a des Übereinkommens der Vereinten Nationen gegen die grenzüberschreitende organisierte Kriminalität, abgedruckt in BGBl. III Nr. 84/2005.

962 *Spiske*, Pecunia olet?, S. 31 f.

963 Auszug aus dem Protokoll der Sitzung des Arbeitskreises II „öffentliche Sicherheit und Ordnung“ der Arbeitsgemeinschaft der Innenminister der Bundesländer am 27./28.01.1983 in Eschwege/Hessen, StV 1984, 350 (350).

964 *Sielaff*, Kriminalistik 1983, 417 (418).

965 Eine Sammlung von Definitionen ist zu finden in *Möhn*, Organisierte Kriminalität, S. 212 ff.

Es ist festzuhalten, dass die Begrifflichkeit der organisierten Kriminalität/Vereinigung viel diskutiert wird.[966] Hierbei bedienen sich die Akteure einer Vielzahl von unbestimmten Rechtsbegriffen, welche ihrerseits der Konkretisierung bedürfen.[967] Daher wäre die erste große Hürde für einen Geldwäschetatbestand nach dem Organisationsprinzip die Frage, wie die organisierte Kriminalität überhaupt beschrieben werden soll.

2. *Bewertung der Alternative*

Das Kernproblem des Herkunftsprinzips liegt in dem Erfordernis, die Herkunft des Tatobjekts aus einer rechtswidrigen Vortat nachzuweisen.[968] Doch auch das Organisationsprinzip bringt Beweiserfordernisse mit sich. Hier muss a) das Bestehen einer organisierten kriminellen Gruppierung nachgewiesen werden und b) zusätzlich die Zuordnung des Tatobjekts zur Organisation.

a) Nachweis des Bestehens einer organisierten kriminellen Gruppierung

Wie soeben aufgezeigt ist bereits stark umstritten, wie die organisierte Kriminalität zu definieren ist und welche Anforderungen an eine solche Gruppierung zu stellen sind. Natürlich könnte der Gesetzgeber sich für eine der vielen Definitionen entscheiden, bereits im Regierungsentwurf zum OrgKG wurde eine Definition genannt.[969] Alle Definitionen enthalten unbestimmte Rechtsbegriffe. Dies liegt an den vielen Erscheinungsformen der organisierten Kriminalität, die schon lange in komplexeren und mannigfaltigeren Formen auftreten kann, als man es von der „Mafia“ oder „arabischen Großfamilien“ kennt.[970] Die organisierte Kriminalität hat viele Gesichter.[971] So viele, dass es schwer ist, alle in einer konkret

---

966 So bereits *Knorz*, Der Unrechtsgehalt des § 261 StGB, S. 37; *Aschke*, Der Straftatbestand der Geldwäsche, S. 16; *Bottermann*, Untersuchung zu den grundlegenden Problematiken des Geldwäschetatbestandes, S. 35; *Sielaff*, Kriminalistik 1983, 417 (417); *Gentzik*, Europäisierung des deut. und eng. Geldwäschestrafrechts, S. 34.

967 Daher wird in der Literatur teilweise vertreten, dass der Begriff nicht zur Begründung strafrechtlicher Maßnahmen herangezogen werden darf, so z. B. *Köhler/Beck*, JZ 1991, 797 (800); *Hassemer*, KJ 1992, 64 (65 f.); *Dionyssopoulou*, Der Tatbestand der Geldwäsche, S. 24, 28.

968 Hierzu ausführlich Kapitel 4 A. I. 2. b) und B. I. 5.

969 BT-Drs. 12/989, S. 24, dort wurde allerdings auch klargestellt, dass aus dieser Definition kein Tatbestandsmerkmal für § 261 StGB entstehen kann.

970 So auch *Burr*, Geldwäsche, S. 43; *Hetzer*, wistra 1993, 286 (288); *Sielaff*, Kriminalistik 1983, 417 (417).

971 Näher zu unterschiedlichen Organisationsformen *Suendorf*, Geldwäsche, S. 28 ff.

ausformulierten Definition unterzubringen. Hier könnte der Gesetzgeber selbst Konkretisierungen in einer Gesetzesbegründung vornehmen. Dabei könnte der Spagat zwischen hinreichend bestimmten Ausformulierungen einerseits und andererseits der Gefahr, dass die Vielzahl praktischer Erscheinungsformen in der Theorie nicht hinreichend abgebildet werden, eine große Herausforderung darstellen. Ansonsten würde es den Gerichten zukommen, Begrifflichkeiten praxisorientiert zu konkretisieren und Standards zu schaffen. Dies würde Jahre in Anspruch nehmen, während derer viel Rechtsunsicherheit aufgrund vager Begrifflichkeiten herrschen würde.

Befürworter sehen gerade in dieser Weite den entscheidenden Vorteil des Organisationsprinzips. Diese Alternative sei flexibel und könne sich an die vielen, sich im Laufe der Zeit verändernden Strukturen der organisierten Kriminalität anpassen.[972] Dies darf jedoch nicht einseitig auf Kosten der Rechtssicherheit ausarten. Doch auch wenn eine Konkretisierung der Tatbestandsmerkmale gelingt und keine unerträgliche Rechtsunsicherheit zu befürchten wäre, bestünde weiterhin das Problem des Nachweises im Prozess. Es muss ein bestimmter Organisationsgrad nachgewiesen werden.[973] In vielen Fällen wird die Aussage eines Mitglieds der Organisation erforderlich sein. Je mächtiger und verbundener die Organisation ist, desto weiter wird die Aussagebereitschaft sinken.[974] Auch wird ein Nachweis sich vor allem bei international agierenden Organisationen als schwierig erweisen. Es dürfen aber auch keine zu niedrigen Anforderungen an den Organisationsgrad gestellt werden, da die gesteigerte Gefahr gerade in der strukturierten und organisierten Verbrechensbegehung liegt.[975] Dieser Aspekt allein birgt bereits Beweisprobleme, die mit denen des Vortatenkataloges vergleichbar sind.[976] Dies zeigt auch das Beispiel des § 129 StGB.[977]

---

972 *Stratenwerth*, BT Rechtsausschuss Sitzung 11/75, S. 135 f.

973 *Bottermann*, Untersuchung zu den grundlegenden Problematiken des Geldwäschetatbestandes, S. 61 f. Die Anforderungen hieran wären dann je nach den festgelegten Anforderungen höher oder niedriger.

974 So bereits Körner, BT Rechtsausschuss Sitzung 11/75, S. 107.

975 *Pieth*, ZStrR 1995, 225 (228); nach Bottermann dürfen die Anforderungen an den Organisationsgrad auch deshalb nicht zu niedrig angesetzt werden, weil dies den Nachweis der Verfügungsgewalt über Vermögenswerte erschweren würde, *Bottermann*, Untersuchung zu den grundlegenden Problematiken des Geldwäschetatbestandes, S. 63.

976 *Werner*, Die Bekämpfung der Geldwäsche in der Kreditwirtschaft, S. 260, „Stratenwerths Vorschlag ersetzt ein Beweisproblem durch ein anderes."

977 Körner, BT Rechtsausschuss Sitzung 11/75, S. 107 f.; *Leip*, Der Straftatbestand der Geldwäsche, S. 39 f.

Der geringe Erfolg dieses Tatbestandes wird ebenfalls auf die Nachweisschwierigkeiten hinsichtlich der Organisationsstrukturen krimineller Vereinigungen zurückgeführt.[978]

b) *Zuordnung des Tatobjekts zur kriminellen Organisation*

Kriminelle Organisationen können mangels Rechtspersönlichkeit nicht selbst Gegenstände besitzen.[979] Daher muss nachgewiesen werden, dass durch Mitglieder der Organisation diese faktisch die Verfügungsgewalt über die Vermögenswerte hat.[980] Es bedarf also eines Nachweises dahingehend, dass das Tatobjekt der Geldwäsche einem Mitglied einer kriminellen Organisation zuzuordnen ist, welches die Verfügungsgewalt für die Organisation ausübt. Diese Umstände müssen weiterhin vom Vorsatz des Geldwäschers umfasst sein.[981] Auch dies wird in der Regel schwer nachzuweisen sein, vor allem bei Organisationen mit komplexen oder losen Strukturen, in denen den Mitgliedern selbst oftmals nicht der große Gesamtzusammenhang bekannt ist und sie sich nicht mit diesem identifizieren.[982]

c) *Beschränkung der Geldwäsche auf die organisierte Kriminalität*

Neben der Frage der Funktionalität eines Tatbestandes nach dem Organisationsprinzip sollte nicht die grundsätzliche Frage außer Acht gelassen werden, ob eine Begrenzung des Tatbestandes auf Vermögenswerte (illegal wie legal erworbene) von kriminellen Organisationen überhaupt angebracht ist.[983] Ursprünglich sollte die Geldwäsche in erster Linie der Bekämpfung der organisierten Kriminalität dienen.[984] Dieses Ziel wird auch heute noch verfolgt.[985] Ein Tatbestand nach dem

---

978 So *Schäfer/Anstötz*, in: MüKoStGB, § 129 Rn. 6; *Krauß*, in: LK-StGB, § 129 Rn. 18.

979 *Leip*, Der Straftatbestand der Geldwäsche, S. 40; *Werner*, Die Bekämpfung der Geldwäsche in der Kreditwirtschaft, S. 260; *Forthauser*, Geldwäscherei de lege lata et ferenda, S. 145.

980 *Stratenwerth*, BT Rechtsausschuss Sitzung 11/75, S. 21; *Leip*, Der Straftatbestand der Geldwäsche, S. 40.

981 *Bottermann*, Untersuchung zu den grundlegenden Problematiken des Geldwäschetatbestandes, S. 62.

982 *Bottermann*, Untersuchung zu den grundlegenden Problematiken des Geldwäschetatbestandes, S. 62 f.

983 Dafür *Stratenwerth*, BT Rechtsausschuss Sitzung 11/75, S. 21; Ders. in: Pieth: Bekämpfung der Geldwäscherei, S. 119; *Schnittenhelm*, in: FS für Lenckner, S. 529.

984 Vgl. nur BT-Drs. 12/989, S. 1.

985 Vgl. BT-Drs. 19/24180, S. 1.

Organisationsprinzip hätte ungeachtet aller praktischen Nachteile den Vorteil, direkt an der Quelle des Übels anzusetzen.[986] Wenn der organisierten Kriminalität die finanziellen Mittel entzogen werden, um Investitionen zu tätigen und weitere Straftaten zu finanzieren, dann können sie ausgetrocknet und das Problem somit nachhaltig bekämpft werden.[987] Neben der Zielsetzung, die organisierte Kriminalität zu bekämpfen schützt der Geldwäschetatbestand die Rechtsgüter der Vortaten und die staatliche Rechtspflege. Diese Rechtsgüter können durch jede Art der lukrativen Kriminalität angegriffen werden, nicht nur durch organisierte Kriminalität.[988] Die Gefährlichkeit der Geldwäsche liegt nach heutigem Verständnis gerade in der Verschleierung der Herkunft inkriminierter Vermögenswerte durch Waschvorgänge, welche verhindern, dass der Täter krimineller Handlungen ausfindig gemacht und die Vermögenswerte ihren rechtmäßigen Besitzern zurückgegeben oder zumindest eingezogen werden können.[989] Da keine Ersatzhehlerei möglich ist, muss dies durch den Geldwäschetatbestand mit abgedeckt werden. Folglich könnte ein Tatbestand nach dem Organisationsprinzip nicht alle heute anerkannten Rechtsgüter der Geldwäsche schützen und ist daher auch ungeachtet der praktischen Schwierigkeiten abzulehnen.[990]

3. *Kombination von Herkunfts- und Organisationsprinzip nach österreichischem Vorbild*

Die vorangegangenen Erwägungen haben ergeben, dass die Abschaffung des Geldwäschetatbestandes nach dem Herkunftsprinzip zugunsten eines dem Organisationsprinzip folgenden Tatbestandes keine Beweiserleichterungen mit sich bringen würde und auch grundsätzlich nicht geeignet ist, alle von § 261 StGB zu schützenden Rechtsgüter angemessen abzudecken. Man könnte jedoch über eine Kombination beider Ansätze nach österreichischem Vorbild nachdenken.[991] § 165 Abs. 1, 2 öStGB beschreibt einen Geldwäschetatbestand nach dem Herkunftsprinzip. § 165 Abs. 5 öStGB enthält einen Vortatenkatalog. § 165 Abs. 3 öStGB statuiert in Verbindung mit § 278a öStGB zusätzlich einen Tatbestand nach dem Organisationsprinzip. Demzufolge macht sich auch

986 *Stratenwerth*, BT Rechtsausschuss Sitzung 11/75, S. 21, 135f.; *Forthauser*, Geldwäscherei de lege lata et ferenda, S. 144.

987 BR-Drs. 219/91, S. 74; *Forthauser*, Geldwäscherei de lege lata et ferenda, S. 113, 144.

988 Vgl. auch *Kreß*, wistra 1998, 121 (124); *Hund*, ZRP 1996, 163 (165).

989 *Koslowski*, Harmonisierung der Geldwäschestrafbarkeit, S. 348.

990 Ähnlich *Koslowski*, Harmonisierung der Geldwäschestrafbarkeit, S. 348.

991 Offen dafür *Bülte*, Stellungnahme zu BT-Drs. 19/24180, S. 30.

derjenige wegen Geldwäsche strafbar, der vorsätzlich Geldwäschehandlungen an „Vermögensbestandteile(n), die in der Verfügungsmacht einer kriminellen Organisation (§ 278a) oder einer terroristischen Vereinigung (§ 278b) unterliegen" vornimmt. In Österreich werden also das Katalogtatenprinzip und das Organisationsprinzip in einem Tatbestand angewendet. Für diese Kombination könnte angebracht werden, dass hierdurch die Verurteilungschancen im Falle organisierter Kriminalität verdoppelt werden. Wenn keine organisierten Strukturen nachgewiesen werden können, ist möglicherweise das Herrühren des Tatobjekts aus einer Straftat nachweisbar und umgekehrt. Dies würde jedoch zum einen zusätzlichen Ermittlungsaufwand für die Strafverfolgungsbehörden bedeuten. Zum anderen muss eine Erweiterung der Tatalternativen nicht unbedingt zu einer höheren Erfolgsquote führen. Die Beweisschwierigkeiten bleiben für beide Alternativen gleich hoch und wenn es keinen Hinweis auf die Herkunft von Gegenständen gibt, dann wohl in der Regel auch keinen Hinweis auf die Herkunft aus der Verfügungsgewalt krimineller Organisationen. Hinzu kommt, dass Herkunftsprinzip und Organisationsprinzip systematisch nicht zusammenpassen.[992] Geldwäsche nach dem Herkunftsprinzip folgt dem Gedanken, inkriminierte Gegenstände aus dem Verkehr zu ziehen, um eine Verunreinigung des Wirtschafts- und Finanzkreislaufes zu verhindern und die Papierspur zu Straftätern zurückverfolgen zu können. Das Organisationsprinzip unterscheidet hingegen nicht zwischen inkriminierten und legal erworbenen Vermögenswerten. Hier kommt es einzig darauf an, kriminellen Organisationen die Mittel zu entziehen, gleich wo diese herkommen.[993] Somit ist erstens fraglich, ob aufgrund der erheblichen Beweisprobleme ein solcher ergänzender Tatbestand eine Verbesserung der Geldwäschebekämpfung bedeuten würde. Zweitens würde ein Tatbestand nach dem Organisationsprinzip nicht in die derzeitige Systematik des Einundzwanzigsten Abschnitts des Strafgesetzbuches passen und den Abschnitt so noch widersprüchlicher werden lassen. Daher ist auch diese Alternative im Ergebnis abzulehnen.

4. Ergebnis

Eine vollständige Ersetzung des Herkunftsprinzips entspricht nicht dem heutigen Verständnis von Geldwäsche und den zu schützenden Rechtsgütern. Für

---

992 Vgl. auch *Koslowski*, Harmonisierung der Geldwäschestrafbarkeit, S. 349.

993 *Koslowski*, Harmonisierung der Geldwäschestrafbarkeit, S. 348; *Bottermann*, Untersuchung zu den grundlegenden Problematiken des Geldwäschetatbestandes, S. 61; *Forthauser*, Geldwäscherei de lege lata et ferenda, S. 144.

die Alternative lässt sich anführen, dass sich sämtliche Beweisprobleme des Herkunftsprinzips bei Anwendung des Organisationsprinzips in Luft auflösen würden. Doch bringt Letztgenanntes eigene Beweisproblematiken mit sich, die denen des Herkunftsprinzips unter Verwendung des Listenansatzes in Nichts nachstehen.[994] Daher würde im Vergleich zum nun geltenden All-Crimes-Ansatz sogar ein Rückschritt gemacht werden.

Eine Kombination beider Varianten in einem Tatbestand nach österreichischem Vorbild würde nicht zur Systematik des Einundzwanzigsten Abschnitts des deutschen Strafgesetzbuches passen und die praktischen Vorteile sind zweifelhaft. Es könnte darüber nachgedacht werden, die §§ 129 ff. StGB um einen vergleichbaren Tatbestand nach dem Organisationsprinzip zu ergänzen.[995] Jedoch wäre dieser nicht mehr als Geldwäsche zu bezeichnen und es müsste geprüft werden, ob neben den §§ 129 ff. StGB und den Regelungen der Einziehung hierfür ein eigenständiges Bedürfnis besteht. Die Alternative der Ausgestaltung des Geldwäschetatbestandes nach dem Organisationsprinzip ist mithin im Ergebnis abzulehnen.

III. Einführung eines Täuschungstatbestands nach Vogel

1. Ausgestaltung

Vogel schlägt die Ergänzung des § 261 StGB[996] um einen Täuschungstatbestand vor, der die Geldwäschestrafbarkeit stärker mit den Normen des Geldwäschegesetzes verknüpfen und die Verletzung bestehender Rechtspflichten zum Gegenstand haben soll.[997] Durch diese Loslösung der Geldwäsche von der Vortat sollen die bekannten Nachweisprobleme behoben werden.[998] Vor allem komplexe und professionalisierte Geldwäsche könnte in Fällen besser verfolgt werden, in denen dem Geldwäscher nichts Näheres über die Herkunft der Vermögenswerte seiner Kunden bekannt ist.[999]

994 Für noch größere Beweisprobleme bei Anwendung des Organisationsprinzips: *Koslowski*, Harmonisierung der Geldwäschestrafbarkeit, S. 347; *Bottermann*, Untersuchung zu den grundlegenden Problematiken des Geldwäschetatbestandes, S. 60; für gleichwertige Beweisprobleme: *Altenhain*, in: NK-StGB, 426.

995 Koslowski würde einen solchen Tatbestand bei § 89c StGB (Terrorismusfinanzierung) verorten, *Koslowski*, Harmonisierung der Geldwäschestrafbarkeit, S. 349.

996 In der alten Fassung mit dem Vortatenkatalog.

997 *Vogel*, ZRP 2020, 111 (112).

998 *Vogel*, ZRP 2020, 111 (114).

999 *Vogel*, ZRP 2020, 111 (112); Ders., Stellungnahme des MPI zum RefE zur Verbesserung der strafrechtlichen Bekämpfung der Geldwäsche 2020, S. 10.

Diese Alternative soll dem Schutz des legalen Wirtschafts- und Finanzkreislaufs dienen.[1000] Einen ähnlichen Tatbestand gibt es in den USA.[1001] Der von *Vogel* vorgeschlagene Tatbestand soll die Täuschung über sorgfaltspflichtrelevante Tatsachen im Sinne des Geldwäschegesetzes unter Strafe stellen.[1002] Sorgfaltspflichtrelevante Tatsachen sind solche, auf die sich die in § 10 Abs. 1 GwG (allgemeine Sorgfaltspflichten) und § 15 Abs. 4 bis 7 GwG (verstärkte Sorgfaltspflichten) gelisteten Sorgfaltspflichten beziehen. Diese Sorgfaltspflichten bestehen im Wesentlichen in der Verpflichtung, den Geschäftspartner zu identifizieren, gegebenenfalls seine Eigentums- und Kontrollstruktur zu prüfen, Informationen über Zweck und Art der angestrebten Geschäftsbeziehung zu sammeln, Transaktionen zu überwachen und gegebenenfalls Informationen über Herkunft und Verwendung der Vermögenswerte einzuholen. Es würde sich strafbar machen, wer einen geldwäscherechtlich Verpflichteten, einen Dritten im Sinne des § 17 Abs. 1 oder Abs. 5 S. 1 GwG oder eine mit der Verhinderung von Geldwäsche beauftragte Stelle über sorgfaltspflichtrelevante Tatsachen täuscht.[1003] Dabei soll der Täterkreis nicht begrenzt sein.[1004] Als Täter kommen sowohl (potentielle) Kunden von Finanzdienstleistern als auch Mitarbeiter der geldwäscherechtlich Verpflichteten in Betracht, die im Wege der Kollusion mit Kunden zusammenarbeiten.[1005] Es muss nicht nachgewiesen werden, dass das Vermögen, welches der geldwäscherechtlich Verpflichtete aufgrund der Täuschung annimmt, tatsächlich illegaler Herkunft ist.[1006] Geahndet werden soll die abstrakte Gefährdung für den legalen Wirtschaftskreislauf, die durch solches Vorgehen entsteht.[1007] Daher soll die sich aus den objektiven Umständen ergebende „naheliegende Möglichkeit" der illegalen Vermögensherkunft ausreichen.[1008] Für den Tätervorsatz soll es somit genügen, dass dieser die naheliegende Möglichkeit erkennt und trotzdem oder gerade deshalb die Sorgfaltspflichten des Geldwäschegesetzes umgehen will.[1009] Daneben schlägt *Vogel* einen weiteren, dem § 263a StGB

1000 *Vogel*, ZRP 2020, 111 (113); Ders., Stellungnahme des MPI zum RefE zur Verbesserung der strafrechtlichen Bekämpfung der Geldwäsche 2020, S. 10 f.
1001 18 U.S. Code § 1956 (a) (1) (B) (ii).
1002 *Vogel*, ZRP 2020, 111 (112, 113 f.).
1003 *Vogel*, ZRP 2020, 111 (114).
1004 *Vogel*, ZRP 2020, 111 (114).
1005 *Vogel*, ZRP 2020, 111 (114).
1006 *Vogel*, ZRP 2020, 111 (112).
1007 *Vogel*, ZRP 2020, 111 (112).
1008 *Vogel*, ZRP 2020, 111 (114).
1009 *Vogel*, ZRP 2020, 111 (114).

entsprechenden Absatz vor, welcher Fälle abdecken soll, in denen die Täuschung durch die Manipulation eines Datenverarbeitungsvorgangs vorgenommen wird.[1010] Die Absätze sollen zudem eine monetäre Grenze enthalten, da geringe Beträge nicht geeignet sind, den legalen Wirtschafts- und Finanzkreislauf zu verunreinigen.[1011]

2. *Bewertung der Alternative*

Grundsätzlich begrüßenswert ist die Beschränkung auf Vermögenswerte großen Ausmaßes, da so Bagatelldelikte automatisch außen vor bleiben und lediglich Beträge erfasst werden, die den legalen Wirtschafts- und Finanzkreislauf schädigen können.

Durch die Ergänzung des § 261 StGB um einen vom Herkunftsprinzip weitgehend losgelösten Täuschungstatbestand nach dem Modell *Vogels* würde weiterhin das Kernproblem des Vortatnachweises wegfallen.[1012] Da die Täuschung über sorgfaltspflichtige Tatsachen des Geldwäschegesetzes im Vordergrund steht und nicht die Herkunft von Gegenständen aus rechtswidrigen Vortaten, wäre die Ergänzung des § 261 StGB auch nicht dem Vorwurf ausgesetzt Beweisanforderungen umgehen zu wollen.[1013]

Es stellt sich jedoch die Frage, ob die „naheliegende Möglichkeit" einer illegalen Herkunft von Vermögenswerten ausreicht, um eine Strafbarkeit zu rechtfertigen. Nach *Vogels* Vorschlag soll von einer Ausgestaltung der Geldwäschestrafbarkeit als Anschlussdelikt Abstand genommen werden. Die Vorwerfbarkeit des Verhaltens soll also nicht in der Verschleierung der Herkunft rechtswidriger Vermögenswerte liegen. Vorgeworfen wird dem Täter vielmehr die Täuschung über Umstände, auf die sich die im Geldwäschegesetz aufgeführten Sorgfaltspflichten beziehen. Eine Täuschung allein kann aber noch keine Kriminalstrafe begründen. Es bedarf – wie andere Tatbestände des Strafgesetzbuches zeigen – darüber hinaus einer schädigenden Vermögensverfügung oder zumindest einer schadensgleichen Vermögensgefährdung.

1010 *Vogel*, ZRP 2020, 111 (114).

1011 „Ein Tatbestand [sollte] daher lediglich solche Fälle erfassen, in denen angesichts der eingesetzten Beträge nicht von einer vorrangig konsumtiven Mittelverwendung auszugehen ist.", *Vogel*, ZRP 2020, 111 (113).

1012 So auch *Schindler*, NZWiSt 2020, 457 (469).

1013 *Vogel*, Stellungnahme des MPI zum RefE zur Verbesserung der strafrechtlichen Bekämpfung der Geldwäsche 2020, S. 11.

Das von der strafbaren Handlung betroffene Rechtsgut soll vorliegend der legale Wirtschafts- und Finanzkreislauf sein. Dieser wird aber nur durch die Zuführung illegaler Vermögenswerte verunreinigt. Solange also nicht mit hinreichender Sicherheit bewiesen werden kann, dass die betroffenen Vermögenswerte aus einer Straftat stammen – womit man wieder beim Kernproblem der Geldwäschestrafbarkeit angelangt wäre – ist in dubio pro reo anzunehmen, dass das Vermögen legalen Ursprungs und damit ungeeignet ist, das geschützte Rechtsgut zu gefährden oder zu verletzen. Die Strafbarkeit wäre daher abzulehnen. Der Vorschlag eines Täuschungstatbestandes erweist sich somit im Ergebnis als weiterer Versuch, die Beweisregeln der Strafprozessordnung zu umgehen.[1014]

Weiterhin wäre diese Ausgestaltung systematisch problematisch. Da die vorgeschlagene Alternative nur eine Ergänzung darstellt, ist im restlichen § 261 StGB weiterhin das Herrühren aus einer rechtswidrigen Tat erforderlich. Die Tatsachenfeststellungen dazu müssen über eine „naheliegende Möglichkeit" hinausgehen. Um die Verhängung einer Strafe zu rechtfertigen bedarf es der vollen gerichtlichen Überzeugung des Herrührens aus einer rechtswidrigen Tat.[1015] Es erscheint nicht sachgerecht, innerhalb eines Tatbestandes unterschiedliche Anforderungen an das Vorliegen einer rechtswidrigen Vortat zu stellen. Es könnte allerdings erwogen werden, den Tatbestand als Bußgeldvorschrift ins Geldwäschegesetz zu übernehmen, da durch die Täuschung gerade über Tatsachen, für die eine Sorgfaltspflicht besteht, durchaus eine rechtliche Erheblichkeit besteht.

Zuletzt bleibt festzustellen, dass selbst wenn man den Täuschungstatbestand nach *Vogel* für eine sinnvolle Ergänzung des § 261 StGB erachten würde, der Ansatz dennoch nur ein Ergänzungsvorschlag ist. Daher werden die Problematiken, die der All-Crimes-Ansatz mit sich bringt und der Listensansatz mit sich brachte, durch diesen Ansatz nicht gelöst.

IV. Einführung eines Verschleierungstatbestands

1. Ausgestaltung

Die *Gewerkschaft der Polizei* stellte in ihrer Stellungnahme zum Referentenentwurf für einen neuen Geldwäschetatbestand den Vorschlag in den Raum, Geldwäsche unabhängig von der Vortat als selbstständige kriminelle Dienstleistung

---

1014 Ebenso *Schindler*, NZWiSt 2020, 457 (469).
1015 Vgl. BT-Drs. 19/24180, S. 2.

unter Strafe zu stellen.[1016] Damit sollen vor allem Fälle erfasst werden, in denen professionelle Geldwäscher Transaktionen für kriminelle Kunden vornehmen, ohne über die Herkunft der Mittel oder sonstige Begleitumstände informiert zu sein, aber aufgrund ihrer Beauftragung zur Vornahme von Verschleierungshandlungen davon ausgehen müssen, dass es sich um illegal erlangte Vermögenswerte handelt.[1017] Auch der *Bund deutscher Kriminalbeamter* äußerte sich positiv dazu „crime as a service“ selbstständig zu pönalisieren.[1018] Mit dieser Ausgestaltung sollen wohl Probleme umgangen werden, die sich daraus ergeben, dass sowohl der Referentenentwurf als auch die Gesetzesbegründung für die Bejahung eines Geldwäschevorsatzes verlangen, dass der Täter sich Vorstellungen zur Herkunft des Tatobjekts aus einer Straftat gemacht haben muss.[1019] Demnach soll der Vorsatz verneint werden, „wenn sich der Täter überhaupt keine klaren Vorstellungen von irgendeinem Vergehens- oder Verbrechenstatbestand gemacht hat“[1020].[1021] So sollen Fälle ausgeschlossen werden, in denen der Täter sich einen Geschehensablauf vorgestellt haben könnte, der lediglich den Tatbestand einer Ordnungswidrigkeit erfüllt.[1022] Die Idee des Verschleierungstatbestandes fand Zuspruch im Bundestag. Der Abgeordnete De Masi trat dafür ein, Verschleierungshandlungen unabhängig von einer Vortat zu pönalisieren, also Geldwäsche aus sich heraus strafbar zu machen, um komplexere Transferketten, die keine Rückverfolgung mehr zulassen, effektiv abdecken zu können.[1023] In der Literatur äußerte sich *Bittmann* positiv zu diesem Ansatz und

---

1016 *GdP*, Stellungnahme zum RefE eines Gesetzes zur Verbesserung der strafrechtlichen Bekämpfung der Geldwäsche 2020, S. 1.

1017 *GdP*, Stellungnahme zum RefE eines Gesetzes zur Verbesserung der strafrechtlichen Bekämpfung der Geldwäsche 2020, S. 1.

1018 *BDK*, Stellungnahme zum RefE eines Gesetzes zur Verbesserung der strafrechtlichen Bekämpfung der Geldwäsche, S. 3.

1019 *BMJV*, RefE Verbesserung strafrechtl. Bekämpfung d. Geldwäsche 2020, S. 39, der noch Kenntnis der wesentlichen Tatumstände der Vortat verlangte; vom Wortlaut her dagegen etwas weiter BT-Drs. 19/24180, S. 36, die es ausreichen lässt, wenn der Täter davon ausgeht, dass das Tatobjekt aus irgendeiner rechtswidrigen Tat stammt; vgl. auch *BDK*, Stellungnahme zum RefE eines Gesetzes zur Verbesserung der strafrechtlichen Bekämpfung der Geldwäsche, S. 3.

1020 BT-Drs. 19/24180, S. 36.

1021 So auch *BMJV*, RefE Verbesserung strafrechtl. Bekämpfung d. Geldwäsche 2020, S. 39.

1022 *BMJV*, RefE Verbesserung strafrechtl. Bekämpfung d. Geldwäsche 2020, S. 40; BT-Drs. 19/24180, S. 36.

1023 Abgeordneter De Masi (LINKE), Plenarprotokoll 19/193, S. 24437.

schlug vor, wenige gefahrgeneigte Verschleierungshandlungen in ergänzenden Bußgeld- und Strafvorschriften zu pönalisieren.[1024]

2. *Bewertung der Alternative*

Da Geldwäsche in vielen Formen auftreten kann und die Begrenzung auf eine Handlungsvariante zu viele Umgehungsmöglichkeiten schaffen würde, ist eine Begrenzung des Geldwäschetatbestandes ausschließlich auf Verschleierungshandlungen als zu restriktiv abzulehnen. Daher ist von vornherein nur die Ausgestaltung als Ergänzung beziehungsweise als zusätzlicher Tatbestand zu diskutieren.[1025] Die Schaffung eines ergänzenden Verschleierungstatbestandes hätte einige Vorteile: Durch die gesonderte Strafbarkeit von nicht hinreichend transparent gemachten Transaktionen ließe sich vor allem professionelle Geldwäsche besser verfolgen.[1026] Wenn eigens ein Dienstleister für die Durchführung von Vermögensübertragungen herangezogen wird, ist davon auszugehen, dass es sich um größere Summen handelt. So wären Bagatelldelikte vom Anwendungsbereich ausgenommen. Zudem wäre ein solcher Verschleierungstatbestand gut zur effektiven Einziehung von Kapital geeignet und dies ist der beste Weg, um die Begehung von Straftaten unattraktiv zu machen.

Problematisch ist jedoch, dass die Geldwäsche selbst – unabhängig von einer Vortat – verfolgt werden soll. „Geldwäsche" setzt aber per definitionem die Herkunft des Tatobjekts aus einer illegalen Quelle voraus.[1027] Wenn das Tatobjekt nicht inkriminiert ist, muss es nicht gewaschen werden. Es ist dann weder ein Vortatrechtsgut verletzt noch wird die Rechtspflege behindert. Weiterhin ist auch der legale Wirtschafts- und Finanzkreislauf als Rechtsgut nicht betroffen, wenn die in Folge der Verschleierungshandlung eingespeisten Vermögenswerte legaler Herkunft sind. Der strafrechtliche Unrechtsgehalt der Geldwäsche folgt nun einmal größtenteils aus seiner Eigenschaft als Anschlussdelikt.[1028] Zudem

---

1024 *Bittmann*, ZWH 2021, 157 (160).

1025 Für diese Alternative *Bittmann*, ZWH 2021, 157 (160).

1026 Abgeordneter De Masi (LINKE), Plenarprotokoll 19/193, S. 24437; *GdP*, Stellungnahme zum RefE eines Gesetzes zur Verbesserung der strafrechtlichen Bekämpfung der Geldwäsche 2020, S. 1.

1027 Vgl. zu der kriminologischen Definition und der des deutschen Strafrechts Kapitel 2 A.

1028 So bereits *Kreß*, wistra 1998, 121 (124); ebenso Abgeordneter Jung (CDU/CSU) Plenarprotokoll 19/193, S. 24440; *WisteV*, Stellungnahme zum RefE zur Umsetzung der RiL (EU) 2018/1673, S. 7; im Ergebnis auch *Bülte*, Stellungnahme zu BT-Drs. 19/24180, S. 30; *Bittmann*, NStZ 2022, 577 (578).

hat der Gesetzgeber richtig die Gefahr erkannt, dass die Pönalisierung von Verschleierungs- und anderen Geldwäschehandlungen ohne konkretisierten Vortatbezug zu einer strafrechtlichen Verfolgung der Verschleierung von Erträgen aus Ordnungswidrigkeiten führen könnte. Damit wäre der Unrechtsgehalt des Anschlussdelikts höher bewertet als der Unrechtsgehalt der Vortat. Das kann nicht sachgerecht sein. Dies zeigt: je weiter sich die Strafbarkeit von typischen Geldwäschehandlungen von einem Vortatbezug entfernt, desto größer wird die Gefahr, dass die Handlung härter sanktioniert wird, als der Grund für das Verschleierungsbedürfnis. Aufgrund der Vorteile könnte jedoch darüber nachgedacht werden, einen solchen Tatbestand als Ordnungswidrigkeit auszugestalten oder ins Gefahrenabwehrrecht zu übernehmen.[1029]

V. Ergebnis

Es wurden vorgehend nun vier alternative Reformierungsmöglichkeiten aufgezeigt. An den Problematiken der einzelnen Alternativen ist gut zu erkennen, wie komplex die Geldwäschestrafbarkeit ist.

Eine Variation des Vortatenkatalogs mit einem quantitativen Schwellenwert-Definitionsansatz wäre zwar in der Lage, einen übersichtlicheren Tatbestand zu schaffen, leidet aber am Ende an denselben Schwächen wie das Katalogtatenprinzip des alten Geldwäschetatbestandes: Schwierige Nachweisbarkeit der Begehung einer rechtswidrigen Vortat und das ständige Bedürfnis einer Erweiterung der Vortatenliste.

Das Organisationsprinzip wird schon seit Beratungen zur Einführung eines Geldwäschetatbestandes als Alternative zum Herkunftsprinzip diskutiert. Diesem ganz anderen Ansatz folgend wären die Probleme, die Listenansatz und All-Crimes-Ansatz mit sich bringen, gelöst. Doch bisher besteht nicht einmal Einigkeit darüber, wie die organisierte Kriminalität konkret zu definieren ist. Dies erscheint noch als lösbare Problematik, jedoch bedarf es bei dieser Alternative dem Nachweis, dass überhaupt eine kriminelle Organisation besteht und dieser das Tatobjekt zugeordnet werden kann. Daher gehen mit dem Organisationsprinzip noch schwerwiegendere Beweisprobleme einher als mit dem Katalogtatenprinzip. Auch eine Kombination von Herkunfts- und Organisationsprinzip nach österreichischem Vorbild verspricht keine signifikanten Verbesserungen und ist aus systematischen Gründen abzulehnen.

1029 Zu dieser Option auch *Bittmann*, ZWH 2021, 157 (160); im Grundsatz auch *Bülte*, Stellungnahme zu BT-Drs. 19/24180, S. 30; *Altenhain*, Das Anschlussdelikt, S. 425.

Die Einführung eines Täuschungstatbestandes nach dem Vorschlag *Vogels* ins Strafgesetzbuch überzeugt ebenfalls nicht. Es könnte auch legales Vermögen als tatbestandsgemäß erfasst werden, was aber das Schutzgut des legalen Wirtschafts- und Finanzkreislauf nicht schädigt. Eine Kriminalstrafe kann durch die beschriebene Tathandlung nicht gerechtfertigt werden.

Eine vollständige Loslösung von der Vortat würde die Einführung eines Verschleierungstatbestandes bedeuten. Dem steht entgegen, dass die Geldwäsche per definitionem Vermögen illegaler Herkunft voraussetzt. Allein die Verschleierung der Herkunft von Vermögenswerten kann daher nicht als Geldwäsche bezeichnet werden und ist nicht strafwürdig.

Aufgrund der Bewertung dieser alternativen Reformierungsmöglichkeiten bleibt nur zu konstatieren, dass die beste Alternative nach dem Scheitern des Listenansatzes für einen funktionsfähigen und verfassungskonformen Geldwäschetatbestand der All-Crimes-Ansatz ist. Zwar werden weiterhin Beweisschwierigkeiten bestehen. Es ist aber zu erwarten, dass diese geringer sind als bei dem Geldwäschetatbestand nach dem Katalogtatenprinzip. Sofern der Tatbestand um monetäre Schwellenwerte ergänzt werden sollte, würde ein vollständig verfassungskonformes Modell entstehen, welches sogar die Beibehaltung des Leichtfertigkeitstatbestandes legitimieren kann. Es ist zu empfehlen den Tatbestand dahingehend zu ändern.

C. Zusammenfassung

Der Geldwäschetatbestand nach der Reform ist teilweise verfassungswidrig. In diesem Kapitel konnten jedoch für alle bestehenden Probleme Lösungswege aufgezeigt werden. Die Beibehaltung des Leichtfertigkeitstatbestandes ist nicht mehr verfassungsgemäß. Daher muss der § 261 Abs. 6 StGB zunächst unangewendet bleiben und sollte ersatzlos gestrichen werden. Hinsichtlich der Auslandsvortaten gemäß § 261 Abs. 9 Nr. 2 StGB empfiehlt sich die Einführung eines monetären Schwellenwertes, der sich an der höchstwahrscheinlich in naher Zukunft kommenden Bargeldobergrenze von 10.000 € orientiert. So kann auch im Falle künftiger Erweiterungen gewährleistet bleiben, dass nur Fälle erfasst werden, in denen ein inländisches Rechtsgut verletzt wird. Das größte Problem des All-Crimes-Ansatzes liegt in der Erfassung jeglicher Art von Vortaten, auch Bagatellvortaten. Um eine Verhältnismäßigkeit des Tatbestandes zu gewährleisten und die Strafverfolgungsbehörden vor einer Flut von Ermittlungsverfahren zu schützen, müsste der Tatbestand zunächst teleologisch reduziert oder der Weg über die Einstellung wegen Geringwertigkeit gemäß § 153 StPO gewählt werden. Langfristig kann die Einschränkung des All-Crimes-Ansatzes durch einen monetären Schwellenwert für ein verfassungskonformes und zweckmäßiges Modell sorgen, ohne dass die Vorteile des All-Crimes-Ansatzes verringert würden, da keine erhöhten Anforderungen an die Aufklärung der Vortat gestellt werden. Bei Einführung eines monetären Schwellenwerts wäre auch die Beibehaltung des Leichtfertigkeitstatbestandes neu zu bewerten. Insgesamt ist zu konstatieren, dass der Gesetzgeber mit dem All-Crimes-Ansatz im Vergleich zu alternativen Reformmöglichkeiten den gangbarsten Weg zu einer effektiven Geldwäschebekämpfung gewählt hat. Die aufgezeigten erforderlichen Änderungen lassen sich in dieses Modell integrieren, ohne die mit der Reform verfolgten Ziele zu beeinträchtigen.

Kapitel 6: Schlussbetrachtung

In diesem abschließenden Kapitel werden die Ergebnisse der Analyse noch einmal zusammengefasst und ein Blick auf die mögliche künftige Weiterentwicklung der Geldwäschestrafbarkeit geworfen.

A. Zusammenfassung der Untersuchungsergebnisse

Erneute Änderungen des Geldwäschetatbestandes waren primär notwendig zur Umsetzung der Richtlinie (EU) 2018/1673. Hinsichtlich der Vortaten des § 261 Abs. 1 StGB wäre eine zusätzliche Erweiterung des Vortatenkataloges ausreichend gewesen. Stattdessen entschied sich der Gesetzgeber für eine Abkehr vom Katalogtatenprinzip und die Einführung des All-Crimes-Ansatzes in den Geldwäschetatbestand. Bei der Entscheidung für diese umfassendere Reformierung wird auch die zu diesem Zeitpunkt bevorstehende Evaluation der FATF eine Rolle gespielt haben. Jede negative Bewertung der Organisation stellt für Deutschland einen Reputationsschaden auf internationaler Ebene dar.

Die Aufgabe des Katalogtatenprinzips war wegen der Dysfunktionalität des Tatbestandes dringend erforderlich. Trotz einer großen Menge an Verdachtsmeldungen war die Verurteilungsquote wegen Geldwäsche erschreckend niedrig. Dies lag in erster Linie an den hohen Beweisanforderungen auf objektiver Tatseite. Es musste neben dem Vorliegen einer Tathandlung auch immer nachgewiesen werden, dass das Tatobjekt aus einer der in § 261 Abs. 1 StGB aufgezählten Katalogtaten stammt. Neben diesem Kernproblem des Vortatenkatalogs nahm selbiger auch immer größere Ausmaße an, was die Arbeit mit dem Tatbestand erschwerte. Daher wäre eine nochmalige Erweiterung des Vortatenkataloges – wodurch dieser 90 Prozent der Straftaten des Strafgesetzbuches umfasst hätte – nicht mehr tragbar gewesen.

Der All-Crimes-Ansatz war bereits seit der Einführung des Geldwäschetatbestandes als Alternative zum Listenansatz im Gespräch gewesen, war vom Gesetzgeber aber immer aufgrund von Verhältnismäßigkeitserwägungen abgelehnt worden. Vorteilhaft an dieser Alternative ist die Übersichtlichkeit und Rechtssicherheit, zu der sie dem Geldwäschetatbestand verhilft. Auch die Beweisanforderungen im objektiven Tatbestand werden gesenkt, da die Vortat nicht mehr konkretisiert werden muss; vor allem müssen keine gewerbs- oder bandenmäßigen Strukturen mehr nachgewiesen werden. Daher wird die

Kernproblematik eines Tatbestandes nach dem Herkunftsprinzip zumindest entschärft. Nachteilig an dem All-Crimes-Ansatz ist hauptsächlich die Erfassung von Bagatellvortaten. Die Einbeziehung von aus solchen Taten resultierenden Kleinbeträgen in den Tatbestand ist nicht verhältnismäßig. Mithin ist die Geldwäsche in solchen Fällen nicht strafwürdig. Zudem kann die Verfolgung solcher Bagatellen zu einer Überlastung der Strafverfolgungsbehörden führen mit der Folge, dass Fälle organisierter und professionalisierter Geldwäsche in der Flut von Ermittlungsverfahren untergehen. Die Möglichkeit der Einstellung wegen Geringfügigkeit gemäß § 153 StPO ist nicht auf Dauer geeignet, dies zu kompensieren.

Durch die Senkung der Beweisanforderungen auf objektiver Tatseite besteht kein zwingendes Bedürfnis mehr für einen Leichtfertigkeitstatbestand. In Fällen nun erfasster leichterer Kriminalität besteht kein hinreichender eigener Unrechtsgehalt der leichtfertigen Begehung, vor allem wegen der Neutralität der Tathandlungen. In schweren Geldwäschefällen führt die Beweiserleichterung auf objektiver Tatseite dazu, dass selbst wenn kein Vorsatz nachgewiesen werden kann eine selbstständige Einziehung gemäß § 76a Abs. 4 StGB möglich ist. Durch die Entziehung der Früchte der Tat wird dem Täter bereits ein erheblicher Tatanreiz genommen. Der All-Crimes-Ansatz ermöglicht eine hinreichend effektive Geldwäschebekämpfung auch ohne einen Leichtfertigkeitstatbestand. Zudem verstößt § 261 Abs. 6 StGB in der jetzigen Ausgestaltung des Tatbestandes gegen den Ultima-ratio-Grundsatz und das Rechtsstaatsprinzip. Im Ergebnis ist die Beibehaltung der Regelung unverhältnismäßig und nicht verfassungskonform.

Aufgrund von entsprechenden Regelungen in der Richtlinie (EU) 2018/1673 sah sich Deutschland gezwungen, das doppelte Strafbarkeitserfordernis für Auslandsvortaten in acht Fällen auszusetzen. Diese Ausnahmen werden nun in einem Katalog in § 261 Abs. 9 Nr. 2 StGB gelistet. Die Untersuchung des neuen Vortatenkataloges hat ergeben, dass der Entfall des doppelten Strafbarkeitserfordernisses in diesen Fällen nicht gegen das völkerrechtliche Interventionsverbot verstößt. Auch der Grundsatz „Nullum crimen sine lege" und der Schuldgrundsatz werden nicht verletzt. Maßgeblich ist vielmehr die Strafwürdigkeit nachgelagerter Verhaltensweisen in Fällen, in denen die im Ausland begangenen Vortaten nicht vom Weltrechtsprinzip gedeckt sind. Es konnte herausgearbeitet werden, dass in diesen Fällen weder das Rechtsgut der staatlichen Rechtspflege noch das Rechtsgut der Vortat tangiert werden. Jedoch wird der legale Wirtschafts- und Finanzkreislauf verletzt, wenn Akteuren illegitime Wettbewerbsvorteile entstehen, weil sie aufgrund von im Ausland legalen, aber in Deutschland illegalen Geschäften, im inländischen

Markt große Investitionen tätigen können („bad money drives out good money"). Entstehen durch die im Ausland begangenen Vortaten keine so hohen Gewinne, dass der legale Wirtschafts- und Finanzkreislauf geschädigt werden könnte, handelt es sich allerdings nicht um strafwürdige Geldwäschehandlungen. Folglich ist die Regelung des § 261 Abs. 9 Nr. 2 StGB in den Fällen unverhältnismäßig, in denen die Fallgruppe nicht vom Weltrechtsprinzip erfasst ist und aus der Vortat keine so hohen Erträge entstehen, dass diese geeignet sind den legalen Wirtschafts- und Finanzkreislauf zu schädigen.

Die Reformierung ist also in Teilen rechtswidrig. Die Erfassung von Bagatellvortaten, die Möglichkeit der leichtfertigen Geldwäsche und teilweise der Verzicht auf das doppelte Strafbarkeitserfordernis sind nicht vollständig strafwürdig. Hinsichtlich der Auslandsvortaten bietet sich die Einführung einer monetären Schwelle dort an, wo die Auslandsvortaten nicht von dem Weltrechtsprinzip beziehungsweise den §§ 4–6 StGB erfasst werden, sodass darüber hinaus nur Handlungen aufgelistet werden, die geeignet sind den inländischen legalen Wirtschafts- und Finanzkreislauf schädigen. Auch zur Eingrenzung des objektiven Geldwäschetatbestandes gemäß § 261 Abs. 1 und 2 StGB bietet sich die Einführung einer Bagatellklausel an, um Taten, aus denen nur geringe Erträge hervorgehen vom Anwendungsbereich auszunehmen. Sollte eine solche Bagatellklausel eingefügt werden, könnte auch der Leichtfertigkeitstatbestand bestehen bleiben.

Die Analyse der geldwäschetauglichen Vortaten hat somit zu dem Ergebnis geführt, dass die Einführung des All-Crimes-Ansatzes im Grundsatz die beste gangbare Alternative für die systematisch und inhaltlich komplexe Materie der strafrechtlichen Geldwäschebekämpfung darstellt. Es müssen allerdings Begrenzungen im objektiven Tatbestand geschaffen werden, um dem Tatbestand zu Praxistauglichkeit und Verfassungskonformität zu verhelfen. Nur dann wird Strafverfolgungsbehörden und Gerichten ein Instrument zur Verfügung gestellt, mit dem strafwürdige Verhaltensweisen sanktioniert und eine effektive Geldwäschebekämpfung gewährleistet werden können.

B. Ausblick

Inwieweit die Reformierung des Geldwäschetatbestandes die strafrechtliche Bekämpfung der Geldwäsche revolutionieren wird, wird in den kommenden Jahren vor allem an den Statistiken zu Gerichtsverfahren und Verurteilungen abzulesen sein. Einen weiteren praktischen Einflussfaktor wird die Personalentwicklung bei den Strafverfolgungsbehörden darstellen. Zumindest die

FIU hat bereits einen Stellenausbau angekündigt.[1030] Der neue Geldwäschetatbestand soll auf nationaler Ebene fünf Jahre nach der Einführung – also 2026 – evaluiert werden.[1031]

Für die weitere Entwicklung des Geldwäschetatbestandes werden weiterhin die Ergebnisse der aktuellen Evaluierung durch die FATF – die der deutschen Geldwäschebekämpfung vor allem im Hinblick auf ihre Effektivität noch Defizite bescheinigt[1032] – sowie weitere EU-Richtlinien eine wichtige Rolle spielen. Zudem wird künftig zu besorgen sein, dass die Europäische Union den Kreis der Auslandsvortaten, für die kein doppeltes Strafbarkeitserfordernis festgelegt werden darf, erweitert. Dies würde eine Verlängerung des ohnehin bereits unübersichtlich konzipierten § 261 Art. 9 Nr. 2 StGB bedeuten.

Zum jetzigen Zeitpunkt ist keine weitere Richtlinie zur strafrechtlichen Bekämpfung der Geldwäsche geplant. Die momentan im Gesetzgebungsverfahren befindliche Sechste Geldwäscherichtlinie, welche die Vierte Geldwäscherichtlinie aufheben soll, wird voraussichtlich keine Auswirkungen auf den Geldwäschetatbestand haben.[1033] Der Vorschlag beschäftigt sich primär mit der Zusammenarbeit nationaler Behörden und Meldestellen, sowie der Integration einer neuen Behörde auf EU-Ebene zur Bekämpfung von Geldwäsche und Terrorismusfinanzierung (ALMA), welche der grenzüberschreitenden Koordinierung und Aufsicht nationaler Stellen zur Geldwäschebekämpfung dienen soll.[1034] Mit Spannung zu erwarten ist die voraussichtlich mit der Geldwäscheverordnung kommende Bargeldobergrenze von 10.000 €.[1035] Diese wird auch für Deutschland verbindlich sein. Die FATF bemängelte in der jüngsten Evaluation, dass Deutschland keine solche Bargeldobergrenze

---

1030 Siehe https://finanzbusiness.de/nachrichten/banken/article12650751.ece (zuletzt abgerufen am 24.02.2023).

1031 Vgl. BT-Drs. 19/24180, S. 44.

1032 Vgl. dazu Kapitel 2 B. II. 8. Diese Defizite beziehen sich allerdings vorwiegend auf Defizite im Regelungsbereich des Geldwäschegesetzes.

1033 Ein Entwurf für die Sechste Richtlinie liegt vor (COM(2021) 423 v. 20.07.21). In naher Zukunft wird die erste Lesung vor dem Europäischen Parlament stattfinden.

1034 Näher zur geplanten supranationalen Aufsichtsbehörde: COM(2021) 421 v. 20.07.2021.

1035 Art. 59 des Vorschlags für eine Verordnung des Europäischen Parlaments und des Rates zur Verhinderung der Nutzung des Finanzsystems für Zwecke der Geldwäsche oder der Terrorismusfinanzierung, COM(2021) 420 v. 20.07.2021. Die Bargeldobergrenze soll nur für den Handel mit Gütern und die Erbringung von Dienstleistungen gelten, nicht hingegen für natürliche Personen, die privat handeln.

hat, Bargeld aber eines der größten Geldwäscherisiken sei.[1036] Daher wird es interessant sein zu sehen, welche Auswirkungen diese Beschränkung auf die Geldwäschebilanz der Bundesrepublik und ihren Ruf als „Geldwäscheparadies“[1037] haben wird.

1036 FATF Mutual Evaluation of Germany 2022, S. 7.

1037 So *Bussmann/Veljovic*, NZWiSt 2020, 417 (425); *Lüneborg*, NZG 2022, 825 (825); diplomatischer der FATF Mutual Evaluation of Germany 2022, S. 4, 9, der feststellt, dass die Gesamtzahl der Geldwäschefälle, die in Deutschland strafrechtlich verfolgt werden, niedriger sind als erwartet und nicht Deutschlands Risikoprofil entsprechen.

Literaturverzeichnis

Achenbach, Hans: Historische und dogmatische Grundlagen der strafrechtssystematischen Schuldlehre. München 1974.

Altenhain, Karsten: Das Anschlussdelikt – Grund, Grenzen und Schutz des staatlichen Strafanspruchs und Verfallrechts nach einer individualistischen Strafrechtsauffassung. Tübingen 2002.

Altenhain, Karsten / Fleckenstein, Lennart: Der Gesetzesentwurf zur Neufassung des § 261 StGB, Juristenzeitung 2020, S. 1045–1051.

Ambos, Kai: Internationalisierung des Strafrechts: das Beispiel „Geldwäsche", Zeitschrift für die gesamte Strafrechtswissenschaft 2002, S. 236–258.

Amnesty International: Universal Jurisdiction – A preliminary survey of legislation around the world. 2012 Update, London 2012.

Arzt, Gunther: Geldwäscherei, eine neue Masche zwischen Hehlerei, Strafvereitelung und Begünstigung, Neue Zeitschrift für Strafrecht 1990, S. 1–6.

Arzt, Gunther: Geldwäsche und rechtsstaatlicher Verfall, Juristenzeitung 1993, S. 913–964.

Arzt, Gunther / Weber, Ulrich (Begr.) / Heinrich, Bernd / Hilgendorf, Eric (Hrsg.): Strafrecht Besonderer Teil. 4. Auflage, München 2021. [zitiert als: *Bearbeiter*, in: AWHH, StrR BT]

Aschke, Thomas Peter: Der Straftatbestand der Geldwäsche im Lichte zivilrechtlicher Erwerbsprinzipien. Hamburg 2012.

Bandisch, Günter: Zum Entwurf eines Kriminalitätsbekämpfungsgesetzes der Fraktion CDU/CSU und FDP vom 04.01.1994 – Eine vorläufige Stellungnahme des Strafrechtsausschusses des Deutschen Rechtsanwaltsvereins, Strafverteidiger 1994, S. 153–159.

Bankrechts-Handbuch: Band I. Herausgegeben von Jürgen Ellenberger / Hermann-Josef Bunte. 6. Auflage, München 2022. [zitiert als: *Bearbeiter*, in: BankR-HdB]

Barton, Stephan: Sozial übliche Geschäftstätigkeit und Geldwäsche (§ 261 StGB), Strafverteidiger 1993, S. 156–163.

BeckOK GVG: herausgegeben von Jürgen Graf. 17. Edition, München Stand 15.11.2022. [zitiert als: *Bearbeiter*, in: BeckOK GVG]

Beck'scher Online-Kommentar zum StGB: herausgegeben von Bernd von Heintchel-Heinegg. 55. Edition Stand 01.11.2022. [zitiert als: *Bearbeiter*, in: BeckOK StGB]

Beck'scher Online-Kommentar zur StPO: herausgegeben von Jürgen Graf. Mit RiStBV und MiStra. 46. Edition, Stand 01.01.2023. [zitiert als: *Bearbeiter*, in: BeckOK StPO]

Bernsmann, Klaus: Geldwäsche (§ 261 StGB) und Vortatkonkretisierung, Strafverteidiger 1998, S. 46–51.

Bittmann, Folker: Die gewerbs- oder bandenmäßige Steuerhinterziehung und die Erfindung des gegenständlichen Nichts als geldwäscherelevante Infektionsquelle, Zeitschrift für Wirtschafts- und Steuerstrafrecht 2003, S. 161–169.

Bittmann, Folker: 82 Millionen Straftäter, Zeitschrift für Wirtschaftsstrafrecht und Haftung im Unternehmen 2021, S. 157–164.

Bittmann, Folker: Folgewirkungen des neuen § 261 StGB, Neue Zeitschrift für Strafrecht 2022, S. 577–585.

Bosch, Nikolaus: Grundfragen der Begünstigung – Plädoyer für eine vermögensorientierte Restriktion des Tatbestandes, Juristische Ausbildung 2012, S. 270–278.

Böse, Martin: Die Harmonisierung des materiellen Strafrechts durch das Völker- und Europarecht, ein Überblick – Teil 2, Zeitschrift für das Juristische Studium 2019, S. 85–96.

Böse, Martin / Jansen, Scarlett: Die Vortat der Geldwäsche – unionsrechtliche Vorgaben und ihre Konsequenzen für das deutsche Strafrecht, Juristenzeitung 2019, S. 591–598.

Böse, Martin / Meyer, Frank / Schneider, Anne (Hrsg.): Conflicts of Jurisdiction in Criminal Matters in the European Union – Volume I: National Reports and Comparative Analysis. 1. Edition, Baden-Baden 2013. [zitiert als: *Bearbeiter*, in: Böse/Meyer/Schneider, Conflicts I]

Böse, Martin / Meyer, Frank / Schneider, Anne (Hrsg.): Conflicts of Jurisdiction in Criminal Matters in the European Union – Volume II: Rights, Principles and Model Rules. 1. Edition, Baden-Baden 2014. [zitiert als: *Bearbeiter*, in: Böse/Meyer/Schneider, Conflicts II]

Bottermann, Christoph: Untersuchung zu den grundlegenden Problematiken des Geldwäschetatbestandes, auch in seinen Bezügen zum Geldwäschegesetz. Bochum 1995.

Bottke, Wilfried: Teleologie und Effektivität der Normen gegen Geldwäsche (Teil 1), Zeitschrift für Wirtschafts- und Steuerstrafrecht 1995, S. 87–91.

Bottke, Wilfried: Teleologie und Effektivität der Normen gegen Geldwäsche (Teil 2), Zeitschrift für Wirtschafts- und Steuerstrafrecht 1995, S. 121–130.

Bülte, Jens: Möglichkeiten und Grenzen beweiserleichternder Tatbestandsfassungen im Strafrecht, Juristenzeitung 2014, S. 603–612.

Bülte, Jens: Reform des § 261 StGB: Vermeintlich effektive Abschöpfung statt Rechtsstaatlichkeit, Geldwäsche und Recht 2021, S. 8–11.

Burr, Christian: Geldwäsche – Eine Untersuchung zu § 261 StGB. Bonn 1994.

Bussmann, Kai-D.: Geldwäscheprävention im Markt – Funktionen, Chancen, Defizite. Berlin 2018.

Bussmann, Kai-D.: Abschlussbericht zur „Geldwäschestudie" der „Nationalen Risikoanalyse Bekämpfung von Geldwäsche u. Terrorismusfinanzierungs- Ermittlungs- u. Strafverfahren wg. Geldwäsche in DEU von 2014–2016". Berlin, Halle 2019. [zitiert als: Bussmann, Geldwäschestudie II]

Bussmann, Kai-D. / Veljovic, Miguel: Die hybride strafrechtliche Verfolgung der Geldwäsche – Schlussfolgerungen aus den Ergebnissen einer bundesweiten Studie, Neue Zeitschrift für Wirtschafts-, Steuer- und Unternehmensstrafrecht 2020, S. 417–425.

Calliess, Christian / Ruffert, Matthias (Hrsg.): EUV/AEUV – Das Verfassungsrecht der Europäischen Union mit Europäischer Grundrechtecharta. 6. Auflage, Berlin 2022. [zitiert als: *Bearbeiter*, in: Calliess/Ruffert EUV]

Carl, Dieter / Klos, Joachim: Die Anwendbarkeit des § 261 StGB bei Auslandstaten, Neue Zeitschrift für Strafrecht 1995, S. 167–168.

Dahs, Hans: Das Verbrechensbekämpfungsgesetz vom 28.10.1994 – ein Produkt des Superwahljahres, Neue Juristische Wochenschrift 1994, S. 553–557.

Daxenberger, Matthias: Kumulationseffekte – Grenzen der Erfolgszurechnung im Umweltstrafrecht. Baden-Baden 1997.

Diekmann, Carsten / Dragon, Sebastian / Schulze, Christoph: Geldwäschebekämpfung im Nichtbankensektor, Gewerbearchiv 2012, S. 431–436.

Dionyssopoulou, Athanassia: Der Tatbestand der Geldwäsche – Eine Analyse der dogmatischen Grundlagen des § 261 StGB. Frankfurt am Main 1999.

Dölling, Dieter / Duttge, Gunnar / König, Stefan / Rössner, Dieter (Hrsg.): Gesamtes Strafrecht, StGB/StPO/Nebengesetze, Handkommentar. 5. Auflage, Baden-Baden 2022. [zitiert als: Bearbeiter, in: Dölling/Duttge]

Dreier, Horst (Hrsg.): Grundgesetz-Kommentar Band 3, Art. 83–146. 3. Auflage, Tübingen 2018. [zitiert als: *Bearbeiter*, in: Dreier GG]

Dürig, Günter / Maunz, Theodor (Begr.) / Herzog, Roman / Scholz, Rupert / Herdegen, Matthias / Klein, Hans H. (Hrsg.): Grundgesetz-Kommentar. 99. Ergänzungslieferung, München September 2022. [zitiert als: *Bearbeiter*, in: Dürig/Herzog/Scholz, GG]

El-Ghazi, Mohamad / Laustetter, Christian: Das Gesetz zur Verbesserung der strafrechtlichen Bekämpfung der Geldwäsche – Ein Überblick über die wichtigsten Änderungen beim Straftatbestand des § 261 StGB und bei der selbständigen Einziehung nach § 76 a Abs. 4 StGB, Neue Zeitschrift für Wirtschafts-, Steuer- und Unternehmensstrafrecht 2021, S. 209–216.

El-Ghazi, Mohamad / Marstaller, Marie-Lena / Zimmermann, Till: Die erweiterte selbständige Einziehung gem. § 76 a Abs. 4 StGB nach der Reform des Geldwäschestrafrechts, Neue Zeitschrift für Wirtschafts-, Steuer- und Unternehmensstrafrecht 2021, S. 297–304.

Ennuschat, Jörg: Bekämpfung der Geldwäsche in Spielhallen, Zeitschrift für Wett- und Glücksspielrecht 2016, S. 85–94.

Erbs, Georg (Begr.) / Kohlhaas, Max (vorm. Hrsg.) / Häberle, Peter (Hrsg.): Strafrechtliche Nebengesetze, Band 1, München, Werkstand 243. Ergänzungslieferung August 2022. [zitiert als: *Bearbeiter*, in: Erbs/Kohlhaas]

Fahl, Christian: Grundprobleme der Geldwäsche (§ 261 StGB), Juristische Ausbildung 2004, S. 160–167.

Findeisen, Michael: Der Präventionsgedanke im Geldwäschegesetz – Anforderungen der Bankenaufsicht an die internen Sicherungsmaßnahmen der Kreditinstitute gem. § 14 Abs. 2 GwG zur Bekämpfung der Geldwäsche, Zeitschrift für Wirtschafts- und Steuerstrafrecht 1997, S. 121–128.

Fischer, Thomas: Ein Volk von Geldwäschern?, Spiegel Kolumne vom 28.08.2020, abrufbar unter: https://www.spiegel.de/panorama/justiz/gesetz-gegen-geldwaesche-wir-sind-alle-verdaechtig-a-203bf355-435d-4a20-ac4b-4f04adfcfc90

Fischer, Thomas: Kommentar Strafgesetzbuch mit Nebengesetzen. 70. Auflage, München 2023. [zitiert als: *Bearbeiter*, in: Fischer]

Flatten, Thomas: Zur Strafbarkeit von Bankangestellten bei der Geldwäsche. Heidelberg 1996.

Forthauser, Roman: Geldwäsche de lege lata et ferenda. München 1991.

Frisch, Wolfgang: Schuldgrundsatz und Verhältnismäßigkeitsgrundsatz, Neue Zeitschrift für Strafrecht 2013, S. 249–256.

Frisch, Wolfgang: Strafwürdigkeit, Strafbedürftigkeit und Straftatsystem, Goltdammers Archiv für Strafrecht 2017, S. 364–382.

Frister, Helmut: Der strafrechtsdogmatische Begriff der Schuld, Juristische Schulung 2013, S. 1057–1065.

Gallarotti, Ermes: Von Geldwäschern und Archäologen, Zürich 17.04.2007, abrufbar unter: https://www.nzz.ch/articleER4PQ-1.84135.

Gazeas, Nikolaos: Das neue Geldwäsche-Strafrecht: Weitreichende Folgen für die Praxis, Neue juristische Wochenschrift 2021, S. 1041–1046.

Gehra, Bernhard / Gittfried, Norbert / Lienke, Georg (Hrsg.): Prävention von Geldwäsche und Terrorismusfinanzierung – Praktische Umsetzung der aufsichtsrechtlichen Anforderungen durch Banken. 2. Auflage, Heidelberg 2020.

Gentzik, Daniel: Die Europäisierung des deutschen und englischen Geldwäschestrafrechts – Eine rechtsvergleichende Untersuchung. Berlin 2002.

Gercke, Björn / Jahn, Matthias / Paul, Theresa: Sorgenkind außer Kontrolle: Paradigmenwechsel der Geldwäsche-„Bekämpfung“ mit der Neufassung des § 261 StGB, Strafverteidiger 2021, S. 330–340.

Geurts, Matthias: Die Strafbarkeit der Geldwäsche – Metastasen politischen Willens, Zeitschrift für Rechtspolitik 1997, S. 250–254.

Grabitz, Eberhard (Begr.) / Hilf, Meinhard / Nettesheim, Martin (Hrsg.): Das Recht der Europäischen Union, Band I EUV/AEUV, 77. Ergänzungslieferung, München September 2022. [zitiert als: *Bearbeiter*, in: Grabitz/Hilf/Nettesheim]

Gradowski, Marion / Ziegler, Jörg: Geldwäsche, Gewinnabschöpfung – Erste Erfahrungen mit den neuen gesetzlichen Regelungen (§§ 261, 43a, 73d StGB und Geldwäschegesetz). Wiesbaden 1997. [zitiert als: Gradowski/Ziegler, Geldwäsche, Gewinnabschöpfung]

Graf, Jürgen / Jäger, Markus / Wittig, Petra (Hrsg.): Wirtschafts- und Steuerstrafrecht Kommentar. 2. Auflage, München 2017. [zitiert als: *Bearbeiter*, in: Graf/Jäger/Wittig]

Groeben, Hans von der / Schwarze, Jürgen / Hatje, Armin (Hrsg.): Europäisches Unionsrecht. 7. Auflage, Baden-Baden 2015. [zitiert als: *Bearbeiter*, in: Groeben, von der/Schwarze]

Groth, Lena: Globales Finanzmarktrecht gegen Terrorismusfinanzierung. Baden-Baden 2016.

Guthörl, Lena / Gans, Tobias: Der neue Geldwäschestraftatbestand, Wirtschaftsprüfung 2021, S. 1053–1056.

Handbuch des Strafrechts: herausgegeben von Eric Hilgendorf / Hans Kundlich / Brian Valerius. Band 5, Besonderer Teil II. Heidelberg 2020. [zitiert als: *Bearbeiter*, in: Handbuch des StrafR Bd. 5, BT II]

Hassemer, Winfried: Stellungnahme zum Entwurf eines Gesetzes zur Bekämpfung des illegalen Rauschgifthandels und anderer Erscheinungsformen der organisierten Kriminalität (OrgKG), Kritische Justiz 1992, S. 64–80.

Hecker, Bernd: Auslandsvortaten im Anwendungsbereich der Anschlussdelikte (§§ 257–261 StGB), in: Eric Hilgendorf / Rudolf Rengier (Hrsg.), Festschrift für Wolfgang Heinz zum 70. Geburtstag 2012, S. 714–727.

Hecker, Bernd: Die gemeinschaftsrechtlichen Strukturen der Geldwäschestrafbarkeit, in: Thomas Görgen (Hrsg.), Interdisziplinäre Kriminologie: Festschrift für Arthur Kreuzer zum 70. Geburtstag 2008, S. 216–230.

Hecker, Bernd: Europäisches Strafrecht. 6. Auflage, Trier 2021.

Hecker, Bernd: Die Bekämpfung der transnationalen organisierten Kriminalität in der EU, Zeitschrift für internationale Strafrechtsdogmatik 2016, S. 1057–1084.

Hefendehl, Roland: Kann und soll der Allgemeine Teil bzw. das Verfassungsrecht mißglückte Regelungen des Besonderen Teils retten? – Die „Geldwäsche" durch den Strafverteidiger –, in: Bernd Schünemann et al. (Hrsg.), Festschrift für Claus Roxin zum 70. Geburtstag am 15. Mai 2001, 2001, S. 145–169.

Herdegen, Matthias: Völkerrecht. 21. Auflage, Bonn 2022.

Herzog, Felix / Achtelik, Olaf (Hrsg.): Geldwäschegesetz (GwG). 4. Auflage, München 2020. [zitiert als: *Bearbeiter*, in: Herzog]

Herzog, Felix / Mülhausen, Dieter (Hrsg.): Geldwäschebekämpfung und Gewinnabschöpfung – Handbuch der straf- und wirtschaftsrechtlichen Regelungen. München 2006. [zitiert als: *Bearbeiter*, in: Herzog/Mülhausen]

Hetzer, Wolfgang: Der Geruch des Geldes – Ziel, Inhalt und Wirkung des Gesetzes gegen Geldwäsche, Neue Juristische Wochenschrift 1993, S. 3298–3301.

Hetzer, Wolfgang: Bekämpfung der Organisierten Kriminalität durch Unterbindung der Geldwäsche, Zeitschrift für Wirtschafts- und Steuerstrafrecht 1993, S. 286–293.

Hetzer, Wolfgang: Vermögenseinziehung, Geldwäsche, Wohnraumüberwachung – Neue Ansätze zur Prävention und Repression der Mafia, Zeitschrift für Wirtschafts- und Steuerstrafrecht 1994, S. 176–184.

Hetzer, Wolfgang: Finanzbehörden im Kampf gegen Geldwäsche und organisierte Kriminalität, Juristische Rundschau 1999, S. 141–148.

Hetzer, Wolfgang: Systemgrenzen der Geldwäschebekämpfung?, Zeitschrift für Rechtspolitik 1999, S. 245–253.

Hetzer, Wolfgang: Geldwäsche und Strafverteidigung, Zeitschrift für Wirtschafts- und Steuerstrafrecht 2000, S. 281–288.

Hiéramente, Mayeul: Die Reform des Geldwäschetatbestands als Allheilmittel bei der Bekämpfung der Wirtschaftskriminalität? Juris PraxisReport Strafrecht 2020, S. 1–5.

Hilgendorf, Eric: Nationales oder transnationales Strafrecht? Europäisches Strafrecht, Völkerstrafrecht und Weltrechtsgrundsatz im Zeitalter der Globalisierung, in: Horst Dreier / Hans Forkel / Klaus Laubenthal (Hrsg.), Raum und Recht, Festschrift 600 Jahre Würzburger Juristenfakultät, 2002, S. 333–357.

Höche, Thorsten: Der Entwurf einer dritten EU-Richtlinie zur Verhinderung der Nutzung des Finanzsystems zu Zwecken der Geldwäsche und der Finanzierung des Terrorismus, Wertpapiermitteilungen 2005, S. 8–14.

Holthausen, Dieter: Entgegnung zum Beitrag von Pottmeyer „Die Strafbarkeit von Auslandstaten nach dem Kriegswaffenkontroll- und dem Außenwirtschaftsrecht“, Neue Zeitschrift für Strafrecht 1992, S. 268–269.

Höreth, Ulrike: Die Bekämpfung der Geldwäsche – unter Berücksichtigung einschlägiger ausländischer Vorschriften und Erfahrungen. Waiblingen 1996.

Hörnle, Tatjana: Kriminalstrafe ohne Schuldvorwurf – Ein Plädoyer für Änderungen in der strafrechtlichen Verfahrenslehre. Baden-Baden 2013.

Hund, Horst: Der Geldwäschetatbestand – mißglückt oder mißverstanden?, Zeitschrift für Rechtspolitik 1996, S. 163–166.

Hund, Horst: Der Entwurf der Bundesregierung für ein Gesetz zur Verbesserung der Geldwäschebekämpfung – Darstellung und Kritik, Zeitschrift für Rechtspolitik 1997, S. 180–183.

Jahn, Matthias / Brodowski, Dominik: Krise und Neuaufbau eines strafverfassungsrechtlichen Ultima Ratio-Prinzips, Juristenzeitung 2016, S. 969–1020.

Jahn, Matthias / Ebner, Markus: Die Anschlussdelikte – Geldwäsche (§§ 261–262 StGB), Juristische Schulung 2009, S. 597–603.

Joecks/Jäger/Randt, Steuerstrafrecht Kommentar: begründet von Klaus Franzen / Brigitte Gast-de Haan. 9. Auflage, München 2023 [zitiert als: *Bearbeiter*, in: Jocks/Jäger/Randt]

Joerden, Jan C.: Fremd- und Eigenreferenz bei den Anschlussdelikten Begünstigung, Strafvereitelung, Hehlerei und Geldwäsche, in: Dieter Dölling (Hrsg.), Jus humanum – Grundlagen des Rechts und Strafrecht, Festschrift für Ernst-Joachim Lampe zum 70. Geburtstag, 2003, S. 771–790.

Kaiser, Günther: Möglichkeiten zur Verbesserung des Instrumentariums zur Bekämpfung von Geldwäsche und zur Gewinnabschöpfung, Zeitschrift für Wirtschafts- und Steuerstrafrecht 2000, S. 121–130.

Kargl, Walter: Kritik des Schuldprinzips – Eine rechtssoziologische Studie zum Strafrecht. Hannover 1982.

Kargl, Walter: Probleme des Tatbestands der Geldwäsche (§ 261 StGB), Neue Justiz 2001, S. 57–63.

Karlsruher Kommentar zur Strafprozessordnung mit GVG, EGGVG und EMRK: herausgegeben von Christoph Barthe / Jan Gericke. 9. Auflage, München 2023. [zitiert als: *Bearbeiter*, in: KK-StPO]

Kilchling, Michae: Die vermögensbezogene Bekämpfung der Organisierten Kriminalität – Recht und Praxis der Geldwäschebekämpfung und Gewinnabschöpfung zwischen Anspruch und Wirklichkeit, Zeitschrift für Wirtschafts- und Steuerstrafrecht 2000, S. 241–249.

Kindhäuser, Urs / Neumann, Ulfried / Paeffgen, Hans-Ullrich (Hrsg.): Kommentar Strafgesetzbuch. 5. Auflage, Baden-Baden 2017. [zitiert als: *Bearbeiter*, in: NK-StGB]

Knorz, Johannes: Der Unrechtsgehalt des § 261 StGB. Trier 1996.

Köhler, Michael / Beck, Wolfgang: Gerechte Geldstrafe statt konfiskatorischer Vermögenssanktionen, Juristenzeitung 1991, S. 797–804.

Körner, Harald Hans: Die Strafrechtspraxis im Labyrinth neuer Betäubungsmittelrechtsbestimmungen, Neue juristische Wochenschrift 1993, S. 233–239.

Koslowski, Ben: Harmonisierung der Geldwäschestrafbarkeit in der Europäischen Union – Entwicklung europäischer Vorgaben zur Strafbarkeit wegen Geldwäsche unter Berücksichtigung mitgliedstaatlicher Geldwäschetatbestände. Heidelberg 2016.

Kraatz, Erik: Die Geldwäsche (§ 261 StGB), Juristische Ausbildung 2015, S. 699–709.

Krämer, Gregor: Die Bekämpfung von Geldwäsche und Terrorismusfinanzierung: die Tätigkeit der FATF als internationaler Standardsetter. Baden-Baden 2008.

Krämer, Gregor: Strategien und Maßnahmen der Financial Action Task Force (FATF) zur globalen Durchsetzung ihrer Regeln zur Bekämpfung der Terrorismusfinanzierung, in: Marion Albers / Lena Groth (Hrsg.), Globales Recht und Terrorismusfinanzierungsbekämpfung, Baden-Baden 2015, S. 203–253. [zitiert als: Krämer, in: Albers/Groth, Globales Recht und Terrorismusfinanzierungsbekämpfung]

Kreß, Claus: Das neue Recht der Geldwäschebekämpfung – Eine Bestandsaufnahme nach nationaler und europäischer Rechtssetzung sowie höchstrichterlicher Rechtsfindung, Zeitschrift für Wirtschafts- und Steuerstrafrecht 1998, S. 121–130.

Krey, Volker/Dierlamm, Alfred: Gewinnabschöpfung und Geldwäsche, Juristische Rundschau 1992, S. 353–360.

Krüger, Ralf: Das OrgKG – Ein Gesetz unter falscher Flagge, Kriminalistik 1992, S. 594–598.

Lackner, Karl / Kühl, Kristian (Hrsg.) / Heger, Martin (Hrsg.): Strafgesetzbuch Kommentar. 30. Auflage, München 2023. [zitiert als: *Bearbeiter*, in: Lackner/Kühl/Heger]

Ladiges, Manue: Aktuelle Änderungen bei der Geldwäsche gem. § 261 StGB und dem Geldwäschegesetz, Zeitschrift für notarielle Beratungs- und Beurkundungspraxis 2021, S. 447–452.

Lampe, Anja: Das Geldwäschegesetz und seine Auswirkungen, Zeitschrift für das Notariat in Baden-Württemberg 1996, S. 114–120.

Lampe, Ernst-Joachim: Der neue Tatbestand der Geldwäsche (§ 261 StGB), Juristenzeitung 1994, S. 123–132.

Leip, Carsten: Der Straftatbestand der Geldwäsche. 2. Auflage, Berlin 1999.

Leipold, Klaus / Tsambikakis, Michael / Zöller, Mark A. (Hrsg.): Anwaltskommentar StGB. 3. Auflage, Heidelberg 2020.

Leipziger Kommentar zum Strafgesetzbuch. [zitiert als: *Bearbeiter*, in: LK-StGB]

- Band 1: Einleitung; §§ 1–18. Herausgegeben von Gabriele Cirener/ Henning Radtke / Ruth Rissing-van Saan / Thomas Rönnau / Wilhelm Schluckebier. 13. Auflage, Hamburg 2020.
- Band 8: §§ 123–145d. Herausgegeben von Gabriele Cirener / Henning Radtke / Ruth Rissing-van Saan / Thomas Rönnau / Wilhelm Schluckebier. 13. Auflage, Hamburg 2021.
- Band 13: §§ 242–262. Herausgegeben von Heinrich Wilhelm Laufhütte / Ruth Rissing-van Saan / Klaus Tiedemann 13. Auflage, Berlin 2022.
- Band 18: §§ 323a–330d. Herausgegeben von Gabriele Cirener / Henning Radtke / Ruth Rissing-van Saan / Thomas Rönnau / Wilhelm Schluckebier. 13. Auflage, Berlin 2022.

Linke, Martin: Die Gewässerverunreinigung nach § 324 StGB – Teil 1; Zugleich eine Einführung in ausgewählte Probleme des Allgemeinen Teils des Umweltstrafrechts, Zeitschrift für das Juristische Studium 2021, S. 749–756.

Löwe-Krahl, Oliver: Die Strafbarkeit von Bankangestellten wegen Geldwäsche nach § 261 StGB – Eine kritische Analyse des neuen Straftatbestandes, Zeitschrift für Wirtschafts- und Steuerstrafrecht 1993, S. 123–127.

LPK-StGB: Lehr- und Praxiskommentar zum Strafgesetzbuch. Herausgegeben von Urs Kindhäuser / Eric Hilgendorf. 9. Auflage, Baden-Baden 2022. [zitiert als: *Bearbeiter*, in: LPK-StGB]

Lüneborg, Cäcilie: Geldwäsche-Compliance bei Güterhändlern– überbordend?, Neue Zeitschrift für Gesellschaftsrecht 2022, S. 825.

Lütke, Hans Josef: Geldwäsche bei Auslandsvortat und nachträgliche Gewährung rechtlichen Gehörs, Zeitschrift für Wirtschafts- und Steuerstrafrecht 2001, S. 85–89.

Maiwald, Manfred: Auslegungsprobleme im Tatbestand der Geldwäsche, in: Thomas Weigend / Georg Küpper (Hrsg.), Festschrift für Hans-Joachim Hirsch zum 70. Geburtstag 1999, S. 631–651.

Mansdörfer, Marco: Der internationale Geltungsbereich des Geldwäschetatbestandes (zugl. Anmerkung zu BGH HRRS 2009 Nr. 309), Onlinezeitschrift für höchstrichterliche Rechtsprechung im Strafrecht 2009, S. 252–256.

Marlie, Marcus: Strafrecht und Willensfreiheit – Ein Überblick, Zeitschrift für das Juristische Studium 2008, S. 41–46.

Meyer, Jürgen / Hetzer, Wolfgang: Neue Gesetze gegen die Organisierte Kriminalität – Geldwäschebekämpfung, Gewinnabschöpfung und Einsatz technischer Mittel zur akustischen Überwachung von Wohnungen für Beweiszwecke im Bereich der Strafverfolgung, Neue Juristische Wochenschrift 1998, S. 1017–1029.

Miehe, Olaf: Die Schutzfunktion der Strafandrohungen gegen Begünstigung und Hehlerei, in: Juristische Fakultät der Georg-August-Universität Göttingen (Hrsg.), Festschrift für Richard M. Honig zum 80. Geburtstag, 3. Januar 1970, S. 91–132.

Möhn, Heinz-Josef: Organisierte Kriminalität – Terminologische Klarstellung und Begriffsbestimmung. Trier 2006.

Möhrenschlager, Manfred: Kausalitätsprobleme im Umweltstrafrecht des Strafgesetzbuches, Wirtschaft und Verwaltung 1984, S. 47–67.

Möhrenschlager, Manfred: Das OrgKG – Eine Übersicht nach amtlichen Materialien – Teil 1 –, Zeitschrift für Wirtschafts- und Steuerstrafrecht 1992, S. 281–289.

Müller, Maximilian: Neufassung des Geldwäschetatbestands – Der „all-crimes-approach“, Neue Juristische Wochenschrift Spezial 2021, S. 312.

Müller-Dietz, Heinz: Strafverteidigung und Strafvereitelung, Juristische Ausbildung 1979, S. 242–255.

Münchener Anwaltshandbuch Agrarrecht, herausgegeben von Matthias Dombert / Karsten Witt. 3. Auflage, München 2022. [zitiert als: *Bearbeiter*, in: MAH AgrarR]

Münchener Kommentar zum StGB: herausgegeben von Volker Erb/ Jürgen Schäfer. [zitiert als: *Bearbeiter*, in: MüKoStGB]

– Band 1: §§ 1–37. 4. Auflage, München 2021.

– Band 2: §§ 38–79b. 4. Auflage, München 2020.

– Band 3: §§ 80–184k. 4. Auflage, München 2021.

– Band 4: §§ 185–262. 3. Auflage München 2017 und 4. Auflage, München 2021.

– Band 6: §§ 298–358. 4. Auflage, München 2022.

– Band 7: Nebenstrafrecht II. 3. Auflage, München 2019.

Münchener Kommentar zur StPO: herausgegeben von Christoph Knauer/ Hans Kundlich / Hartmut Schneider. [zitiert als: *Bearbeiter*, in: MüKoStPO]

– Band 1: §§ 1–150. 2. Auflage, München 2023.

– Band 2: §§ 151–332. 1. Auflage, München 2016.

– Band 3/1: §§ 333–499. 1. Auflage, München 2019.

– Band 3/2: GVG, EGGVG, EMRK, EGStPO, EGStGB, ZSHG, StrEG, JGG, G 10, AO, 1. Auflage, München 2018.

Neuheuser, Stephan: Gehilfenbeiträge und Geldwäsche, Neue Zeitschrift für Strafrecht 2009, S. 326–328.

Neumann, Christian: Reform der Anschlußdelikte – Begünstigung, Strafvereitelung und Hehlerei (§§ 257 ff. StGB) Reformdiskussion und Gesetzgebung seit 1870. Münster 2007.

Neumann, Ulfrid: Zum Entwurf eines Verbrechensbekämpfungsgesetzes, Strafverteidiger 1994, S. 273–276.

Nestler, Nina: Strafanwendungsrechtliche Probleme des reformierten Geldwäschetatbestands (Teil 3/3), Juristische Ausbildung 2022, S. 1154–1161.

Oswald, Katharina: Die Implementation gesetzlicher Maßnahmen zur Bekämpfung der Geldwäsche in der Bundesrepublik Deutschland – Eine empirische Untersuchung des § 261 StGB i.V.m. dem Geldwäschegesetz. Freiburg 1997.

Otto, Harro: Geldwäsche, § 261 StGB, Juristische Ausbildung 1993, S. 329–332.

Paulusch, Bernd-Arthur: Strafbare Nachtaten und tatbestandslose Nachhandlungen – Ein Beitrag zur Lehre von der „Straflosen Nachtat". München 1971.

Petropoulos, Vasileios: Der Zusammenhang von Vortat und Gegenstand in § 261 StGB – Die Problematik der sog. Teilkontamination des Gegenstands, Zeitschrift für Wirtschafts- und Steuerstrafrecht 2007, S. 241–247.

Pfaffendorf, Rüdiger: Zur Strafbarkeit in Urheberrechtsfällen in grenzüberschreitenden Fällen innerhalb der Europäischen Union, Neue Zeitschrift für Wirtschafts-, Steuer- und Unternehmensstrafrecht 2012, S. 377–382.

Pieth, Mark: Geldwäscherei und ihre Bekämpfung in der Schweiz, in: Pieth, Mark (Hrsg.), Bekämpfung der Geldwäscherei: Modellfall Schweiz?, Basel 1992, S. 1–27.

Pieth, Mark: „Das zweite Paket gegen das Organisierte Verbrechen", die Überlegungen des Gesetzgebers, Schweizerische Zeitschrift für Strafrecht 1995, S. 225–239.

Pintaske, Patrick: Das Palermo-Übereinkommen und sein Einfluss auf das deutsche Strafrecht – Eine Untersuchung der UN-Konvention gegen grenzüberschreitende organisierte Kriminalität und ihrer Zusatzprotokolle. Osnabrück 2014.

Popp, Andreas: Strafvereitelung durch Schweigen – der Zeuge als Garant für die Verwirklichung straf- und maßregelrechtlicher Sanktionierungsbefugnisse?, Juristische Ausbildung 2014, S. 418–426.

Remmers, Burkhard: Die Entwicklung der Gesetzgebung zur Geldwäsche. Papenburg 1998.

Reuter, Manfred: Das Gesetz zur Verbesserung der strafrechtlichen Bekämpfung der Geldwäsche, Kriminalistik 2021, S. 356–360.

Rößler, Gernot: Auswirkungen der vierten EU-Anti-Geldwäsche-Richtlinie auf die Kreditwirtschaft, Zeitschrift für Wirtschafts- und Bankrecht 2015, S. 1406–1412.

Roth, David: Steuerhinterziehung: Ersparte Aufwendungen sind keine Vortat der Geldwäsche mehr, Praxis Steuerstrafrecht 2021, S. 179–180.

Roxin, Claus/Greco, Luís: Strafrecht Allgemeiner Teil: Band I Grundlagen – Der Aufbau der Verbrechenslehre. 5. Auflage München 2020.

Sachs, Michael (Hrsg.): Grundgesetz Kommentar, 9. Auflage Köln 2021. [zitiert als: *Bearbeiter*, in: Sachs GG]

Safferling, Christoph: Internationales Strafrecht, Strafanwendungsrecht – Völkerstrafrecht – Europäisches Strafrecht. Berlin 2011. [zitiert als: Safferling, Internationales Strafrecht]

Salditt, Franz: Der Tatbestand der Geldwäsche, Strafverteidiger-Forum 1992, S. 121–136.

Sammüller-Gradl, Hanna: Die Zurechnungsproblematik als Effektivitätshindernis im Deutschen Umweltstrafrecht – Untersuchung im Hinblick auf das Rechtsgut der Umweltdelikte. München 2015.

Samson, Erich: Kausalitäts- und Zurechnungsprobleme im Umweltstrafrecht, Zeitschrift für die gesamte Strafrechtswissenschaft 1987, S. 617–636.

Satzger, Helmut / Schluckebier, Wilhelm / Widmaier, Gunter (Hrsg.): StGB – Kommentar. 5. Auflage, Köln 2021. [zitiert als: *Bearbeiter*, in: SSW-StGB]

Schaefer, Hans Christoph / Wittig, Günter: Geldwäsche und Strafverteidiger, Neue juristische Wochenschrift 2000, S. 1387–1389.

Scherp, Dirk: Lagebild Geldwäschebekämpfung – Eine Zwischenbilanz zur Gesetzesänderung vom Mai '98, Kriminalistik 1998, S. 458–462.

Scherp, Dirk / Wrocklage, Felix, Gesetz zur Verbesserung der strafrechtlichen Bekämpfung der Geldwäsche tritt in Kraft, Compliance Berater 2021, S. 186–190.

Schindler, Jonathan: Ist § 261 StGB noch zu retten? Anmerkungen zur Geldwäschebekämpfung im Lichte des Referentenentwurfs vom 11.08.2020, Neue Zeitschrift für Wirtschafts-, Steuer-, und Unternehmensstrafrecht 2020, S. 457–469.

Schnittenhelm, Ulrike: Alte und neue Probleme der Anschlußdelikte im Lichte der Geldwäsche, in: Albin Eser (Hrsg.), Festschrift für Theodor Lenckner zum 70. Geburtstag, München 1998, S. 519–538.

Schönke, Adolf (Begr.) / Schröder, Horst (Hrsg.): Strafgesetzbuch Kommentar, 30. Auflage, München 2019. [zitiert als: *Bearbeiter*, in: Schönke/Schröder]

Schramm, Edward: Zum Verhältnis von (gewerbsmäßiger) Hehlerei (§§ 259, 260 StGB) und Geldwäsche (§ 261 StGB), Zeitschrift für Wirtschafts- und Steuerstrafrecht 2008, S. 245–249.

Schröder, Christian / Bergmann, Marcus / Pfaff, Annabell (Hrsg.): Lösungsvorschläge für das Geldwäschestrafrecht – Die Konsequenzen der Richtlinie (EU) 2018/1673 und Vorschläge zur teleologischen Reduktion. Halle an der Saale 2020.

Schröder, Christian / Blaue, Annabell: Die erste Richtlinie über die strafrechtliche Bekämpfung der Geldwäsche – Auswirkungen in Deutschland, Neue Zeitschrift für Wirtschafts-, Steuer- und Unternehmensstrafrecht 2019, S. 161–168.

Schröder, Horst: Begünstigung und Hehlerei, in: Walter de Gruyter & Co. Verlag (Hrsg.), Festschrift für Ernst Heinrich Rosenfeld zu seinem 80. Geburtstag am 14. August 1949, Berlin 1949, S. 161–191.

Schröder, Horst: Die Addition strafloser Handlungen zu einer Straftat, Juristenzeitung 1972, S. 651–653.

Sieber, Ulrich: Rechtliche Ordnung in einer globalen Welt – Die Entwicklung zu einem fragmentierten System von nationalen, internationalen und privaten Normen, Rechtstheorie 2010, S. 151–198.

Sieber, Ulrich / Bögel, Marion: Logistik der Organisierten Kriminalität – Wissenschaftlicher Forschungsansatz und Pilotstudie zur internationalen Kfz-Verschiebung, zur Ausbeutung von Prostitution, zum Menschenhandel und zum illegalen Glücksspiel. Wiesbaden 1993.

Sieber, Ulrich / Vogel, Benjamin: Terrorismusfinanzierung – Prävention im Spannungsfeld von internationalen Vorgaben und nationalem Tatstrafrecht. Freiburg im Breisgau 2015.

Sielaff, Wolfgang: Bis zur Bestechung leitender Polizeibeamter? Erscheinungsformen und Bekämpfung der organisierten Kriminalität in Hamburg, Kriminalistik 1983, S. 417–422.

Siska, Josef: Die Geldwäsche und ihre Bekämpfung in Österreich, Deutschland, der Schweiz und Liechtenstein, 2. Auflage Wien 2007. [zitiert als: Siska, die Geldwäsche und ihre Bekämpfung].

Sotiriadis, Georgius, Die Entwicklung der Gesetzgebung über Gewinnabschöpfung und Geldwäsche – Unter Berücksichtigung der jeweiligen kriminalpolitischen Tendenzen, Berlin 2010. [zitiert als: Sotiriadis, Entwicklung der Gesetzgebung].

Sotiriadis, Georgios / Heimerdinger, Dominik: Die Umsetzung der 3. EG-Geldwäscherichtlinie und ihre Bedeutung für die Finanzwirtschaft, Zeitschrift für Bank- und Kapitalmarktrecht 2009, S. 234–241.

Spiske, Wolfgang: Pecunia olet? Der neue Geldwäschetatbestand § 261 StGB im Verhältnis zu den §§ 257, 258, 259 StGB, insbesondere zur straflosen Ersatzhehlerei. Frankfurt am Main 1998. [zitiert als: Spiske, Pecunia olet?]

Spitzer, Albert: Bekämpfung von Geldwäsche – auf dem bestmöglichen Weg?, Zeitschrift für Rechtspolitik 2020, S. 216–218.

Spreizer, Hans-Werner: Die Bekämpfung der Geldwäsche vor dem Hintergrund der dritten EU-Richtlinie zur Geldwäschebekämpfung, Verbraucher und Recht 2006, S. 7–14.

Stratenwerth, Günther: Geldwäscherei – ein Lehrstück der Gesetzgebung, in: Pieth, Mark (Hrsg.), Bekämpfung der Geldwäscherei: Modellfall Schweiz? Basel 1992, S. 97–12.

Stree, Walter: Die Ersatzhehlerei als Auslegungsproblem, Juristische Schulung 1961, S. 50–53.

Streinz, Rudolf (Hrsg.): EUV/AEUV – Vertrag über die Europäische Union, Vertrag über die Arbeitsweise der Europäischen Union, Charta der Grundrechte der Europäischen Union. 3. Auflage, München 2018. [zitiert als: *Bearbeiter*, in: Streinz]

Stricker, Martin: Die Strafbarkeit der Eigengeldwäscherei – Ein legistischer Schnellschuss?, Juristische Blätter 2012, S. 639–651.

Suendorf, Ulrike: Geldwäsche – Eine kriminologische Untersuchung. Neuwied 2001.

Systematischer Kommentar zum Strafgesetzbuch: Band V, §§ 242–302. Begründet von Hans-Joachim Rudolphi / Eckhard Horn / Erich Samson, herausgegeben von Jürgen Wolter. 9. Auflage, Mannheim 2018. [zitiert als: *Bearbeiter*, in: SK-StGB]

Teixeira, Adriano: Die Strafbarkeit der Selbstgeldwäsche, Neue Zeitschrift für Strafrecht 2018, S. 634–639.

Tiedemann, Klaus: Wirtschaftsstrafrecht. 5. Auflage, Freiburg im Breisgau 2017.

Travers, Daniel / Michaelis, Marcel: Der neue § STGB § 261 StGB – die deutsche Umsetzung der EU-Richtlinie über die strafrechtliche Bekämpfung der Geldwäsche, Neue Zeitschrift für Wirtschafts-, Steuer- und Unternehmensstrafrecht 2021, S. 125–132.

Unger, Brigitte / Siegel, Melissa / Ferwerda, Joras / De Kruijf, Wouter / Busuioic, Madalina / Wokke, Kristen (Hrsg.): The Amounts and the Effects of Money laundering – Report for the Ministry of finance February 16, 2006, Utrecht 2006.

Vogel, Benjamin: Strafbarkeit der Geldwäsche als Firewall der legalen Wirtschaft, Zeitschrift für Rechtspolitik 2020, S. 111–115.

Vogel, Joachim: Geldwäsche – ein europaweit harmonisierter Straftatbestand?, Zeitschrift für die gesamte Strafrechtswissenschaft 1997, S. 335–356.

Voß, Marko: Die Tatobjekte der Geldwäsche. Berlin, 2007.

Wabnitz, Heinz-Bernd / Janovsky, Thomas / Schmitt, Lothar (Hrsg.): Handbuch Wirtschafts- und Steuerstrafrecht. 5. Auflage, München 2020. [zitiert als: *Bearbeiter*, in Wabnitz/Janovsky, HdB. Wirtschafts- u. Steuerstrafrecht]

Wägenbaur, Bertrand: Der zweite Feldzug gegen die Geldwäsche, Europäische Zeitschrift für Wirtschaftsrecht 2002, S. 293–297.

Weigend, Thomas: Grund und Grenzen universaler Gerichtsbarkeit, in: Jörg Arnold et al. (Hrsg.), Menschengerechtes Strafrecht: Festschrift für Albin Eser zum 70. Geburtstag, 2005, S. 955–977.

Weißer, Bettina: Das Prinzip der Weltrechtspflege in Theorie und Praxis, Goltdammers Archiv für Strafrecht 2012, S. 416–433.

Weißer, Bettina: Expertokratie? – Über Macht und Ohnmacht von Experten im Hinblick auf die Strafrechtsentwicklung, Zeitschrift für die gesamte Strafrechtswissenschaft 2017, S. 961–994.

Welzel, Hans: Das deutsche Strafrecht in seinen Grundzügen. Berlin 1947.

Wende, Jacob: Deutsche Geldwäschestandards – Note „Durchwachsen", Compliance Berater 2022, Ausgabe 12/2022, Editorial Umschlagteil I.

Werle, Gerhard / Jeßberger, Florian: Grundfälle zum Strafanwendungsrecht, Juristische Schulung 2001, S. 35–39.

Werner, Gerhard: Die Bekämpfung der Geldwäsche in der Kreditwirtschaft. Freiburg im Breisgau 1996.

Wulf, Martin: Telefonüberwachung und Geldwäsche im Steuerstrafrecht, Zeitschrift für Wirtschafts- und Steuerstrafrecht 2008, S. 321–329.

Zöller, Mark A.: Beteiligung an kriminellen und terroristischen Vereinigungen als Vortat der Geldwäsche, in: Manfred Heinrich et al. (Hrsg.), Festschrift für Claus Roxin zum 80. Geburtstag am 15. Mai 2011 – Band 1, 2011, S. 1033–1052.

www.ingramcontent.com/pod-product-compliance
Ingram Content Group UK Ltd.
Pitfield, Milton Keynes, MK11 3LW, UK
UKHW021936290926
8980IPUK00016B/1653